Inga Wolfram
Verraten

Inga Wolfram

V E R R A T E N

Sechs Freunde,
ein Spitzel,
mein Land und ein Traum

Artemis & Winkler

Bibliografische Information der Deutschen Nationalbibliothek
Die Deutsche Nationalbibliothek verzeichnet diese Publikation
in der Deutschen Nationalbibliografie; detaillierte bibliografische Daten
sind im Internet über http://dnb.d-nb.de abrufbar.

Umschlagmotiv und Autorenfoto Umschlagklappe: © Katja Trimpert
Umschlaggestaltung: Elke Sadzinski, Berlin
Printed in Germany
ISBN 978-3-538-07271-8
www.artemisundwinkler.de

Für Klaus, Jan, Dieter,
Sebastian, Wolfgang N., Wolfgang T.
Und für Max

Sagen Sie
Ihm, dass er für die Träume seiner Jugend
Soll Achtung tragen, wenn er Mann sein wird,
Nicht öffnen soll dem tötenden Insekte
Gerühmter besserer Vernunft das Herz

Friedrich Schiller, Don Carlos, IV/21

Ich hatte es nicht vergessen, nie verdrängt, in keinem Augenblick. Wie anders wären unsere Leben verlaufen, hätte es diesen Verrat nicht gegeben. Er gehört für immer zu meinem Leben und zum Leben meiner Freunde auch. Das Nachdenken darüber, was uns verband, was uns trennte und was das alles mit mir zu tun hat, danke ich ihrer Bereitschaft, über die Jahre ihrer politischen Opposition in der DDR zu sprechen.
Der Erinnerung an meinen Vater verdanke ich, dass aus dem Nachdenken ein Buch geworden ist. Er hat nie ein Buch geschrieben, er hatte es versprochen und ich habe es sehnsüchtig erwartet. Aus meinen kindlichen Verstecken zwischen den Bücherregalen seines Arbeitszimmers hörte ich ihn murmeln – Worte, Namen, Orte. Aus Fetzen seiner Selbstgespräche erahnte ich seinen Schmerz über falsch getroffene Entscheidungen. Mein Vater wollte seine Enttäuschungen nicht schwarz auf weißem Papier sehen. In Wörtern auf Papier geschlagen, wären sie vielleicht leichter zu tragen gewesen, aber erst war es zu gefährlich und später, als er hätte schreiben können, stellte sich der Alltag zwischen ihn und seine prächtige alte Schreibmaschine.
Als er gestorben war, habe ich nach Notizen gesucht. Er hatte nichts aufgeschrieben.

Wir Sozialistenkinder hatten das Land von unseren Vätern geerbt, wir waren die erste Generation der Nachgeborenen, die ihren Traum vom Sozialismus verwirklicht sehen sollten. Als die Mauer gebaut wurde, waren wir Kinder. Als wir erwachsen wurden, erlebten wir einen autoritären Sozialismus, dessen diktatorischer Einstieg in die Freiheit schon mit grauen Schläfen geboren war. Die Geistlosigkeit, zu der wir ein ursprünglich anspruchsvolles Beginnen herabgebracht fanden, forderte unseren Einspruch. Dableiben und widerstehen. Ein gerechter, solidarischer, freier und demokratischer Sozialismus in unserem Land sollte werden, wenn man dem trotzte, was falsch und verlogen war. Wir waren überzeugt, dass es gehen musste, und hatten den Mut, damit zu beginnen. Sowenig wir uns aus einer Gegnerschaft zur Staatssicherheit der DDR bestimmten – das gäbe ihr einen Stellenwert, den sie so für uns nie hatte –, so sehr sind unsere Lebenswege von ihr gezeichnet.

Nacht. Autobahn Richtung Berlin. Eine hell erleuchtete S-Bahn kommt auf mich zu, eine leichte Kurve – sie zischt vorbei, Wagen für Wagen, und weg. Mein Berlin fängt jetzt im Westen an.
Ich fahre durch die westlichen Stadtbezirke in die östlichen, ohne Mühe, der Stadt als Ganzes seit langem vertraut. Ich kann kaum mehr erinnern, wie die jetzt renovierten Häuser früher aussahen, und ob die neuen Gebäude wirklich neu sind, weiß ich auch nicht immer. An manchen Stellen weiß ich nicht einmal mehr, ob hier noch Osten oder schon Westen war. Manchmal, und mit kleiner Anstrengung, hole ich das staunende Gefühl von damals hervor, von 1989. Der Westen war zu mir gekommen.
Wie schön erschien mir das Design der Westberliner Cafés. Cappuccino und Kaffee in großen Tassen mit geschäumter Milch – Milchkaffee, der gerade in Mode gekommen war. Wie klar die Farben der Kleidung der Leute auf der Straße, wie prächtig die Auslagen in den Kaufhallen, die hier Supermärkte hießen. Wie schick die Verpackungen. Welch ein Genuss, im Doppelstock-Bus, oben in der ersten Reihe, durch die Stadt zu fahren.
Ich sehe eine kleine Frau mit ihren halbwüchsigen Kindern und bunten Einkaufstüten an einer Haltestelle in den Bus einsteigen und versuche mir vorzustellen, wie sie hier jahrelang gelebt haben mag. Ich

habe noch keine Vorstellung vom Alltag im Westen. Aber an die merkwürdig träge Selbstverständlichkeit der Überzeugung, ein besseres Leben zu führen, die Westberliner Bekannte und Unbekannte ausstrahlten, daran erinnere ich mich gut.

Im Herbst 1989 bemerkte ich plötzlich, wie sichtbar noch in Ostberlin die Spuren des Krieges waren – die Bombenlücken, die Einschüsse an den prachtvollen alten Gebäuden im Stadtzentrum und das alles beherrschende Grau, auch das sah ich erst jetzt. Der klotzige Palast der Republik auf dem ehemaligen Schlossplatz und schräg gegenüber das Palasthotel, von Schweden erbaut, brachten eine Art von sozialistischem Hauptstadtglanz, dem nicht zu trauen war. Das Land, in dem ich aufgewachsen bin, meine Heimat hinter der grauen Betonmauer, existiert nicht mehr. Das Scheitern der DDR hat alle gezeichnet, die, die das Land heimlich hassten, die, die auf Veränderung hofften und für einen Wandel ihre beruflichen Karrieren riskierten, die, die in der DDR ihre politische Heimat gefunden und verteidigt hatten, und diejenigen, die einfach nur ihr Leben lebten in diesem Land – sie auch.

Seit neunzehn Jahren nun habe ich einen bundesdeutschen Pass und mache Filme fürs Fernsehen. Im Dezember 2004, vierzehn Jahre nach der Wiedervereinigung, fliegen mein Kameramann Jürgen Dahlhoff und ich nach London, um über Alice Herz-Sommer, die Pianistin von Theresienstadt, ein Porträt zu drehen. Sie ist hundertundein Jahr alt und ihr zu begegnen, wird ein Fest werden, eine erschütternd schöne Erfahrung. Noch sind wir aber auf dem Weg zu ihr.

Als das Flugzeug gelandet ist, stehen wir hintereinander im schmalen Gang zwischen den Sitzen und warten darauf, dass die Kabinentür geöffnet wird. Plötzlich und nur aus den Augenwinkeln heraus nehme ich eine Kopfbewegung wahr, die mir bekannt vorkommt. Es ist nicht der Mann, es ist die abrupte Kopfbewegung, die ich kenne. Ich schaue genauer hin und erkenne ihn. Seit Jahren schon stelle ich mir vor, wie es sein wird, ihm zu begegnen. Nein, ich habe ihn nie gesucht, er sollte mir über den Weg laufen.

Jetzt also! Ein hastiger Blick über die Schulter, er greift nach seiner hellen Ledertasche, erhebt sich, steht gebeugt zwischen Sitz und Gang,

rutscht in die Menschenschlange. Er ist elf Menschen vor mir und ich habe keine Chance, zu ihm durchzukommen. Endlich bewegen sich die Passagiere zum Ausgang, ich versuche *ihn* im Blick zu behalten. Raus aus dem Flugzeug, London-Heathrow mit seinen langen, verwinkelten Gängen – ich sehe ihn nicht mehr, renne, da ist er – rennt auch, läuft weg, läuft vor mir weg, die Rolltreppe runter, um die Ecke – verschwunden. Ich umrunde die dicht umlagerten Gepäckbänder, dränge mich durch wartende Passagiere, suche – er ist weg. »Warum hast du uns verraten?« Hätte ich ihn das gefragt?
Ein paar Monate später. In der Behörde der Bundesbeauftragten für die Unterlagen des Staatssicherheitsdienstes der ehemaligen Deutschen Demokratischen Republik wähle ich, aus einer langen Reihe archivierter Akten, fünfzehn Bände aus: operativer Vorgang »Kreis«, operative Personenkontrolle »Radius«. Ich greife einen Band heraus, blättere flüchtig und lese:

> Der IM André Holzer ist in bester Verfassung. Er besitzt das Vertrauen der Gruppe der Verdächtigen und erfüllt die ihm gestellten Aufgaben vorbildlich.
> (BStU, OV „Kreis", Band 1, Bl. 118)

Die Gruppe der Verdächtigen, das waren wir. Eine kleine Gruppe junger Philosophen, die das Konstruktionsprinzip der DDR untersuchen und verstehen wollte, was richtig und was falsch war, um Ansätze zu finden, das scheinbar Unveränderliche zu verändern. Personenbeschreibungen, Gesprächsprotokolle, Auskunftsersuchen, Treffberichte, Observationsberichte, Aufgabenstellungen, Maßnahmepläne, Zwischenberichte, Abschlussberichte. Eine Chronik unseres Lebens in der DDR, Mai 1975 bis Oktober 1977. Fünftausend Seiten.

Alles ist für mich gemacht. Ich bin sechzehn Jahre alt und gehe das erste Mal zur Humboldt-Universität, um Philosophie zu studieren. Philosophie, was ist das?

Kurz vor meinen Abiturprüfungen hatte ich meinem Vater eröffnet, dass ich nicht Medizin und nicht Diplomatie in Moskau studieren wollte, sondern Journalistik oder Japanologie in der DDR. Mein Vater schaute mich an, besorgt, erfreut: »Du würdest eine gute Ärztin abgeben!« Dass ich nicht Ärztin werden wollte, bedauerte er. Ich ahne heute, dass er glaubte, Ärztin wäre ein krisenfester Beruf und würde immer gebraucht werden, in jedem System, in jedem Land, zu jeder Zeit. Von sozialistischer Diplomatie hielt mein Vater sowieso nichts und mein Wunsch, Japanologin zu werden, schien ihm ein vergänglicher Spleen. Felsenfest beharrte ich auf Journalistik. Das ging in der DDR nur in Leipzig. »Ein Institut, das Lügen lehrt«, ereiferte sich mein Vater, »und dann nennen sie sich auch noch *Rotes Kloster*! Was willst du da studieren? Hast du jemals *Neues Deutschland* gelesen? Lügner, Apologeten, Schönschreiber sind das, aber keine Journalisten. Schreiben wirst du auch so lernen. Worauf es ankommt, ist, die Dinge zu erkennen. Das kann man nur durch Denken. Studiere Philosophie, als Grundlage eben.« Das »Eben« sprach er immer mit einem deutlichen »n« am Ende aus. Für alle Fälle, damit niemand sich ein »d« auch nur dazu denken konnte.
Eigentlich sprachen mein Vater und ich Russisch miteinander, wir sprachen zu Hause überhaupt nur Russisch. Meine Schwestern, meine russische Mutter und mein deutscher Vater, der achtzehn Jahre seines Lebens als Politemigrant in Moskau verbracht hatte. Mein Vater sprach Russisch fehlerfrei mit typisch deutschem Akzent. Wir korrigierten ihn manchmal und später übernahm er von mir, seiner jüngsten Tochter, moderne Redewendungen. Ich lernte die Umgangssprache in allen Facetten von Freundinnen in der russischen Schule.
Meine Großmutter Martha kam Anfang der fünfziger Jahre aus Hamburg zu uns, noch bevor ich in Berlin zur Welt kam. Mit ihr und meiner Kinderfrau Ilse sprachen alle Deutsch und so lernte ich Russisch und Deutsch gleichzeitig. Mein erstes Wort war Ball, mjatsch. Wenn meine Schwester die kleine rot gepunktete Kugel zu mir rollte, rief ich Russisch »mjatsch«, wenn meine Großmutter mit mir spielte, wurde »mjatsch« zu »Ball«.

Philosophie – filosofija –, das klang im Russischen besonders schön, geheimnisvoll und exotisch. Aber keiner meiner russischen Mitschüler hätte deshalb Philosophie studieren wollen, ein Studium in der DDR kam für sie überhaupt nicht in Frage, nicht im Entferntesten. Auch so eine Merkwürdigkeit. Sie waren die Kinder der »Sieger über den Faschismus«, aufgewachsen in der DDR und diesem Land, seiner Sprache, seiner Kultur und den Deutschen so fern. Sie lebten hier in einer Heimat auf Zeit, in einer russischen Parallelwelt. Sie waren keine Sieger, sie waren Fremde geblieben und ihr zu Hause war anderswo. Ich lebte zwischen den Welten und dabei mehr mit meinen russischen Schulfreunden als im deutschen Alltag. Ein Leben im Ausnahmezustand, ein scheinbar ewig währender, glücklicher Moment.

Strahlender September 1970. Auf dem S-Bahnhof Berlin-Karlshorst steige ich in die Bahn Richtung Friedrichstraße. Langes braunes Haar, unpassend grüner Lidschatten, äußerlich gelassen, aber mit der bohrenden Sehnsucht nach meinen russischen Schulfreunden, so mache ich mich auf den Weg in mein neues Leben. Ich trage einen sonnengelben Pullover, Jeans, hellbraune Clarks, eine Leinentasche mit der Aufschrift Columbia-University, alles aus dem Westen, für mich eine Selbstverständlichkeit. Mein Vater lebte vor dem Krieg in Hamburg, alle seine Jugendfreunde sind jetzt im Westen und schicken Pakete mit moderner Kleidung und anderen Sachen, die es bei uns nicht gibt.

Kurz bevor die S-Bahn anfährt, springt ein junger Mann in den Wagen. Eine Stunde später werde ich ihn im Hörsaal wiedersehen. Langes lockiges Haar, eine Che-Guevara-Mütze mit rotem Stern. Ich beneidete ihn um dieses Stück Welt. Hinter den S-Bahn-Fenstern zieht meine Kindheit vorbei – meine Schule, mein Kino, mein Unpolitischsein. An meine Mütze passt kein roter Stern. Ich will aber verstehen, was meine zukünftigen Kommilitonen bewegt.

»Die Philosophen haben die Welt nur verschieden interpretiert, es kommt aber darauf an, sie zu verändern«, das steht, in goldenen Buchstaben auf schwarzem Marmor, im Foyer unserer Universität. Und an

Mischas Che-Guevara-Mütze steht das auch, ganz ohne Wörter, in allen Sprachen, in einem roten Stern.

Das prachtvolle Gebäude der alten Humboldt-Universität Unter den Linden macht meine Sehnsucht schärfer, hoffnungsloser. Kein Blick zurück.

Links vor dem Haupteingang steht ein mächtiger Ginkgo und hinter dem Haus noch ein zweiter. Alexander von Humboldt hat sie da gepflanzt. Für einen kurzen Moment eine tröstende, vertraute Ablenkung – die Ginkgos kenne ich seit Kindheitstagen. Also doch ein Blick zurück, schnell, im Vorbeigehen die süße Luft der Kindheit atmen.

Mit nie nachlassendem Eifer hatte mein Vater versucht, sein leidenschaftliches Interesse an der Botanik auf mich zu übertragen. Alle unsere Spaziergänge Unter den Linden führten unweigerlich zu diesen Ginkgos. Ich musste jedes Mal die Baumrinde befühlen und ich höre ihn reden:

»Ganz außerordentlich, ganz besonders, Ginkgo biloba, Mädchenhaarbaum, ein wahres Fossil unter den Pflanzen, und das Gelb der Blätter im Herbst, einmalig ...« – ich finde heute noch zwischen Buchseiten gepresste Exemplare dieser Schönheiten – »Hundertfünfzig Jahre an diesem Ort – was hat er nicht alles gesehen: Kaiser und Könige, preußische Prinzen und Prinzessinnen, die Titanen der Wissenschaft und des Geistes, die Humboldts, Virchow, Einstein, Heisenberg, Mommsen, Revolutionäre und Marodeure, Fahnen und Fackeln und brennende Bücher, und die ganze Garde der Führer und Verführten, bis heute.«

Im zweiten Teil seines Vortrags ging es dann ums Eigentliche, um männliche und weibliche Ginkgos und darum, dass die Ginkgofrau im Hof der Universität schon seit hundert Jahren auf die Hochzeit mit ihrem Ginkgo wartet. Nur wenn die Samen seines Leibes zu ihren Früchten kämen, würden sie die Art erhalten und ihre Kinder in die Welt verstreuen. Seit hundertfünfzig Jahren hatten sich die beiden nicht gesehen – das Hauptgebäude der Uni steht zwischen ihnen. Und wirklich, mit Zentimetermaß, Notizblock und Bleistift hatte mein Vater jahrelang versucht auszurechnen, wann die Bäume die nötige Höhe erreichen würden, um über das Dach hinaus einander zuzuwachsen. Ich sollte es noch erleben, so um das Jahr 2030 herum, war seine Prognose.

Das rauscht vorbei, und ich rausche vorbei und suche den Raum, wo mein neues Leben beginnen soll. Hinter einer hohen Flügeltür sitzen sie, meine künftigen Kommilitonen – lauter Erwachsene. Ich bin stumm und hoffe auf Unsichtbarkeit. Genau genommen beachtet mich auch keiner. Auf dem Gang zwischen den Reihen schläft ein großer Schäferhund. Gleich neben ihm sitzt eine junge Frau mit Blindenbinde, ein schön geflochtenes Band verbindet die beiden wie eine Nabelschnur. Gibt es die Werke der Philosophen in Blindenschrift? Nach einem Jahr hat sie aufgegeben, Karin – ich habe sie nie wieder gesehen.

Aus den Augenwinkeln bemerke ich einen jungen Mann. Er macht eine Kopfbewegung, die etwas Besonderes hat. Er macht sie immer wieder, diese Bewegung, und dann höre ich ihn silberhell lachen. *Silberhell.* Eine ältere Frau im FDJ-Hemd – sie ist achtundzwanzig und heißt Gisela, wie ich später erfahren werde – unterhält sich angeregt mit einem blond gelockten älteren Herrn. Auch er trägt das blaue Hemd. Klar, sie kennen sich hier alle, denke ich sofort, nur ich bin fremd und werde es wohl bleiben. Ich habe kein Blauhemd und will auch keins.

Ich denke an meine ehemaligen Mitschüler, die jetzt weit weg sind. Irina, meine schöne rothaarige Freundin von Beginn der Schulzeit an, sitzt heute auch in einem Hörsaal, an der Lomonossow-Universität in Moskau. Ich hatte einen langen Brief von ihr bekommen. Sie wird russische Sprache und Literatur studieren. Olga studiert Medizin in Leningrad, Sascha hat ein Ingenieurstudium in Kiew aufgenommen und Alla wird Lehrerin werden, in Minsk.

Mit sechzehn Jahren war ich in meiner fremden Heimat angekommen – dieser Deutschen Demokratischen Republik. Das Ende meiner glücklichen Kindheit war hier und jetzt.

Ich hatte meine Kindheit auf eine Weise verbracht, die so nur in der DDR möglich und auch da einzigartig war. Wir lebten in einer Zehn-Zimmer-Villa im idyllischen Ostberliner Stadtteil Karlshorst. In den Villen und Mietshäusern wohnten Deutsche, die meisten Familien waren schon immer da – vor dem Krieg, nach dem Krieg, alle Jahre.

Manchmal hörte ich einen Erwachsenen sagen: »Herr Reitz, der Vater von Monika, ist schon 1942 gefallen«, oder: »Herr Schmidt, zwei Tage vor Kriegsende ist er noch gefallen.« Und warum war er nicht aufgestanden? »Gefallen«, das klang in meinen Ohren wie – hingefallen. Die angespannten Gesichter der Erzählenden und der brüchige Ton ihrer Stimmen waren mir rätselhaft. Auch, dass sie vom Zusammenbruch sprachen, wenn wir an jedem 8. Mai den Tag der Befreiung vom Faschismus feierten. Und überhaupt, die Russen.

Ganz in der Nähe des S-Bahnhofs lebten sie, Angehörige der Sowjetarmee und ihre Familien, hinter einem hohen hellgrünen Zaun, davor kleine dunkelgrüne Wachhäuschen mit jeweils zwei bewaffneten Soldaten.

Ich kann mich nicht daran erinnern, dass mir dieser Zustand damals unnatürlich vorgekommen wäre und ich vielleicht Fragen gestellt hätte. Die Fragen kommen später und die Erklärungen bleiben das beschämende Eingeständnis eines uneingelösten Versprechens. Kalter Krieg, Spionage, die offene Grenze und die Angst, dass auch sowjetische Armeeangehörige Gefallen am Westen finden könnten, oder auch nur einen anderen Blick auf das eigene Leben. Das waren doch unsere Freunde, unsere Befreier, die da hinter Gittern leben mussten, wie Einbrecher. Fraternisierungsverbot, darüber sprach man nicht, aber diese merkwürdige Kriegersprache sagte ziemlich genau, was gemeint war – da sollte nicht zusammenkommen, was nicht zusammengehörte.

Aber noch weiß ich nichts von all diesen Sachen, noch heißen die Straßen und Häuser hinter dem Zaun »gorodok«, Städtchen – und ohne Passierschein kommt da keiner rein.

An der Hand meiner Mutter gehe ich als fünfjähriges Mädchen problemlos an den Wachen vorbei, meine Mutter zeigt ihren roten sowjetischen Pass und die Soldaten lächeln. Wir gehen einkaufen, im Magazin. Hinter der Ladentheke steht immer dieselbe dicke Verkäuferin, im weißen Kittel und mit weißem Häubchen. Sie blickt unfreundlich und schöpft mit einer großen Holzkelle schwarzen und roten Kaviar aus zwei Holztonnen. Sie knallt den Kaviar auf Pergamentpapier, wiegt ab. Ich fürchte mich vor der Frau. Der Kaviar ist hier nichts Besonderes, es gibt genug davon und er ist billig. Danach kauft meine Mutter noch etwas anderes zum Essen ein, ich aber will in die zweite Etage, da gibt es Kleidung.

»Mama, meine Schuhe drücken!«

»Aber du kannst die schönen Schuhe von Elsa noch tragen, die würden dir jetzt genau passen.« Elsa ist meine Schwester und ich will ihre Schuhe nicht. Meine Mutter lässt sich zu einem Paar roter Schuhe mit einem Goldschlüsselchen quer über dem Spann überreden. An die Innenseite ist ein Elefant gedruckt: »Elephantenschuhe«. Diese Schuhe kommen aus dem Westen und werden nur hier verkauft, aber auch davon weiß ich nichts.

Zu Hause angekommen, hole ich das Pinocchio-Buch heraus und meine Großmutter liest mir den Teil mit dem goldenen Schlüsselchen zum wiederholten Male vor – und ich korrigiere jeden ihrer Lesefehler. Natürlich kenne ich das Buch längst auswendig.

Lesen und Schreiben lerne ich später, mit fünf Jahren, ein Jahr lang in der deutschen Schule. Mit sechs werde ich in die erste Klasse der sowjetischen Schule Nr. 113 eingeschult. Der grüne Zaun ist abgerissen, alle können jetzt überall hin, aber diese Schule dürfen nur Kinder von sowjetischen Armeeangehörigen, Journalisten und Diplomaten besuchen. Mein Vater hatte bei der russischen Kommandantur eine Sondergenehmigung für seine Töchter erwirkt. Er wollte, dass seine Kinder zweisprachig aufwachsen. Als »Kämpfer gegen den Faschismus«, wie es im DDR-Deutsch hieß, bekam er die Genehmigung. Als ich zur Schule komme, ist meine älteste Schwester schon auf dem deutschen Gymnasium und meine zweitälteste Schwester besucht die letzte, die achte Klasse der russischen Schule. Erst ein Jahr später wird unsere Schule bis zur Abiturstufe erweitert. Mit dem Abschluss der 10. Klasse werde ich dort das russische Abitur ablegen.

—

Im Vorlesungssaal der Humboldt-Uni zähle ich etwa sechzig Studenten, mehr Männer als Frauen. Für mich sind diese Jungen und Mädchen fast alle eher Frauen und Männer – sie scheinen mir ziemlich alt, Anfang bis Mitte zwanzig. Ich bin sechzehn, aber bald schon bemerke ich den Altersunterschied nicht mehr.
Ein Mann tritt ans Pult und stellt sich als Professor Hermann Holz vor, Dialektischen Materialismus unterrichtet er. Er spricht über die Bedeutung der marxistisch-leninistischen Philosophie und dass wir uns glücklich schätzen sollten, *das* hier studieren zu dürfen. Wir erfahren noch, dass unser Studienjahr in drei Seminargruppen aufgeteilt wird. Unsere Fakultät befindet sich in einem Nebengebäude, in der Universitätsstraße 3 b. Am schwarzen Brett dort hängen die Namenslisten. Ich lande in der zweiten Seminargruppe. Was für ein Glück das war, wusste ich erst Monate, sogar Jahre später.
Als einige Tage darauf im Auditorium Maximum die feierliche Immatrikulation stattfindet, sind unter den vielen Studenten unterschiedlichster Fachrichtungen meine Philosophiestudenten mir plötzlich vertraut. Ich bin hier und werde bis zum Diplom studieren. Hundertmal werde ich alles hinschmeißen wollen, aber nur in Gedanken. Dinge, die man beginnt, muss man zu Ende führen – das hat man mir beigebracht, das war Gesetz. Was es mir leicht machen wird, sind meine Mitstudenten.
Dass das kein Gesetz ist und dass eine Sache, die einmal begonnen, zu Ende gebracht werden muss, so richtig wie falsch sein kann, das habe ich erst sehr viel später verstanden. Irgendwann habe ich begriffen, das genau war der Grund für die Verzweiflung meines Vaters. Er hatte als Kommunist begonnen und wollte die »Sache« zu Ende führen, obwohl er sie lange schon als falsch, gefährlich und selbstmörderisch erkannt hatte. An dieser Krankheit ist er gestorben.
Viereinhalb Jahre werde ich fast täglich in das alte Gebäude der Hum-

boldt-Universität Unter den Linden gehen, meinen Ginkgo begrüßen und von weitem das Brandenburger Tor und ein Stück der Berliner Mauer sehen. Die Mauer gehört wie selbstverständlich dazu. Mein Berlin hat eben eine Mauer.

Am Morgen nach der Nacht, als die Mauer gebaut wurde, klingelte bei uns das Telefon und mein Vater machte sich sofort auf den Weg. Es war Sonntag. Ich erinnere mich genau an die merkwürdige Unruhe in unserer idyllischen kleinen Straße in Ostberlin. Ein verhaltenes, geheimnisvolles Beben schien in der Luft zu liegen. Die Erwachsenen trafen sich an den Gartenzäunen, Wortfetzen flogen hin und her, Tränen flossen. Meine Großmutter Martha hielt nicht viel von Geheimnissen und von Tränen schon gar nichts, »die mauern uns ein«, verkündete sie trocken.

An fast allen Sommersonntagen meiner frühen Kindheit spielte ich mit meiner Freundin Claudia in unserem Garten. An diesem Sonntag kam Claudia nicht. Ich lief zu ihrem Haus, schräg gegenüber, klingelte, aber niemand öffnete. Erst am Nachmittag und nach vielen vergeblichen Anrufen sind wir dann rübergegangen, meine Mutter hatte einen Schlüssel. Die Fenster waren geöffnet, in Claudias Zimmer stand scheinbar alles an seinem Platz und im Wohnzimmer lief im Fernsehen das Kinderprogramm, *Professor Flimmrich*. Meine Mutter weinte ein bisschen und meine Großmutter schimpfte: »Die sehen wir nicht wieder, die sind im Westen und Hamburg kann ich vergessen, wir sitzen in der Falle.«

Kann man darüber lachen? Ich konnte. Ich sah die Mausefalle in unserem Keller, ich sah den Speck und die Großmutter mit ihrem bunten Kopftuch schimpfend in der Mausefalle sitzen.

Am Abend sind wir noch mal rübergegangen und ich nahm etwas aus Claudias Zimmer mit, was sie in der Eile der Flucht nur vergessen haben konnte: Unser Glashaus – eine Halbkugel aus Glas, gefüllt mit einer zartblauen Flüssigkeit und darin zwei Mädchenfiguren – Goldmarie und Pechmarie. Schüttelte man, regnete es schwarzes Pech auf der einen und Gold auf der anderen Seite.

Meine Großmutter starb, ohne ihre geliebte Heimatstadt Hamburg wiedergesehen zu haben. Auch Claudia sah ich nicht wieder. Mitte der sechziger Jahre bekam ich aus Berlin-Charlottenburg den ersten Brief von ihr, in krakeliger Kinderschrift:

Liebe Inga,
wie geht es Dir, mir geht es gut. Ich wohne jetzt in einer Wohnung mitten in der Stadt und gehe hier zur Schule. Meine Mutti sagt, alles ist so viel besser hier und keine zehn Pferde bringen sie nach Karlshorst zurück und Du kannst mich nicht besuchen, weil Dein Haus hinter der Mauer steht. Stimmt es, dass Dein Vater ein Kommunist ist?
Meine Mutti sagt, dass Du mir nicht schreiben darfst.
Es grüßt Dich Deine Claudia.

Natürlich durfte ich schreiben. Ich hatte ja gewartet, ich war geblieben, wo ich schon immer war – Claudia war weggegangen. Unsere Kugel stand jetzt an meinem Bett und hunderte Male hatte ich sie geschüttelt, hatte es Gold und Pech regnen lassen, aber Claudia war nicht zurückgekommen.

Nach einer langen Pause, im Frühsommer 1967, gibt es wieder einen Briefwechsel zwischen Claudia und mir. Ich kündige ihr ein großes Ereignis an: Ich werde meinen Vater auf einer dreimonatigen Vorlesungsreise nach Schweden begleiten. Der Bruder meines Vaters lebt seit 1933 in Lund, bei ihm werden wir wohnen.
An der Universität von Lund hatte mein Onkel eine Gastprofessur für meinen Vater erwirkt. Mit viel Mühe und großen Auseinandersetzungen war es meinem Vater gelungen, eine Reisegenehmigung auch für mich zu bekommen. Wir reisten nachts und ich kann mich an Einzelheiten der Reise nicht erinnern. In Lund lernte ich Schwedisch und verbrachte die Zeit mit gleichaltrigen Freunden.
Eines Tages erreichte uns ein Päckchen aus Westberlin, darin ein Film. Der Film surrte durch Onkel Walters Schmalfilmprojektor, wir sahen Claudia und ihre Familie und das ganze gute Leben vor der Mauer –

im Goldenen Westen. Das schöne Haus in Charlottenburg, die Arztpraxis der Eltern, das neue Auto und den Urlaub in Italien, das glitzernde Westberlin und dann – die Mauer, ganz nah, so, wie wir sie noch nie gesehen hatten. Claudia steht auf der Aussichtsplattform am Pariser Platz, lachend und winkend, den Blick in den grauen Osten: Mauer, Stacheldraht, Panzersperren, Wachtürme – alles sehr klein, sehr fern. Die Menschen schauen durch Ferngläser auf unseren Teil der Stadt, wie auf einen anderen Stern.

Den »Kommentar« zu den Aufnahmen hatte Claudia selbst gesprochen, ihre Stimme klang fremd in meinen Ohren, ihre Begeisterung übertrug sich nicht auf mich. Ich fühlte mich irgendwie schuldig und gleichzeitig herausgefordert. Zunächst jedoch verdrängte der schöne schwedische Sommer meine Betroffenheit.

Unsere Rückreise fand tagsüber statt. Der Zug fuhr in Trelleborg auf ein Fährschiff und nach vier Stunden näherten sich die Kreidefelsen der Insel Rügen. Schon von weitem sah ich die Grenzsoldaten. Schräg über der Brust trugen sie Gewehre, einige hielten Schäferhunde an der Leine. Der Hafen war mit Stacheldraht umzäunt. Mein Vater nahm mich an die Hand und wir gingen unter Deck in unser Abteil. Als der Zug aufs Festland rollte, erschienen die DDR-Zöllner in unserem Abteil, sie waren zu viert und durchsuchten erst das Abteil, dann das Gepäck.

Mein Vater hatte schwedische Bücher im Koffer. Mit ruhiger Stimme erklärte er, dass es Bücher von schwedischen Sozialisten wären. Ein Zollbeamter raunzte ihn grob an: »Das kann jeder sagen – die Bücher bleiben hier!« Mein Vater ereiferte sich furchtbar, stürmte auf den Gang und wollte den Chef vom Zoll sprechen. Ich hatte Angst, er käme nicht mehr zurück. Er kam – ohne Bücher. Er erklärte nichts, ich fragte nichts – die Erniedrigung machte uns beide stumm.

In Berlin telefonierte mein Vater stundenlang mit verschiedenen Leuten, die Bücher erhielt er postwendend zurück, aber er tobte und schimpfte über diesen spießigen Staat und Ulbrichts verfluchte Mauer.

Trotzdem kaufte er bald darauf eine Schmalfilmkamera und wir bastelten den ganzen Herbst an einem Film über uns, unser Leben hinter der Mauer: Alexanderplatz, die neuen Häuser, Karl-Marx-Allee, blauer Himmel, Sonnenschein, fröhliche Menschen und viele neue Autos – das gute Leben im Osten also. Unbewusst, aber ähnlich wie Claudia ihren Film beinahe agitatorisch überdreht kommentiert hatte, erzählte nun ich, übertrieben selbstbewusst, stolz, geschönt. Ein kindlicher Propagandatext über unser Leben in unserer DDR. Wir wollten nicht bedauert werden als arme Brüder und Schwestern, eingesperrt und unterdrückt – das konnte, das sollte nicht unser Leben sein. Dass wir unseren Film nicht persönlich übergeben, ja nicht einmal mit der Post schicken durften, das haben wir verdrängt, das gehörte zu den mehr oder weniger akzeptierten Spielregeln unseres Lebens.

Zu diesen Spielregeln unserer Existenz gehörte auch das Leben in Unsicherheit im Allgemeinen. Nur scheinbar war meine Familie in der DDR am richtigen Platz. Viele, die den Nazis Widerstand geleistet hatten, vor allem diejenigen, die aus dem kommunistischen Widerstand kamen und Jahre der Emigration in der Sowjetunion verbracht hatten, kehrten wie selbstverständlich ins sozialistische Deutschland zurück. Mein Vater auch.

Die Sehnsucht, dabei zu sein, war stärker als die Gewissheit, dass es in der DDR nicht besser werden konnte, als es in der Sowjetunion war. Meiner Familie drohte keine Lagerhaft in der DDR, aber das Gefühl, an den Rand gedrängt zu sein und nach dem jahrzehntelang geträumten Traum vom Sozialismus auf deutschem Boden in einer stalinistischen Parteibürokratie aufzuwachen, nagte an meinem Vater und beherrschte sein Leben. Er konnte nicht sagen, was er dachte, und tat es doch, stückweise, nicht immer mutig genug, aber auch nicht immer vorsichtig genug. Die Vorladung vor Parteigremien, die Überwachung durch die Staatssicherheit gehörten zu seinem Leben. Auch das gelegentliche Arbeitsverbot und der damit verbundene Geldmangel.

Einmal hatte mein Vater selbst gekündigt – eine Stelle als Referent im Presseamt des Ministerrats der DDR. Man kündigte nicht so einfach dem Ministerrat der DDR und wenn man es tat, dann blieb es nicht ohne Folgen.

Vielleicht erinnerte sich Walter Ulbricht da an die Zeiten gemeinsamer Emigration in der Sowjetunion, an die Versammlungen der deutschen Kommunisten, bei denen, kaum hatte Ulbricht das Wort ergriffen, mein Vater seine ungeschickt holprige Ausdrucksweise laut und deutlich korrigierte.

»Der hätte erst mal richtig Deutsch lernen sollen, ehe er große Reden schwingt!« – ereiferte er sich noch Jahre später. Die Gruppe um Walter Ulbricht, das waren seine Feinde aus der Zeit der Emigration. Es waren die, für die er immer nur Hohn und Spott übrig gehabt hatte, die jetzt über sein Leben bestimmten. Mein Vater konnte keine neue Arbeit finden, weil man an höchster Stelle beschlossen hatte, ihn für eine Weile kaltzustellen. Um die Familie zu ernähren, übersetzte er den Roman *Die Zwölf Stühle* von Ilf und Petrow aus dem Russischen. Ein Freund beim Aufbau-Verlag vermittelte ihm den Auftrag nur unter der Bedingung, dass er sich ein Pseudonym wählte. Aus dem fantasievollen Umgang mit den Buchstaben seines richtigen Namens entstand: Ernst von Eck.

Ich habe mich hundert Mal gefragt, warum mein Vater nicht weggegangen ist. Vor 1961 hätte er mit uns nach Hamburg gehen können. Da warteten Freunde, Arbeitsangebote, materielle Sicherheit, und alles, was er seit 1928 so sehr vermisste, als er seine Heimatstadt verlassen hatte. Hamburg und Teddy Thälmann … aber in der Adenauer-Republik lauerte auch ein hysterischer Antikommunismus, der ihn in die Rolle eines Dissidenten und unter anderen Vorzeichen an einen anderen Rand der Gesellschaft gedrängt hätte. Und dann waren da noch seine Bücher. Er konnte seine Bücher nicht verlassen.

Sigrid, ein lustiges, blond gelocktes Mädchen, lacht viel, lacht laut und trägt ihre blaue FDJ-Bluse mit einer Beiläufigkeit, die Mut macht. Sigrid sitzt in einer der ersten Vorlesungen hinter mir und ich höre sie laut und empört zu ihrer Nachbarin sagen: »Nun mach aber mal einen Punkt!« Das gefällt mir, einen Punkt machen. Ich traue mich nicht sofort zu reagieren, aber bei der nächsten Gelegenheit, im Lesesaal, setze ich mich neben sie. Sie lächelt kurz und beugt sich wieder über ihre Notizen, einen Konspekt zu Lenins *Was tun?* Ich lege mein Schreibzeug auf den Tisch, einen runden hölzernen Federkasten in Form einer Matrjoschka. Sigrid nimmt die rot bemützte Matrjoschka in die Hand, schüttelt sie, es klappert. »Wie schön das ist!« Sie sagt DAS.

Ich schenke ihr den Kasten. Sie freut sich und schlägt sofort ihren Schreibblock zu: »Los, lass uns Kaffee trinken gehen, ist doch blöde, immer nur hier zu sitzen.« Wir lassen alles liegen – nur eine halbe Stunde, sagen wir uns – und gehen raus. Unter den Linden, Ecke Friedrichstraße ist ein Café, wo alle hingehen. Studenten, Dozenten, Künstler. Manchmal sind auch Westberliner hier, erzählt man. Eine Tasse Kaffee kostet fünfzig Pfennig. Mir schmeckt Kaffee nicht, aber ich trinke ihn, ohne Milch und Zucker. Um uns herum viele junge Leute, es ist laut, und wie alle anderen auch versuche ich die Cafébesucher heimlich zu beobachten und gleichzeitig so zu tun, als interessierte ich mich nur für Sigrid und mich selbst.

In fünf Minuten erzählt Sigrid ihr Leben – Güstrow, Vater, Mutter, Schwester – alles im Zeitraffer und wie von weitem durch ein Fernglas gesehen – diese Provinz! Ihre Mutter führte Buch über alle Ausgaben und hatte ausgerechnet, dass sie, Sigrid, den Eltern schon so viel gekostet hat wie ein Wartburg, was ein ziemlich teures DDR-Auto ist. Ihre Schwester war bis jetzt ein Trabant, aber sie ist ja auch erst zwölf. Ich kann nicht erkennen, ob Sigrid diese Art der Buchführung lustig findet. Sie ist so fröhlich. »Der Provinz entronnen«, wie triumphierend sie das sagt. »Sag mal« – Sigrid begann damals fast jeden Satz mit: »Sag mal« – »Sag mal, bist du auch aus dem Westen?«

Ich bin baff. Wir hatten in unserem Seminar einen Mitstudenten, der aus dem Westen war, Arnold Schölzel. Er drückte sich gepflegt aus, wusste viel und nichts sprach dagegen, dass seine mir so unwahrscheinlich vorkommende Geschichte stimmte. Am Anfang fremd und fern, wurde Schölzel später zu einer wichtigen Figur in unserem Leben.

Er war aus dem Westen, aber warum sollte denn ich …? »Du siehst so anders aus, deine Klamotten und wie du sprichst. Und überhaupt – du bist doch auch nicht in der FDJ! Ich hab dich noch nie im Blauhemd gesehen.« Ich war nicht in der FDJ und kam nicht aus dem Westen – und fremd war ich doch. Wir wurden Freundinnen auf Zeit.

Etwa vier Wochen später laufen wir zwischen Vorlesungen und Seminaren, von einem Uni-Gebäude zum anderen und Sigrid redet über etwas und ich schweige über etwas. Am Abend zuvor waren wir zusammen im Kino gewesen. *KLK an PTX – Die Rote Kapelle*, ein DEFA-Film. Es ging um eine Gruppe junger Leute, die sich während der Nazizeit zusammentaten, um Hitler und seinen Schergen zu widerstehen. Das Neue und Interessante an diesem Film war nicht die Geschichte der Widerständler, sondern die Darstellung ihres Lebens selbst. Das waren junge Leute, die nicht den heroischen Kampf an sich liebten, sondern das Leben. Sie liebten, lebten, zum Teil sogar luxuriös, trugen schöne Kleider, spielten Klavier, tranken Wein. Und kämpften trotzdem gegen die Nazis. Keine Helden des kommunistischen Widerstands, sondern Menschen aus vielen sozialen Schichten, Arbeiter, Wissenschaftler, Intellektuelle, Künstler.

Der Film erzählt eine wahre Geschichte. Die meisten Mitglieder der Widerstandsgruppe *Rote Kapelle* wurden von der Gestapo gefasst. Auch der Arbeiter Hans Coppi und seine schwangere Frau Hilde. Das Baby kam im Gefängnis zur Welt, der Vater durfte das Kind einmal noch sehen, dann wurde er gehenkt. Die Mutter konnte ihr Kind acht Monate bei sich behalten, dann wurde auch sie ermordet. Das Kind Hans wuchs bei den Großeltern auf. Hans Coppi werde ich nach der Wende in Berlin kennenlernen und auch einen Film machen, über ihn und das Schicksal seiner Eltern.

Sigrid redete über *KLK an PTX*. Und jetzt sagte sie nicht »Sag mal« und »Hör mal«, sondern: »Wenn *ich* damals in Deutschland gelebt hätte, wäre ich nicht im Widerstand gewesen, ich hätte viel zu viel Angst gehabt.« Sie sprach das in ihrer unbekümmerten Art so daher und ich hörte, was sie sagte, und es war, als kämen diese Worte angeflogen aus einer anderen Welt. Für mich hatte sich diese Frage nie gestellt. Ich konnte nicht beweisen, dass ich den Mut dazu gehabt hätte, natürlich nicht. Aber ich konnte mir kein anderes Leben als ein

Leben im Widerstand gegen die Nazis vorstellen. Dieses Gespräch habe ich nie vergessen. Nie!
Noch vor Sigrid hatte ich zwei andere Mädchen aus meinem Seminar etwas näher kennengelernt: Marion und Gudrun. Sie machten alles zu zweit, saßen immer zusammen und strahlten eine faszinierende Durchschnittlichkeit aus. Die blonde Gudrun sprach eine Mischung aus Sächsisch und Berlinerisch und wohnte im Hochhaus am Leninplatz. Aus ihrem Fenster sah sie auf das Lenindenkmal aus rotem Basalt auf der grünen Wiese am Volkspark Friedrichshain. Aus ihrer neunten Etage blickte sie direkt auf Lenins Glatze. Die dunkelhaarige Marion wohnte bei ihren Eltern in einem kleinen Häuschen im Stadtteil Köpenick.
Gudrun war in unserem Seminar für die Führung der Anwesenheitsliste verantwortlich. Sie war dafür genau die Richtige – sie selbst fehlte nie und duldete kein unentschuldigtes Fernbleiben und kein Zuspätkommen. Jeden Morgen zückte sie ihren vierfarbigen Kugelschreiber und machte Anwesenheitshäkchen hinter jeden Namen. Ich kam nie zu spät, aber Sigrid öfter, dafür bekam sie einen vorwurfsvollen Blick und ein rotes Häkchen in Gudruns Heft. Unwiderruflich: Rot. Die Ansammlung einer bestimmten Anzahl roter Häkchen zog Klärungsgespräche in der FDJ-Gruppe nach sich. Diese Art Selbstkritik endete immer mit Besserungsversprechungen. Sigrid nahm ihre Versprechungen nicht ernst und alles ging weiter wie bisher.
Gudrun und Marion wollten Regelmäßigkeit und Ordnung im Leben. Sie gingen jeden Mittwoch um 12 Uhr in die damals bei jungen Berlinern sehr beliebte Mocca-Milch-Eisbar in der Karl-Marx-Allee und aßen beide je einen Eisbecher »Pfirsich-Melba«. Sie luden mich ein, dazuzukommen, ich kam und aß ein Eis. Wir hatten kein gemeinsames Thema, ich fühlte mich deplatziert. Am nächsten Mittwoch kam ich auch, aber nur, weil ich fürchtete sonst unhöflich zu erscheinen. Den Mittwoch darauf kam ich nicht mehr. Gudrun wippte mit ihrem Pferdeschwanz, als sie mich bei der nächsten Vorlesung sah, und sagte: »Na, dann eben nicht! Wir haben heute zu zweit drei Eisbecher gegessen, deinen mit!«

Gudrun und Marion beobachteten meine Freundschaft zu Sigrid mit Argusaugen. Sigrids Spontaneität und Fröhlichkeit verunsicherte sie und ließ Unordnung vermuten. Sigrid war die lebende Abweichung vom sozialistischen Lebensstil. Und ich? Ich war mit ihr verloren.

Eines Tages bekamen wir mitten in der Woche einen freien Tag. Aus sicher wichtigem Anlass fielen unsere Vorlesungen aus. Es war ein Dienstag. Sigrid und ich beschlossen nach Prag zu fahren, gleich am Montagabend, acht Stunden mit dem Nachtzug. Für DDR-Bürger waren Reiseerleichterungen in Kraft getreten, nach Polen und in die Tschechoslowakei durfte man nun ohne Visum reisen, Personalausweis genügte. Prag war ziemlich nah und eine Weltstadt, da wollten wir hin.

Gudrun hatte von unseren Reiseplänen Wind bekommen und grinste: »Am Mittwoch beginnt die erste Vorlesung um sie-ben!« Sie zog die Silben genüsslich auseinander. »Sigrid, für dich sieht es gar nicht gut aus in meinem Heft!«

Wir kamen um sechs Uhr morgens in Prag an, liefen durch die Altstadt, aßen im Wiener Café »echte« Sacher-Torte und legten auf dem Jüdischen Friedhof kleine Steine auf große Grabsteine. Prag war wenig sichtbar vom Sozialismus geprägt. Schön, alt, gelassen und unverrückbar, als könnten Gesellschaftsordnungen jedweder Art ihm für immer und ewig egal sein. Sigrid und ich schauten durch die Fenster der prächtigen Bürgerhäuser neugierig in die Wohnzimmer. Ich erkannte jede Straße, jeden Platz wieder – und doch nicht. Geheimnisvolles Leben.

Vier Jahre zuvor war ich schon einmal in der ČSSR gewesen, mit einer Jugendgruppe. Zuerst in einem deutsch-tschechoslowakischen Jugendlager in der Hohen Tatra, danach zehn Tage in Prag in einem Studentenwohnheim. Mein Vater hatte zu dieser Zeit eine Professur an der Berliner Hochschule für Ökonomie. Die Hochschule organisierte im Sommer gemeinsame Ferienlager für die Kinder eigener Mitarbeiter und die der Mitarbeiter von Universitäten »sozialistischer

Bruderstaaten«. So reisten wir gelegentlich nach Polen oder Ungarn, nach Bulgarien ans Schwarze Meer – und dieses Mal eben in die Tschechoslowakei. Ich campierte mit meinen Ferienlager-Freundinnen Petra, Sabine und Gaby in einem Zelt im Wald, mitten in der Hohen Tatra. Das war nicht viel anders als in den Wäldern Thüringens oder Brandenburgs, nur die böhmische Küche und die Versuche, mit den gleichaltrigen Tschechen und Slowaken in Kontakt zu kommen, waren anders und ungewohnt – die Küche gut, die Kontaktaufnahme sperrig. Dann reisten wir mit einem Bus nach Prag. Wir sollten zehn Tage in einem Studentenheim wohnen, die tschechischen Studenten waren in den Sommerferien.

Hier war alles anders. Ich kann mich nicht erinnern, wie das Studentenheim aussah, aber ich erinnere mich an jede Straße, jeden Platz und an die strahlenden Gesichter fremder Menschen: »Wollen Sie das Goldene Prag sehen?«

Es war August, August 1968, und es lag was in der Luft. Tag und Nacht liefen wir durch die Stadt, mitgerissen von einer merkwürdig euphorischen Stimmung. Die Menschen lachten und sangen, junge Leute bemalten den Asphalt mit wundersamsten Motiven – mit Palmen und Friedenstauben, Wörtern und Sternen. Alte Leute saßen auf alten Stühlen vor alten Häusern. An manchen Straßenecken wurden Reden gehalten und überall hingen Bilder von Dubček. Und rote Fahnen.

Unsere erwachsenen Begleiter hatten beschlossen, ihre Aufsichtspflichten zu vergessen und uns freien Lauf zu lassen – fest verabredet war nur, dass wir vor Mitternacht im Studentenheim sein sollten.

Ich verstand nicht, was hier geschah. Alles war großartig, überwältigend. Das Gefühl eines irritierend langgezogenen Moments des Aufatmens, das niemals aufhören sollte, keine Zeitvorstellung mehr, das passierte mir zum ersten Mal im Leben.

Eines Abends sah ich, mitten in der Altstadt, eine alte Frau mit dichtem, schulterlangem grauem Haar auf einem Schaukelstuhl vor einem Haus sitzen und lesen – vorlesen. Neben ihr eine Petroleumlampe, um sie herum junge Leute. Ich trat näher und versuchte am Bucheinband zu erkennen, was sie da laut auf Tschechisch vorlas. Sie sah mich aus den Augenwinkeln, hob das Buch hoch und sagte laut: »Simone de Beauvoir!« und dann: »Setz dich zu uns!« – erst auf Französisch, dann auf Englisch, dann auf Russisch. Ich verstand kein Tschechisch und setzte mich doch, einfach wegzugehen wäre unmöglich gewesen. Eine junge Frau machte mir Platz auf einer Decke. Da saß ich nun, fern von Berlin, fern von allem, was ich zuvor erlebt hatte. Längst trug ich einen roten Sticker an meiner Bluse, nur zwei Worte: *Vivat Dubček*. Das Mädchen neben mir erklärte flüsternd (in welcher Sprache eigentlich?), dass die Vorleserin eine berühmte Theaterschauspielerin sei. Ich war zur Ehrfurcht bereit, aber ich kannte weder die Schauspielerin noch wusste ich, wer Simone de Beauvoir war. Und genau genommen wusste ich auch nicht, was dieser Dubček eigentlich wollte und wofür ihn sein Land feierte.

Ich dachte an »unseren« Walter Ulbricht, über den es bei uns zu Hause nur abfällige Bemerkungen zu hören gab. Ich wusste über ihn, dass er schlau und intrigant war und wenig gebildet. »Hört doch mal hin, wie er spricht!«, schrie mein Vater, schaltete aber das Radio mit Ulbrichts Gekrächze immer gleich ab. So konnte keiner hinhören. Und keiner von uns wollte es. Und außerdem war Ulbricht so etwas wie ein Mörder. Mit seinem Einverständnis waren die besten Freunde meines Vaters von Stalin ermordet worden. Dieses Halbwissen saß fest und dunkel in meinem Kopf. Und ich kannte niemanden, dem in den Sinn gekommen wäre, Walter Ulbricht zu feiern.

Am Tag darauf gerieten wir am Wenzelsplatz in eine Gruppe von Straßenmalern, mein Dubček-Anstecker war ihnen ein Zeichen der Solidarität. Sie forderten mich auf, auch etwas aufs Pflaster zu malen. In allen anderen Situationen wäre mir eine solche Aufforderung peinlich gewesen, aber nicht hier, nicht in diesem Augenblick. Dieser Geste des Einbezogenseins in eine beinahe körperlich zu spürende Bewegung ins Offene, diesem zärtlichen Willkommen, dem konnte und wollte ich mich nicht entziehen. Die Friedenstaube auf dem Prager Pflaster am heiligen Wenzel, die habe ich gemalt. Und Picasso hätte seine Freude dran gehabt.

20. August. Zwei Tage Prag lagen noch vor uns. Schnell noch einen

Tee in der Studentenküche und dann in die Stadt, wie jeden Tag. Aber an diesem Morgen kam es anders. Unsere Betreuer baten uns, nirgends mehr hinzugehen. »Packt bitte schnell die Koffer, wir reisen ab. Mit dem Flugzeug.« Nichts anderes wussten sie. In meiner Erinnerung packen wir schweigend. Still sitzen wir im Bus, der uns zum Flughafen fährt. Petra sitzt neben mir und sagt plötzlich: »Und ich wollte meinen Geschwistern noch Smarties kaufen …«
Im Flughafen herrschte ein heilloses Durcheinander, nicht nur unser Flug war ein Sonderflug. Bevor ich meinen Koffer abgeben musste, packte ich schnell noch den roten Dubček-Sticker aus und steckte ihn an meine Strickjacke.

Am Morgen des 21. August kam mein Vater in mein Zimmer, zog die dunkelblauen Vorhänge am Fenster zurück, setzte sich zu mir aufs Bett und sagte: »Die sowjetische Armee ist in Prag einmarschiert. Ein großer Fehler.« Einige Stunden später sahen wir im West-Fernsehen die russischen Panzer in Prag. Ich konnte die bunten Bilder auf dem Asphalt noch erkennen. Meine Friedenstaube habe ich nicht gesehen, vielleicht stand jetzt ein Panzer drauf.

Drei Tage später bekam ich einen Brief von Claudia aus Frankreich:

Liebe Inga,
ich bin bei meiner Schwester in Paris. Sie studiert hier Architektur und wollte in den Ferien nicht nach Berlin kommen. Sie hat in den letzten Wochen eine heiße Zeit gehabt, wie sie sagt. Ihre Wohnung ist schrecklich unaufgeräumt, überall liegen Zeitungen und Flugblätter mit roten Sternen herum. Sie hat Jean-Paul Sartre gesehen und an kommunistischen Demonstrationen teilgenommen. Die gab es auch in Berlin. Mein Vater schimpft und sagt, dass der Osten sich in den Westen ausbreiten wird. Ich hätte nichts dagegen. Dann könnten wir uns vielleicht wiedersehen.

In der Folgezeit werden unsere Korrespondenzen häufiger und unsere Meinungen gegensätzlicher. Prag und Paris – im Erleben und in der Beurteilung der Ereignisse zeigen sich unterschiedliche Standpunkte und Utopien. Das Leben trennt uns und macht gleichzeitig sichtbar, was die gemeinsam gelebten Jahre der Kindheit überdeckt hatten – die seltsame Bezogenheit zwischen Herkunft und Zukunft.

Prag, Dubček und ein anderer Sozialismus, das war für Claudia so weit weg wie für mich Paris, Sartre und Rudi Dutschke. Für Claudia war 1968 das Erlebnis der Studentenunruhen in Paris und Westberlin, ein Ausflug ins Abenteuer des Aufruhrs und der Subversion. Für mich war der Sommer 1968 das Erlebnis Prag, die Ahnung, wie richtiger Sozialismus aussehen könnte, und eine Stimmung, wie ich sie nie zuvor und nie wieder danach erlebt habe: Freiheit und Sozialismus. Für einen kurzen Moment war da etwas in die Welt gekommen, was kein Panzer und keine Repression je wieder auslöschen konnte.

»Am Grunde der Moldau wandern die Steine …« Vier Jahre waren vergangen seit diesem August. Verflogen Jubel und Euphorie, der sozialistische Alltag lag wie Mehltau über dem Goldenen Prag. Alles nur geträumt? Nein, nein und nochmals: Nein!

Sigrid und ich kehrten am Abend völlig erschöpft zum Prager Hauptbahnhof zurück, um den Nachtzug nach Berlin zu nehmen. Acht Stunden in einem überfüllten Abteil; alles nicht so schlimm, Hauptsache keine Verspätung. Gudrun vor Augen malten wir uns aus, wie wir am nächsten Tag pünktlich zur Vorlesung erscheinen würden. Das gab Kraft. Sie hatte heimlich, aber nicht heimlich genug, eine Wette abgeschlossen, überzeugt, dass wir niemals am Morgen nach der Reise pünktlich zur Vorlesung erscheinen würden, das rote Häkchen in der Anwesenheitsliste sollte uns sicher sein. Pünktlich um 6.30 Uhr fuhr unser Zug in Berlin-Ostbahnhof ein. Es kostete einige Überwindung, direkt vom Bahnhof aus zur Uni zu gehen, die Vorlesung begann um 7.15 Uhr. Aber die Enttäuschung in Gudruns Augen war uns die Anstrengung wert.

Im ersten Semester gab es jeden Montag die Vorlesung Dialektischer Materialismus – Erscheinen Pflicht. Professor Holz erklärte uns zwei Stunden lang die Welt, theoretische Zusammenhänge aus sozialistischer Sicht.

Alle hörten still zu und in der ersten Zeit wusste ich nicht, wer sich für die Vorlesung wirklich interessierte, wer nur so tat, oder wer begriff, dass diese Vorlesung und dieser Professor einem nichts beibringen konnten. Hermann Holz hatte als Kind einer Arbeiterfamilie in der DDR die Chance auf Bildung, Stellung, Karriere bekommen und genutzt. Als Lehrer aber fehlten ihm Glanz und Überzeugungskraft bei der Vermittlung seines wissenschaftlichen Gegenstands.

Seine Frau Marga, Ethik-Professorin an unserer Sektion, trug Dauerwelle, war aber ansonsten »die Frau neuen Typus« – drei Kinder und Karriere. Das sollte möglich sein in der DDR. Und war es auch.

Die Vorlesungen von Hermann Holz waren aus anderem Grund dennoch angenehm. In dieser Vorlesung saß Klaus neben mir. Klaus Wolfram. Er hatte ein schüchtern-arrogantes Lächeln, ein kantiges, klar strukturiertes Gesicht mit grünen Augen hinter einer feinen, altmodisch-schönen Brille und einen faszinierenden Standard an Bewegungen – eine Choreografie: Mit langsamer Bewegung der rechten Hand die Brillenkorrektur, dann die Beine übereinanderschlagen, die immer gleiche Geste der Finger, um den schwarzen Füllfederhalter zu öffnen, penibel die Art des Schreibens und eine große, schöne Schrift, gemalt wie eine Landschaft mit lauter Hügeln und Tälern.

Er trug Kordhosen und immer dieselbe schwarze Kordjacke im Brecht-Look. Bevor ich wusste, wer er war, hielt ich ihn für einen zur Philosophie verirrten Künstler. Er berlinerte langsam und auf eine eigentümlich kulturvolle Weise. Zwei unserer Mitstudenten nannten ihn »Bummi«, sie kannten ihn aus der Grundschule oder aus dem Kindergarten, wo ihn alle so nannten. »Bummi« war ein kleiner Bär, die lustige, pummelige Titelfigur einer beliebten Kinderzeitschrift. Klaus und »Bummi«, größer konnte ein Gegensatz zwischen Name und Erscheinung nicht sein.

Es ergab sich einfach, dass er neben mir saß. Für ihn war das bedeu-

tungslos. Der Hörsaal befand sich schräg gegenüber dem Hauptgebäude der Humboldt-Universität in der »Kommode«, einem majestätischen Bau mit geschwungenen Ecken in Form einer Kommode.
Wenn Klaus manchmal genau vor mir das Gebäude betrat, hielt er mir niemals die Tür auf, er rannte durch und die schwere Tür schlug mir vor der Nase zu. Das ärgerte mich.
Aufgefallen war Klaus mir schon wenige Tage nach Studienbeginn. Wir gehörten beide zur zweiten Seminargruppe und manche Fächer wurden in Seminaren unterrichtet, zum Beispiel Russisch.
Frau Werner, eine Deutsche, sie mag in Russland sogar studiert haben, konnte mit Sicherheit nicht halb so gut Russisch wie ich. Ich hatte nur halbherzig versucht, den obligaten Russischstunden fernbleiben zu dürfen, die Freistellung vom Russischunterricht hätte einen großen Bürokratieaufwand bedeutet. Dass eine DDR-Bürgerin Russisch als Muttersprache sprach, passte nicht ins gut sortierte Land. In der DDR sollten alle gut Russisch sprechen, das war Programm: Russisch statt Englisch zur Verständigung zwischen den Bruderstaaten. Der Plan misslang gründlich und vierzig Jahre lang. Russisch konnten nur diejenigen, dic in der Sowjetunion studiert hatten. Zu schwer die Sprache, zu hölzern der übliche Russisch-Unterricht. Ich dachte oft daran, wie man in der DDR Russisch lernen sollte, wo doch sogar Walter Ulbricht, der sieben Jahre in Moskau gelebt hatte, kein Russisch sprach.
Es war wie eine Verabredung. Russisch zu lernen war wichtig, aber wenn man es nicht konnte, kam das lediglich einem Kavaliersdelikt gleich. Niemand fiel allein wegen schlechter Russischkenntnisse durchs Abitur.
In der ersten Russischstunde sollten wir uns auf Deutsch vorstellen – Name, mehr nicht. Die Lehrerin erahnte die mäßigen Sprachkenntnisse ihrer neuen Studenten, sie sprach in dieser ersten Stunde nur ein paar russische Worte – mit Akzent, aber fast fehlerfrei. Frau Werner hatte eine auffallend angenehme Lässigkeit. Bei der namentlichen Vorstellung sagte einer mehr als nur seinen Namen – Arnold Schölzel. »Ich hatte nur drei Jahre Russisch. Ich werde hier nicht der Beste

sein.« Hier also nicht? Arnold war mit seinen vierundzwanzig Jahren für mein Empfinden alt. Er hatte eine auffallend vornehme Art zu sprechen. Kein »eh«, kein »eben-d«, kein Berlinerisch, kein Sächsisch. Nur ein fremder Klang, ein silberhelles Lachen und eine abrupte Kopfbewegung.

Nach einer kurzen Information darüber, was uns im Unterricht erwarten würde, bekamen wir Hausaufgaben – ein russischer Text aus einem Lehrbuch sollte ins Deutsche übersetzt werden. Eine Woche später, bei der nächsten Stunde, war es Klaus, der als Erster übersetzen sollte. Drei Sätze übersetzte er ins Deutsche, und dann, nach einer Pause: »Und weiter wees ick nich …« Da sich kein Freiwilliger fand, um weiterzumachen, meldete ich mich. Ich übersetzte, die Russischlehrerin unterbrach mich nach wenigen Sätzen und wir klärten auf Russisch, dass ich nicht mehr am Unterricht teilnehmen musste. Klaus schaute mich zum ersten Mal bewusst an. Und ein bisschen bewundernd auch.

Thema der ersten Zusammenkunft unseres Seminars außerhalb der Lehrveranstaltungen war der bevorstehende Kartoffelernte-Einsatz. Alle neu immatrikulierten Studenten mussten der sozialistischen Landwirtschaft helfen, das war ein unumstößliches Gesetz. Auch musste ein FDJ-Sekretär gewählt werden und die Sekretäre des Sekretärs. Diejenigen, die in der SED waren, wählten als Gruppe abgesondert von den Nichtparteimitgliedern. Sekretär der FDJ wurde Klaus, Wolfgang Templin Parteigruppenorganisator. Sie waren so etwas wie Studentensprecher, und da alles in der DDR politisiert wurde, war es nicht ihre Aufgabe, in erster Linie die Interessen der Studenten zu vertreten, sondern die politische Deutungsmacht der Partei.

Wolfgang Templin war damals Mitte zwanzig, kam aus Jena, sächselte leicht, lachte viel und wenn er ernst wurde, konzentriert zuhörte oder etwas sagen sollte, neigte er den Kopf zur Seite, und seine dunkelbraunen Augen schauten dabei ins Weite. Er sollte der eigentümlichste Parteisekretär werden, den ich je im Leben erlebt habe.

Einige Zeit später war es Klaus, der mir erklärte, warum man in der

Partei sein musste. »Man kann nur was verändern, wenn man dazugehört. Von innen heraus.« Wie sonst.

Als Klaus an die Universität kam, war er Kandidat der SED. Das war eine Art Probezeit. Die Mitgliedschaft selbst musste man sich verdienen. Keiner wusste, was das im Einzelnen bedeutete, aber es fragte auch keiner danach.

Die Stimmung, der Ton unter den Studenten war mir fremd – mehrfach und von unterschiedlichsten Kommilitonen wurde gesagt: »Ich habe damit ein Problem.« Es war immer eine Nichtigkeit gemeint. »Ich habe ein Problem mit der Abstimmung. Es sind nicht alle da!«, sagte Holger Eichberg. Oder: »Wie ernst nehmen wir die Wahl, Leute! Ich habe damit ein Problem, denn wir kennen uns nicht«, sagte Rolf Dubiel. Niemandem fiel auf, dass ich nicht Mitglied der FDJ war. Oder hatte man damit »kein Problem«?

Rolf und Holger wohnten zusammen in einem Zimmer im Studentenwohnheim. Rolf merkte man an, dass hier alles neu für ihn war und fremd. Ein Bauernsohn, groß, kräftig, blond, mit gutmütigem Gesichtsausdruck und langsamen Gesten. Sein Reden war mehr ein Knurren, aber ein fröhliches Knurren. Keine Spur von Falschheit. Holger war anders. Er lächelte meistens, aber man nahm ihm seine Freundlichkeit nicht ab. Seine schwarzen Haare waren fettig, seine Kleidung nachlässig und sein Gesichtsausdruck beschränkt. Er war Mitte zwanzig und kam aus der ostdeutschen Provinz. Interessierte er sich für Philosophie? Niemals. Macht und Karriere interessierten ihn. Gleich nach dem Studium ist er als hauptamtlicher Mitarbeiter zum MfS gegangen und hat bis zum Schluss »Aufklärung und Abwehr ideologischer Diversion unter Studenten und Wissenschaftlern der Humboldt-Universität« betrieben. Nach dem Studium habe ich ihn noch ein einziges Mal gesehen, am 4. November 1989, bei der großen Demonstration auf dem Berliner Alexanderplatz. Gemeinsam mit einem anderen Demonstranten trug er ein Transparent mit der Aufschrift: »Wir bleiben hier!« Dass er bei der Stasi war, habe ich erst Jahre später aus den Akten erfahren.

An meiner sowjetischen Schule in Berlin-Karlshorst gab es keine FDJ.

Die Jugendorganisation der Sowjetunion hieß Komsomol, man nahm mich dort als Sowjetbürgerin auf, obwohl ich Deutsche war – der Vater war für die Nationalität ausschlaggebend. Politik spielte keine Rolle. Der Sozialismus war, wie er war, und galt als gegeben, keiner zweifelte, keiner sprach darüber und wenn überhaupt, dann gab es Sozialismus in Gedichten von Majakowski und in Romanen von Ehrenburg, Gorki und Aleksej Tolstoi. Der Sozialismus war uns ziemlich schnuppe, wir waren mit Wichtigerem beschäftigt – mit ersten Lieben, mit ersten Trennungen, mit Theater, Kino und Literatur – auf unseren Komsomol-Versammlungen lasen wir uns gegenseitig Gedichte von Jessenin vor, von Mandelstam und Anna Achmatowa:

Двадцать первое. Ночь. Понедельник.
Очертанья столицы в окне.
Сочинил же какой-то бездельник,
Что бывает любовь на земле.

Einundzwanzigster. Montag. Nacht.
Im Fenster die Stadtsilhouette.
Da hat irgendein Nichtstuer ausgedacht,
Dass es Liebe auf Erden gäbe.

Eines Tages brachte Tanja Wassiljewa, eine Arzt-Tochter, deren Groß- und Urgroßeltern schon in der Zarenzeit Ärzte gewesen waren, ein dickes Schreibmaschinen-Manuskript mit in die Schule. Es war in Zeitungspapier eingewickelt: Boris Pasternaks *Doktor Schiwago* – wir sollten es reihum lesen. Ich bekam es als Erste mit nach Hause. Mein Vater sah mich tagein, tagaus mit dem Wälzer: »Pasternak hat dafür den Nobelpreis bekommen. Er durfte den Preis in Stockholm nicht entgegennehmen. Woher hast du das?«
Wir wussten, das Buch war in der Sowjetunion verboten, aber unter Freunden hatte niemand Angst, es zu lesen.
Erst während des Studiums kriegte ich mit, dass man sich in der DDR ständig und überall zum Sozialismus bekennen musste. Das war ein

Konstruktionsprinzip dieser Gesellschaft und des Staatssozialismus, es setzte jeden in ein unmittelbar politisches Verhältnis zum Staat und forderte sein Bekenntnis zum »Sozialismus«. Jeder interessierte sich dafür, dass man das Richtige sagte und dass man dabei war. Ich hatte nun ständig das Gefühl, auch ich müsste die Ärmel hochkrempeln und den Sozialismus aufbauen. Und nichts Auffälliges sagen.

Jetzt also war unser Bekenntnis zur sozialistischen Landwirtschaft gefordert. Die Bauern galten in der DDR als sozialistische Kämpfer an der »Versorgungsfront«, deren aufopferungsvollen Taten es zu danken war, dass die Menschen im Land genug zu essen hatten. Melken, weiden, pflanzen, ernten, das waren keine Selbstverständlichkeiten, sondern sozialistische Heldentaten. Die bloße Ernte wurde zur politischen Aktion, zur Ernteschlacht, die gewonnen werden musste. In jedem Herbst traten die Studenten der ersten Studienjahre zu dieser Feldschlacht an. Auf den Äckern kriechend besiegten sie das Kartoffelheer und ganze Hundertschaften frisch immatrikulierter Studenten kletterten auf Bäume, um Äpfel mit Birnen zu vergleichen.

Beim Ernteeinsatz traf ich Christine Feldmeyer. Sie wohnte in Karlshorst in unserer Nachbarstraße, ihre Eltern waren Ärzte und nun studierte auch sie im ersten Semester Medizin.

Christines Familie hielt die DDR für eine Fehlkonstruktion an sich, die ältere Schwester von Christine war im Kofferraum eines Diplomaten-Autos in den Westen geflohen. Die anderen Familienmitglieder hatten sich in Ostberlin abwartend eingerichtet und mit meiner Familie wollten sie befreundet sein, weil ein guter Kontakt zu mindestens einem Kommunisten sinnvoll erschien.

Mein Vater war in ihren Augen eher Bürger als DDR-Bürger und seinen Idealismus belächelten sie mehr, als dass sie ihn verabscheuten.

Christine war etwa drei Jahre älter als ich.

Im Alter von zehn Wochen schlief ich nachmittags in meinem weißen Kinderwagen auf der Veranda unseres Hauses. Christine und ihre Großmutter waren gekommen, um mich, das Baby, zu sehen. Christine hustete immer wieder heftig und meine Mutter schaute besorgt. »Oh«, sagte Großmutter Feldmeyer, »wie süß die Kleine ist! Und sieh

nur, eine ganz kleine Nase, mitten im Gesicht!« Drei Tage später bekam ich Keuchhusten. Die Ärzte waren nicht sicher, ob ich durchkommen würde. Meine Schwestern erzählten mir diese Geschichte immer wieder. Diesen Feldmeyers konnte man eben nicht trauen.
Bevor ich Christine sah, hörte ich sie rufen: »Na, auch zur Ernteschlacht für den Bauernstaat?« Sie trug eine FDJ-Bluse unter ihrer Wolljacke, etwas schnippisch fügte sie hinzu: »Ich finde, zukünftige Ärzte dürften sich auf den Feldern nicht die Finger kaputt machen! Das ist doch eher was für euch sozialistische Theoretiker! *Du* musst doch die Arbeiter und Bauern kennenlernen!«
»Sozialistische Theoretiker!« – wie komisch das klang. Viel zu schüchtern, um schlagfertig zu antworten, hauchte ich ein hastiges »Tschüss!« – und war weg.
Die Studenten der philosophischen Fakultät waren in diesem Jahr den Kartoffeläckern der Priegnitz zugeteilt worden. Jeder bekam einen geflochtenen, dunkelbraunen Korb. Gefüllt mit Kartoffeln, musste er zum Traktor mit Anhänger geschleppt werden, zwei Bauernburschen leerten die Körbe aus. Ich zog meinen Korb hinter mir her und sammelte die Knollen aus der lockeren Erde, ab und zu griff einer meiner Mitstudenten nach dem vollen Korb und brachte ihn zu den Bauern. Trotz Gleichberechtigung.
Abends sitzen wir am Lagerfeuer. Ich sitze neben Dieter, dem Mädchenschwarm. Dieter hat lange Haare, ein schmales sinnliches Gesicht mit blauen Augen hinter einer feinen Brille, er lacht viel, berlinert, erzählt Witze, seine langen dünnen Arme fuchteln in der Luft und ich denke plötzlich, dass er hier so fremd ist wie ich selbst.
Und Klaus. Er hat auch hier seine schwarze Kordjacke an. Er sitzt mir gegenüber und dreht mit dem rechten Zeigefinger an einer langen Haarsträhne. Und manchmal schauen wir uns lange zehn Sekunden an.
Neben Klaus sitzt Jan. Jan ist einer der Jüngsten, höchstens drei Jahre älter als ich, ein strohblonder Wuschelkopf mit großen Augen. Das Erste, was ich über ihn erfahre – auch er ist ein VdN-Kind. Sein Vater saß bei den Nazis im KZ und im Gefängnis. Der Krieg ist erst fünf-

undzwanzig Jahre her und der Widerstand der Eltern verbindet die Kinder noch. Es gibt Erlebnisse, die können nur wir Kommunistenkinder einander erzählen.

Als Kind kannte ich alle, die in meiner kleinen Straße in Karlshorst wohnten. Man grüßte sich, vor meinen Eltern zogen die Männer den Hut, die Frauen lächelten freundlich, die Jungen machten einen Diener und die Mädchen einen Knicks.

Meine deutsche Freundin Xenia wohnte in einer großen Wohnung eines schönen Mehrfamilienhauses, gleich neben uns. Aus meinem Fenster konnte ich ihr Fenster sehen, unsere Häuser trennte nur ein Weg – der Traberweg. Unser Traberweg führte zur Trabrennbahn und ich stellte mir vor, wie stolze Männer und schöne Frauen auf ihren Pferden hier entlanggeritten waren. Manchmal hörte ich ein leichtes fernes Traben. Das heißt – ich wollte es hören.

Xenia und ich hatten unsere eigene Welt. Mit der Puppenstube spielte ich alleine, mit Xenia ging es um Größeres, wir spielten meist draußen – unser Garten wurde zum Meer, zur Palmeninsel im Ozean, zur Antarktis oder zum Mond. Wir erspielten uns die Welt, die wir brauchten. Im Sommer liefen wir barfuß, und als ich einmal auf eine Wespe getreten war, karrte Xenia mich tagelang in meinem alten Kinderwagen durch den Garten. Mein Fuß war mit Zwiebelscheiben belegt und verbunden. Wir schaukelten in der Hängematte zwischen zwei großen Rotbuchen und sangen: »Zwei gute Freunde …«, oder: »So ein Tag, so wunderschön, wie heute …« Der Unterschied zwischen Xenia und mir reduzierte sich für mich darauf, dass Xenia, wie alle Kinder in meiner Straße, ihre Eltern »Mutti« und »Vati« nannte. Ich sagte »Mama« und »Papa«, »Mutti« und »Vati«, das wäre mir nicht über die Lippen gekommen.

Mit den anderen Kindern spielten wir auf der Straße alte Kinderspiele wie *Fischer, wie hoch ist das Wasser?* Und ich war zu allen Kindergeburtstagen der Heiligenberger Straße eingeladen.

Im Winter schneite es oft, vor dem Fenster tanzten dicke Schneeflocken, die Straße wurde weiß und ich dachte: So muss es in Moskau aussehen. Hinter der weißen Pracht sah ich die Häuser der vertrauten

Umgebung nicht mehr so genau, unter dem Schnee konnte sich alles verwandeln. Ich war noch nie in Moskau gewesen, aber meine älteren Schwestern waren da geboren, Moskau war unschlagbar. Und ich war eben zu klein, um dabei gewesen zu sein. Wie wütend mich das machte!

Es war wie ein Puzzle. Nach und nach erfuhr ich von Faschismus und Krieg, von Verfolgung und Widerstand. Mein Papa war mit Hitler verfeindet und weil er nicht wollte, dass Menschen geschlagen und ermordet wurden, wurde er von Hitler gejagt, um ins Gefängnis gesteckt zu werden. Aber mein Papa konnte fliehen, nach Moskau, in die Sowjetunion, wo Lenin und die Oktoberrevolution die Kapitalisten verjagt hatten, Arbeiter und Bauern Kaviar aus Holzfässern löffelten und die Kinder Schuhe mit goldenen Schlüsselchen trugen. Und von dort aus wurde Hitler schließlich besiegt. Mein Vater, meine Mutter und meine Schwestern waren am Leben geblieben. Nur die Freunde meines Vaters blieben für immer tot.
Stundenlang habe ich unter dem großen Schreibtisch meines Vaters gesessen und Bücher über den Krieg angeschaut. Da war er nun, dieser Hitler – braunes Hemd, schwarzer Schnauzbart, ordentlicher Seitenscheitel, den Arm zum Gruß nach vorn gestreckt, das Gesicht zur Grimasse verzerrt. Ich suchte nach Zeichen von Gefährlichkeit. Als meine deutsche Großmutter bemerkte, dass ich immer wieder das Hitlerbild anschaute, schimpfte sie auf Platt: »Verbiestert, dumm, gefährlich. Wozu schaust du immer diesen Verbrecher an?« Und bei nächster Gelegenheit flüsterte sie meinem Vater zu:
»Das Kind sollte sich Bilder von so einem grausamen Menschen nicht anschauen. Sie wird noch von ihm träumen! Versteck das Buch!«
Mein Vater ließ mich das Buch anschauen, sooft ich wollte.
Ich fragte nie, was die Eltern oder Großeltern der anderen Kinder in unserer Straße im Krieg gemacht hatten. Warum fragte ich das nicht? Warum dachte ich nie darüber nach?
An einem Junitag holte ich die Post aus unserem Briefkasten, es war einer der wenigen Sommer, wo dort keine Vögel nisteten. Als ich den

Poststapel auf den Küchentisch legte, rutschte ein zusammengefaltetes Stück weißen Papiers zwischen zwei gelblichen Briefumschlägen hervor. Meine Großmutter hatte mir die alte deutsche Schrift beigebracht, ich las: »Geh doch zurück in die Sowjetunion, Kommunist!« Da legte sich ein Schatten auf meine glückliche Kindheit.

Spät in der Nacht gehen wir in unsere gut geheizten Holzbaracken. Ein Haus für die Mädchen, eins für die Jungen, je drei Zimmer mit vier Doppelstockbetten, drei Duschen im Flur. Im Sommer verbringen hier Kinder ihre Ferien. Im Bett direkt am Fenster schlafe ich oben, Sigrid unten. Das Bett neben uns haben zwei Mädchen aus der ersten Seminargruppe. Sigrid unterhält sich mit Hanna, die ebenfalls im unteren Bett liegt. Sie reden laut, Sigrid kaut an einem Apfel, plötzlich ist es still, ich beuge mich nach unten, sehe einen ausgestreckten Arm und eine Sekunde später plumpst der Apfelrest zu Boden – Sigrid war mitten im Satz eingeschlafen.

Ich bin hellwach, ich sitze in Gedanken am Feuer, um mich herum Klaus, Jan, Wolfgang, Dieter, Arnold. Arnold hatte uns seine Geschichte erzählt. Er war aus der Bundesrepublik gekommen, aus Bremen. Er hatte dort an einem humanistischen Gymnasium sein Abitur abgelegt, er konnte Altgriechisch und Latein. Nachdem er zur Bundeswehr eingezogen worden war, desertierte er aus politischen Gründen in die DDR. Ich war voller Bewunderung und Unglauben zugleich. Konnte man freiwillig das Leben vor der Mauer gegen ein Leben hinter der Mauer tauschen?

Nach seiner Flucht in die DDR musste Arnold sich in der Produktion »bewähren«, so nannte man das. Er arbeitete in der Druckerei eines Verlages in Leipzig, musste das Abitur noch einmal machen, weil das Westabitur in der DDR nicht anerkannt wurde, danach erst durfte er studieren. Er studierte mit uns Philosophie in Berlin, und in Leipzig hatte er eine Frau und zwei kleine Kinder. Ich stellte mir vor, dass er geheiratet und Kinder bekommen hatte, weil er sonst zu einsam gewesen wäre in der DDR.

Unsere Seminargruppen-Betreuerin hieß Erika Jackl-Baum. Sie war

Anfang fünfzig und Witwe eines bekannten antifaschistischen Widerstandskämpfers, der KZ und Zuchthaus überlebt hatte. Ihm zuliebe war sie nach dem Krieg aus Österreich in die DDR gekommen und geblieben, über seinen Tod hinaus. Seit vielen Jahren war Erika Jackl-Baum an der philosophischen Fakultät der Humboldt-Universität wissenschaftliche Mitarbeiterin. Sie hatte nicht promoviert, nicht wissenschaftlich gearbeitet. Sie wollte junge Menschen zu Sozialisten erziehen und war mit ihrem Fach Wissenschaftlicher Kommunismus an der für sie genau richtigen Stelle. Trug sie ein rotes Kopftuch? Hatte sie in ihrer Aktentasche stets Hammer und Sichel dabei? Meine Erinnerungen an sie sind tendenziös.
Frau Jackl-Baum erschien immer froh gelaunt und energiegeladen. Das passte zu ihrem österreichischen Akzent, der war exotisch-wohlklingend. In ihrer Art lud sie uns ein, ihre Freunde zu sein, Gleichgesinnte im Kampf gegen Imperialismus und Kapital, für eine lichte kommunistische Zukunft. Sie hatte Lieblinge unter ihren Studenten, und einer ihrer »Lieblinge« gefiel auch mir. Klaus Wolfram. Manchmal lud sie uns zum Tee. Sie liebte Rituale, und ich wartete nur darauf, dass sie einen flachen Keks aus ihrer runden Keksbüchse nahm, ihn mit einer Ecke in das Teeglas tauchte, die Keksecke zusehends dick und schlabbrig wurde und sie im Eifer des Wortgefechts den Moment verpasste, bevor die Ecke ins Teeglas fiel und die goldbraune Flüssigkeit zur trüben Brühe wurde. Ich dachte nichts Schlechtes über sie und Schadenfreude empfand ich auch nicht. Es war vielmehr die Freude am Einbruch des Ungeplanten und der Unordnung in ihre ordentliche Welt.

Dreißig Jahre später erfahre ich aus den Akten der Stasi, worüber wir in diesen »Teestunden« mit ihr gesprochen hatten, und auch, dass ich bei aufkommenden Diskussionen meistens schwieg. Ich lese, was sie von Klaus hielt und von mir, und ich kann nicht glauben, dass sie wirklich gedacht hatte, ich könnte Klaus in staatsfeindliche Abgründe stürzen. Ihren Aussagen nach habe ich ihn auf seinem gefährlichen Weg freudig begleitet. So werde ich es in unseren Akten lesen.

Aber noch ist es nicht so weit, noch soll der Sozialismus in der DDR erblühen und hat doch, von da an gerechnet, nur noch fünfzehn Jahre Lebenszeit.

Wir waren voll beschäftigt. Der Studientag begann um 7.15 Uhr. Wir rannten den ganzen Tag zu Vorlesungen und Seminaren zwischen den verschiedenen Gebäuden der Humboldt-Uni hin und her. In einem blassgelben Neubau hatten wir Logikseminare, im alten Gebäude in der Universitätsstraße hörten wir Geschichte der Philosophie, und die Ästhetik-Vorlesungen fanden im Hauptgebäude statt, dort, wo gleich einem Zeichen an der Wand – aus der elften Feuerbachthese von Karl Marx – der Satz geschrieben stand: »Die Philosophen haben die Welt nur verschieden interpretiert, es kommt aber darauf an, sie zu verändern.«
Hier sollten wir lernen, die Welt zu verändern? Die Welt vielleicht, aber die DDR? Nein, wir sollten davon überzeugt werden, den Staatssozialismus so zu erhalten und zu stärken, wie er nun einmal war.
Alle vier Jahre fand ein Parteitag der SED statt. Da wurde von Erfolgen berichtet, und in den schwülstigen Reden musste man das Eigentliche, das Wichtige suchen, für mich klang alles gleich. Aus Wortwahl und Wortstellung konnten geübte Leser bevorstehende oder geplante Wendungen unserer Gesellschaft ablesen. In meine Studentenzeit fiel der VIII. Parteitag der SED, und wie alle davor, war auch diese Zusammenkunft der wichtigsten Genossen des Landes von ganz besonderer Bedeutung. Oder diesmal ein bisschen wichtiger noch, weil Walter Ulbricht durch Erich Honecker abgelöst worden war. Zwischen den Parteitagen gab es die Plenartagungen des ZK der SED und jeder dieser Veranstaltungen entsprang ein Strom kleiner roter Heftchen mit den Reden der »führenden Genossen«. Frau Jackl-Baum verlangte in ihren Seminaren Kenntnis davon und Begeisterung.
Qualvoll. Wozu sollte ich diese langweiligen Reden lesen? Wozu einzelne Wörter und Sätze unterstreichen und die klugen Gedanken unserer teuren Genossen bewundern, um dann zwischen den Zeilen lesen zu müssen, was eigentlich gemeint war? Ich fand nichts, gar

nichts Interessantes, weder auf noch zwischen den Zeilen. Im Gegenteil, darunter, dass der langweilige Kram mich abstieß, litt auch mein Interesse für andere Fächer des Studiums. So ging es vielen. Geschichte der Philosophie, Ästhetik, Logik, Ethik, Soziologie und Ökonomie – alles glitt hinter einen Vorhang eisgrauer Floskeln, untauglicher Versuche der Legitimation des real existierenden Sozialismus und seiner schwankenden theoretischen Basis.

Klaus und Wolfgang Templin bildeten eine »Studiengruppe« mit Sigrid und mir. Je zwei »gute« Studenten sollten zwei weniger guten Studenten Nachhilfe erteilen. Das Schwierigste war Politische Ökonomie. Wir büffelten in allen Einzelheiten, wie der faulende Kapitalismus funktionierte, wie der blühende Sozialismus besser funktionierte und wie er künftig noch besser funktionieren würde. Alles, was wir über den Kapitalismus lernen sollten, stand schon bei Karl Marx. Klaus und Wolfgang hatten beide *Das Kapital* gelesen, Sigrid und ich begnügten uns mit vereinfachten Darstellungen in Lehrbüchern.
Ich erklärte mir die Welt aus anderen Quellen, aus schöngeistiger Literatur und aus dem Verhalten von Menschen in der Nazizeit, über die in meiner Familie so oft gesprochen wurde. Es waren nicht die Konzentrationslager und nicht die Bombenlücken, es waren die in der Sowjetunion ermordeten Genossen und Freunde, von denen mein Vater erzählte. Sie waren lebendig. Ihr Schicksal und die Umstände, die sie als Kommunisten unter Kommunisten das Leben gekostet hatten, waren es, die mich interessierten.

Aus dem Munde von Klaus wurden die langweiligen ökonomischen und philosophischen Theorien lebendiger. Nicht, dass ich sie verstand, aber die Theorie bekam Individualität, ein Geheimnis, das zu enträtseln sich womöglich auch für mich lohnte. Ich ahnte, dass es da etwas Wichtiges zu begreifen geben könnte.
Die »Lernsitzungen« unserer Studiengruppe fanden mal in Wolfgangs kalter Wohnung im Prenzlauer Berg, mal bei mir statt – das hatte sich

so ergeben. Sigrid wohnte im Studentenwohnheim am Stadtrand von Berlin und Klaus schlug nie vor, zu ihm zu kommen.

Mein Vater, meine Mutter und ich hatten inzwischen unser Karlshorster Haus verlassen. Meine beiden älteren Schwestern waren längst ausgezogen.
Meine Mutter hatte jahrelang das Haus verflucht, weil es so groß war. Es hatte eine Wohnfläche von 300 Quadratmetern und 1000 Quadratmeter parkähnlichen Garten. Im Sommer musste der Garten bepflanzt und gepflegt werden, im Winter wurde Schnee geschippt, und immer musste im Haus geheizt, geputzt, renoviert und repariert werden.
Meine Mutter träumte von einer Vollkomfort-Wohnung. Zentralheizung, warmes Wasser »aus der Wand«, kein Garten, nur ein kleiner Balkon.
Freunde meiner Eltern lebten in den Häusern an der Karl-Marx-Allee, in großzügigen Wohnungen für die Arbeiterklasse. Dem von meinem Vater listig vorgetragenen Argument, dass wir nicht zur Arbeiterklasse zählten, schenkte meine Mutter kein Gehör.
Die Häuser waren, nach dem Vorbild von Moskauer Wohnhäusern, im ersten Jahrzehnt nach dem Krieg gebaut worden. Den Baustil nannte man ein bisschen naserümpfend Zuckerbäckerstil. Die Wohnungen selbst, solide und mit einigem Komfort ausgestattet, sollten zwar in erster Linie an Arbeiter vergeben werden, aber schon bald wohnten auch Künstler und Intellektuelle in diesen Häusern mit Stuckdecken, Fahrstühlen und Kronleuchtern im Hausflur. Im Laufe der Bauarbeiten war dem Arbeiter- und Bauernstaat sichtbar das Geld ausgegangen. Am Straußberger-Platz hatte man großzügig begonnen, aber mit zunehmender Entfernung vom Stadtzentrum wurden die Wohnungen kleiner, statt Parkett gab es Linoleum, statt schöner Aufgänge schmale Treppen, statt großer Dielen enge Korridore.
In den von meiner Mutter erträumten Häusern wurde und wurde keine Wohnung frei. Mein Vater hatte als »Kämpfer gegen den Faschismus« Anspruch auf eine gute Wohnung. Die staatlichen Stellen bemühten sich jahrelang, für uns eine Wohnung zu finden, aber nach

Treptow oder Pankow, wo es schöne Wohnungen in großen alten Häusern gab, wollten wir nicht. Wenn schon nicht in Karlshorst, dann in Berlin-Mitte. So fand sich schließlich ein Neubau am Alexanderplatz, Liebknechtstraße 9, gegenüber der Marienkirche. Sechs Zimmer, ganz oben in der neunten Etage.

Mein Vater und ich bedauerten sehr, das schöne Haus in Karlshorst verlassen zu müssen. Meine Mutter blieb unerbittlich. Zwischen Weihnachten und Neujahr 1971 kam der Möbelwagen. Als das Haus leer geräumt und meine Mutter im Umzugswagen abgefahren war, gingen mein Vater und ich noch einmal durch unser leeres Haus. Die Holzdielen knarrten und die Zimmer kamen mir jetzt kleiner vor. Ein letztes Mal sah ich aus jedem Fenster in jedem Zimmer. Wir hatten zwanzig Fenster. Im Garten lag Schnee. Als Kind liebte ich es, wenn die Schneedecke auf der Wiese vor unserer Veranda unberührt blieb. Durch ein Fernglas vom Balkon aus bestimmte ich die Spuren im Schnee – Katzen, Füchse, Vögel. Jetzt öffnete ich die Verandatür und lief in meinen Stiefeln kreuz und quer über die Schneewiese. Dann fuhren wir weg.

Unser neues Haus hatte in der letzten Etage nur 6-Zimmer-Wohnungen, vier insgesamt. Die erste bezog ein berühmter Pathologe mit seiner Familie. Sie waren Österreicher und in den fünfziger Jahren als überzeugte Sozialisten in die DDR gekommen. Der Pathologe wurde Professor an der Berliner Charité. Morgens traf ich ihn oft am Fahrstuhl. Er hatte immer einen feinen Anzug an und statt einer Krawatte trug er eine Fliege – und lächelte freundlich.
In die zweite Wohnung zog ein bekannter Filmregisseur mit seiner Frau, einer Schauspielerin. Der Regisseur war Kind eines Schriftstellers, der mit seinen Söhnen Anfang der dreißiger Jahre nach Moskau emigriert war. Das Kriegsende haben beide Söhne als Angehörige der Sowjetarmee in Berlin erlebt. Der Ältere baute die DDR-Auslandsspionage auf, der Jüngere hatte in Moskau Regie studiert, war Filmregisseur geworden und jetzt also unser Nachbar.

Die dritte Wohnung bewohnte ein Schriftsteller-Ehepaar mit zwei Kindern in meinem Alter. Der Mann war ebenfalls Kind von Widerstandskämpfern. Sein Vater war Mitglied der *Roten Kapelle* gewesen und von den Nazis ermordet worden, er selbst hatte seine Kindheit in einem Schweizer Nobelinternat verbracht. Die Schweiz hatte in einigen Fällen Kinder von deutschen Widerstandskämpfern auf Staatskosten in Eliteinternaten untergebracht. Den elitären Geist des Schweizer Internats brachte der Schriftsteller in Form nobler Ess- und Wohnkultur in unseren Neubaublock. Und einen schnörkellosen Umgangston auch. Wenige Tage nach unserem Einzug klingelte er an unserer Wohnungstür und sagte: »Hallo, habt ihr mal ein Stück Butter für uns?« Die Schriftsteller wurden meine Lieblingsnachbarn.
Die vierte Wohnung hatten wir. Aus den Fenstern der hinteren Zimmer blickte man auf das wenig zerstörte Scheunen-Viertel. Mein Vater lief in der ersten Zeit tagelang mit einem Berliner Stadtplan von 1928 durch die Straßen und entdeckte Berlin-Mitte für sich neu. 1928 war er aus Hamburg nach Berlin gekommen, um hier als Journalist für die kommunistische *Rote Fahne* zu arbeiten. Nur ein paar hundert Meter entfernt von unserem neuen Wohnhaus hatte er sich Anfang 1933 in einer Kellerwohnung mehrere Monate vor den Nazis verstecken können. Dann ist er aus Berlin und aus Deutschland geflohen.

An beinahe jeder Wand unserer neuen Wohnung standen Bücherregale. Erstausgaben, Dünndrucke, Werkausgaben in hellbraunem Halbleder und Goldschnitt. Unter den vielen wissenschaftlichen Büchern befand sich auch eine Erstausgabe von Karl Marx' *Das Kapital.*
Klaus Wolfram, kaum dass er unsere Wohnung betrat, stürzte sich jedes Mal sofort auf die Bücher. Liebevoll und vorsichtig nahm er die Bände aus den Regalen und mein Vater erzählte ihm mit Begeisterung, wo er die Bücher entdeckt und gekauft hatte. Ihm gefiel, wie Klaus die Bücher bewunderte.

Als Kind hatte ich erfahren, dass meine Familie mit sechsunddreißig Bücherkisten im Zug aus Moskau nach Berlin gekommen war. Alle sprachen davon mit Bewunderung. Ich stellte mir vor, wie meine Schwestern zwei Nächte lang auf den Kisten geschlafen hatten – zwei Nächte und einen Tag dauerte die Zugreise von Moskau nach Berlin. Alles, was noch ohne mich geschehen war, war wunderbar.

Zu meiner Freundin Xenia sagte ich einmal:

»Sechsunddreißig Kisten mit Büchern hat mein Vater aus Moskau mitgebracht!«

»Wie groß waren denn die Kisten? Vielleicht wie Zigarrenkisten?«, fragte Xenia.

»So groß wie unsere Mülltonnen!«

Xenia beäugte skeptisch unsere runden, blechernen Mülltonnen im Garten.

Genauso skeptisch hatte sie vorher auf meine Erklärung zum Namensschild an unserer Gartenpforte reagiert. Da stand: Dr. Ernst Noffke.

»Warum steht hier *Dr. …*?«

Ich erklärte, dass mein Vater Doktor der Wissenschaften war.

Xenia lachte: »Ach, nee, so wat jibt's doch jar nich. Doktor iss en Arzt. Und *Dr.* bedeutet drrr!« – sie imitierte ein Klingelgeräusch.

Nichts anderes wollte sie glauben. Und nun sollten unsere vielen Bücher in Zigarrenkisten angekommen sein?

Ich konnte immer in den beiden Arbeitszimmern meines Vaters spielen, durfte jedes Buch anfassen und lesen. Er hatte mir beigebracht, wie vorsichtig man mit Büchern umgehen muss. Ich störte nie. Aber mit meinen Freundinnen sollte ich nicht in seine Räume kommen. Das war unsere Abmachung, die ich jetzt ein einziges Mal brechen musste. Xenia sollte die Bücher aus den sechsunddreißig Kisten sehen. Als mein Vater nicht zu Hause war, schlichen wir uns in die Zimmer. Xenia – auch ihr Vater liebte und sammelte Bücher – betrachtete lange und aufmerksam die Buchrücken.

»Ha!«, ein triumphierendes Leuchten in den Augen, »die Bücher kommen überhaupt nicht aus Russland. Det sind doch fast allet deutsche Bücher. Wo will er die denn in Moskau jekooft haben? Da jibbts doch nur russische Bücher! Von wejen 36 Mülltonnen voll!«

Wenig später habe ich erfahren, dass die deutschen Bücher mit meinem Vater nach Deutschland *zurück*gekommen waren. Die deutschen Politemigranten waren mit einigen ihrer Lieblingsbücher in die Fremde gezogen. Später wurden deutsche Kommunisten von Stalins Geheimdiensten verfolgt und unter falschen Anschuldigungen als angebliche Spione verhaftet, erschossen oder in Arbeitslager verbannt, wo viele von ihnen elend ums Leben kamen. Ihren persönlichen Besitz beschlagnahmte der Geheimdienst, die Bücher aber gelangten aus den Asservatenkammern des NKWD in die Auslagen russischer Antiquariate. Da entdeckte sie mein Vater. Er kaufte so viel wie möglich, achtzehn Jahre lang sammelte und behütete er diesen Schatz und brachte schließlich eine Bibliothek zurück nach Deutschland. Einzelheiten über die Zeit meines Vaters in der Sowjetunion erfahre ich erst Jahrzehnte später aus russischen Archiven. Aus den Akten des NKWD zum Beispiel, dass im kalten Winter des Jahres 1941 die Tinte auf seinem Schreibtisch eingefroren war.

Die Sitzungen unserer Studiengruppe dauerten, wenn wir uns bei mir trafen, mehrere Stunden. Die meiste Zeit aßen und tranken wir. Für meine Mutter war es undenkbar, Gästen nichts zu essen anzubieten. Sie kochte und buk und meine Studiengruppenmitglieder verzehrten alles, was auf den Tisch kam. Eines der ungeschriebenen russischen Gesetze lautet, dass auf ein »Danke, ich habe genug« eine weitere köstliche Fleischpastete oder die nächste Kelle Suppe auf dem Teller landete. »Nein, danke« galt in Essensfragen als falsche Bescheidenheit und bedeutete »Ja, bitte«.
Für Klaus aber waren nicht das Essen und nicht das Lernen, sondern die Bücher und die Gespräche mit meinem Vater das Wichtigste an unseren Studiengruppensitzungen in der Liebknechtstraße. Mein Vater erzählte ihm mehr aus seinem Leben, als er mir je erzählt hatte. Klaus interessierten Stalin und Trotzki, die Kommunistische Internationale und die deutschen Kommunisten in Moskau. Ich hatte mir das Fragen abgewöhnt, die Schnorren kannte ich in- und auswendig, die wichtigsten Fakten auch. Mehr habe ich aus dem Munde meines Va-

ters nie erfahren und ich denke heute, dass ich intuitiv seine tiefe Verletztheit gespürt hatte und ihn vor der Erinnerung schützen wollte. Auch auf Fragen von Klaus wich mein Vater aus, er antwortete manchmal gar nicht und manchmal anderes, als gefragt war. Und manchmal sehr genau und auch genau das Gefragte. Einmal entdeckte Klaus im Arbeitszimmer meines Vaters ein Schwarz-Weiß-Foto. Mein Vater als junger Mann – groß, dünn, langbeinig, akkurater Haarschnitt, grauer Anzug im Stile der zwanziger Jahre. Man erkannte ihn sofort an seinem verschmitzten Lächeln, er blickt genau ins Objektiv und hält eine hochgewachsene, schlanke junge Frau im Arm. Die Frau trägt eine Baskenmütze über dem lockigen blonden Haar, einen luftigen Schal über dem hellen Trenchcoat und Schnürschuhe mit kleinem Absatz. Auch sie lächelt direkt in die Kamera.
»Das ist doch nicht deine Mutter?«, fragt Klaus.

Nein, nicht meine Mutter.
Als ich sieben war, gab es einmal Streit zwischen meiner Mutter und meiner Schwester Irina. Es ging wahrscheinlich um die Unordnung in Irinas Zimmer, ums Abtrocknen oder um nicht gemachte Schularbeiten. Ich hörte Irina und meine Mutter unten in der Küche laut streiten, dann polterte Irina die Treppe hoch in ihr Zimmer und schmiss die Tür hinter sich zu. Unten schimpfte meine Mutter weiter. Im Unterschied zu meiner zweiten Schwester Elsa schloss Irina ihre Tür nur selten ab, eigentlich nie. Nach einigen Minuten Stille öffnete ich ihre Tür, nur einen kleinen Spaltbreit – die Tür quietschte für gewöhnlich, wenn man sie normal weit öffnete. Ich schob mich hinein, Irina lag auf dem Bett und weinte. Mein Vater hätte gesagt: »Sie weint Krokodilstränen«, aber mein Vater war nicht zu Hause. Als ich mich zu ihr auf das Bett setzte, sagte sie:
»Sie ist nämlich gar nicht meine Mutter!«
Ich blieb stumm.
»Deshalb ist sie so gemein zu mir!«
»Ist sie denn meine Mutter?«, wollte ich wissen.
Nach kurzem Zögern:

»Ja … ich kann mich ja erinnern, wie du geboren wurdest.«
»Und wer ist deine Mutter?«
»Sie ist tot. Die Faschisten haben sie ermordet. Du weißt doch, dass Papa, Elsa und ich jedes Jahr am 6. November nach Ravensbrück fahren.«
In Ravensbrück war in der Nazizeit ein Frauen-Konzentrationslager. Ich fragte nie nach, ich wusste, dass es ein schrecklicher Ort war, wo gute Menschen von bösen Menschen umgebracht worden waren. Wenn Papa und die Schwestern mit einem großen Blumenstrauß ihre Novemberreise antraten, nahmen sie mich nicht mit. Die Frau, der die Blumen gebracht wurden, hieß Else und war tot, ermordet in Ravensbrück. Ich kannte sie vom Foto im Arbeitszimmer meines Vaters. Ich hatte das Foto viele Male genau betrachtet. Else stand neben meinem jungen Vater, mein Vater umarmte sie, beide blickten mich an.
»Else ist meine Mutter und sie ist ermordet. Und deine Mutter ist meine Stiefmutter.« Dann fügte sie noch leise hinzu: »Sie wollen es nur nicht zugeben.« »Sie« – damit waren unsere Eltern gemeint. Tief erschüttert erzählte ich niemandem, was ich gerade erfahren hatte. Ich ging in die Küche und beobachtete meine Mutter. Sie summte die Internationale und kochte Borschtsch – eine russische Gemüsesuppe mit großem Anteil Roter Bete. Ich überlegte, ob so eine Stiefmutter sein könnte.
Einige Tage später stand ich wieder vor dem Foto im Zimmer meines Vaters. Wenn Papa las oder schrieb, sprach ich ihn nie an. Er tippte auf seiner Schreibmaschine und beobachtete mich aus den Augenwinkeln.
»Liebling, du weißt doch, das sind Else und ich.«
»Wann ist Else gestorben?«
»Else wurde im Krieg von den Faschisten erschossen (im Russischen sagte man immer »Faschisten«), das war 1943, du weißt doch, dass wir immer …«
Ich unterbrach meinen Vater:
»Ja, ich weiß …«, ich wollte nicht verraten, was meine Schwester mir erzählt hatte.

»Aber …, wann ist Irina eigentlich geboren? Sie ist jetzt sechzehn, also …«
Mein Vater liebte es, wenn ich gut und richtig zählte. Er blickte mich erwartungsvoll an.
»1945!«, rief ich.
»Ja, das war an einem eisigen Februarmorgen in Moskau. In der Nacht war so viel Schnee gefallen, dass ich die Haustür nicht öffnen konnte, als ich zu Mama und Irina ins Krankenhaus wollte. Es fuhr keine Straßenbahn, kein Bus …«
Irina hatte also geschwindelt – und trotzdem, ich habe ihre Geschichten immer wieder gern gehört.

Klaus erzählte ich, was ich wusste. Mein Vater war in erster Ehe mit Else verheiratet gewesen. Die beiden flohen nach Hitlers Machtergreifung 1933 gemeinsam erst nach Holland und dann nach Moskau. Else wurde zu Beginn des Krieges zwischen Deutschland und der Sowjetunion von den Sowjets als Kundschafterin nach Deutschland geschickt. Ich wusste, dass sie aus einem britischen Flugzeug in der Nähe von Freiburg mit dem Fallschirm abgesprungen und bald darauf verhaftet worden war. Man hatte sie verraten und der Gestapo ausgeliefert. Monatelang war sie verhört und gefoltert worden. In der Nacht vom 6. zum 7. November 1943 wurde sie im Konzentrationslager Ravensbrück ermordet.
Der 7. November 1943 war der sechsundzwanzigste Jahrestag der Oktoberrevolution. Else war achtunddreißig Jahre alt. Jahrelang versuchte mein Vater vergeblich herauszufinden, wer sie verraten hatte. Er wollte Gewissheit über die Umstände, unter denen alles geschehen war. Aber die Archive blieben verschlossen und diejenigen, von denen er Genaueres über Else und ihren Auftrag hätte erfahren können, waren zum Schweigen verurteilt. Erst durch das 1971 im Westen veröffentlichte Buch *Deckname Dora*, von Sándor Radó, der im Krieg den Kundschaftereinsatz für die Sowjetunion in Westeuropa geleitet hatte und auch Else und ihren genauen Spionageauftrag kannte, bekam mein Vater Hinweise darauf, wer sie verraten haben könnte.

Dreißig Jahre später, aus den Akten russischer Archive und den Recherchen des österreichischen Historikers Hans Schaffranek, erfahre ich einiges, aber längst nicht alles über Elses gescheiterten Kundschafter-Einsatz. Noch im Jahre 2003 steht auf den Akten des militärischen Geheimdienstes der UdSSR – GESPERRT FÜR ALLE ZEITEN –.

Durch unsere Studiengruppe begann ich mich an meine deutschen Mitstudenten und an das Leben an der deutschen Universität zu gewöhnen. Ich bewegte mich zunehmend sicherer und stellte fest, dass ich vieles nur verändern konnte, wenn ich es selbst in die Hand nahm.

Geboren wurde ich in einem russischen Krankenhaus in Berlin-Karlshorst. Zum sowjetischen »Städtchen« gehörte auch ein Militärkrankenhaus. Es lag nur zehn Minuten Fußweg von uns entfernt, und meine Eltern vertrauten den russischen Ärzten. Mein Vater wollte mich Nina nennen, meine Mutter fand Olga schön. Am siebten Tag nach meiner Geburt einigten sie sich auf Inga. Da war jeweils ein Stück von beiden Namen drin.
»Inga« stand in der russischen Geburtsurkunde, und weil ich nach geltendem Recht bis zum achtzehnten Lebensjahr zwei Staatsbürgerschaften haben sollte, bekamen meine Eltern auch vom deutschen Standesamt eine Geburtsurkunde. Der Standesbeamte konnte sich wohl nicht vorstellen, dass es den Namen »Inga« gab, und machte aus »Inga« – »Inge«. Da ich die deutsche Urkunde nie sah und alle mich Inga nannten, spielte das vorerst keine Rolle. Warum mein Vater die Entstellung meines Namens zugelassen hatte, habe ich nie gefragt. Mit vierzehn Jahren bekam ich den Personalausweis der DDR. Der deutschen Geburtsurkunde nach hieß ich »Inge«, so stand es nun auch in meinem Ausweis. Was kümmerte es mich, dass der Name *dort* falsch war. In der Schule war ich Inga und auch auf meinem Abiturzeugnis war kein anderer Name zu lesen.

An der Uni verdrängte das *E* in meinem Namen nun scheinbar end-

gültig das *A*. Die Universitätseinschreibung folgte dem Personalausweis. Alle sagten Inge und jedes Mal wunderte ich mich, dass *ich* damit gemeint war.
Unser Schriftsteller-Nachbar, der mich immer Inga nannte, hörte eines Tages: Inge! »Das lässt du dir nicht gefallen! Inge, das ist so furchtbar deutsch, das passt überhaupt nicht zu dir!« Er schimpfte laut und lange und ich begann, den Namen zu hassen.
Bald darauf suchte ich meine sowjetische Geburtsurkunde heraus, tippte eine eigene Übersetzung in die deutsche Schreibmaschine und aus Inga in kyrillischen Buchstaben wurde Inga in lateinischen Buchstaben. Mein Papier brachte ich ins Übersetzungsbüro und ließ die Richtigkeit der Übersetzung beglaubigen. Das Papier bekam einen runden blauen Stempel und wurde zum Dokument! Ich sah ihn vor mir, den deutschen Amtsschimmel, wiehernd und mit den Hufen scharrend, aber ich war bewaffnet mit scharfen Waffen, einer Geburtsurkunde der UdSSR mit zwei wunderbaren Stempeln und der beglaubigten Übersetzung, mit noch einem Stempel. Zum Kampf bereit, betrat ich unsere zuständige polizeiliche Meldestelle.

Die Polizeibeamtin trägt eine weiße Bluse mit roten und blauen Blumen, Rock oder Hose kann ich nicht sehen, sie sitzt hinter einem hölzernen Tresen. Ein strenger und skeptischer Blick, als ich ihr klarmache, was ich will: »Mein Vorname im Personalausweis ist falsch!«
Ich reiche ihr die Geburtsurkunde, die Übersetzung – und zwei Passfotos.
»Wieso haben Sie, als DDR-Bürgerin, eine russische Geburtsurkunde? Das kann doch nicht sein!«
Sie hatte wirklich »Das kann doch nicht sein!« gesagt, und ich: »Doch!« Blitzschnell ist mir klar, dass ich sie irgendwie mit ins Boot holen muss, und erkläre ihr, was sie verstehen kann. Ich versuche unsere komplizierten Familienverhältnisse zu schildern und erwähne auch, dass ich fließend Russisch spreche. Plötzlich lächelt sie – und kramt aus ihrer Tasche einen Briefumschlag hervor. Der Brief ist aus Kiew. Sie flüstert, über ihren Tresen gebeugt: »Meine Tochter hat eine

russische Brieffreundin, sie denkt, ich kann gut Russisch … Ich hatte fünf Jahre Russisch in der Schule, aber den Brief kann ich nicht übersetzen. Wenn Sie vielleicht …?«

Das war die Rettung. Ich nehme den Brief, Papier und Stift und gehe ins Wartezimmer. »Klopfen Sie dann einfach …«, ruft sie mir freundlich nach. Als ich zehn Minuten später anklopfe, hält sie mir den ausgefüllten Antrag für einen neuen Personalausweis zur Unterschrift entgegen: »Unten rechts bitte, da, wo ich das Kreuz gemacht habe.« Der Brief und meine Übersetzung verschwinden kommentarlos in einer Schublade. »Haben Sie wirklich grau-grün-braune Augen? Zeigen Sie mal … Eigentlich sind sie doch auch ein bisschen gelb, oder?«, sie lacht, zufrieden mit sich und den Zufällen des Lebens.

Eine Woche später hole ich meinen neuen Ausweis ab. Inga stand da geschrieben, in deutschen Buchstaben. Nie wieder durfte mich jemand Inge nennen. Mein zweites Passfoto finde ich zweiunddreißig Jahre später in meiner Stasi-Akte.

—

Nach einem Jahr an der Universität war ich zu einer richtigen DDR-Studentin geworden. Ich erinnerte mich wehmütig an meine russische Zeit. Sie war wie ein Leben vor dem Leben. War das richtige Leben *jetzt*?

Nein, an politischer Theorie war ich auch *jetzt* nicht interessiert und hatte oft das ungute Gefühl, an der philosophischen Fakultät falsch zu sein. Ich interessierte mich für Film und Literatur und machte für das Studium nur das, was unbedingt gemacht werden musste, um die Prüfungen zu bestehen. Danach vergaß ich es. Die Fächer Politische Ökonomie, Wissenschaftlicher Kommunismus, Historischer und Dialektischer Materialismus kamen mir so grau und dröge vor wie die DDR selbst. Dass das alles, vom Kopf auf die Füße und in den richtigen politischen Zusammenhang zum Falschen in der DDR gestellt, eine wahre Sprengladung sein konnte, das erahnte ich zwar aus den Diskussionen und den erhitzten Gemütern einiger meiner Mitstudenten, aber es erreichte mich nicht. Vielleicht hoffte ich, dass sie wussten, was sie da redeten, und aus Erstarrung lebendige Bewegung werden könnte.

Ein fleißiger Stasi-Spitzel aber hatte aufmerksam zugehört und am 23. Mai 1973 dem MfS zu Protokoll gegeben:

> Gegenwärtig gibt es unter den Studenten eine Reihe Diskussionen, die zu ernsten politischen Konsequenzen führen können.
> Dem Inhalt nach geht es dabei um:
> - Vorbehalte gegen den real existierenden Sozialismus
> - Missachtung der Arbeiterklasse
> - Unklarheiten über die führende Rolle der Partei.
>
> Ursachen sind darin zu sehen, dass die Studenten die sozialistische Gesellschaft nur aus der „Schulbankperspektive" kennen, dass sie überheblich sind und sich klüger als die Partei einschätzen.
> Die Tendenz der Diskussionen läuft auf eine Revision des Marxismus hinaus, auf Positionen eines „ethischen Sozialismus" und bringt Standpunkte zum Ausdruck, wie sie von Havemann vertreten wurden.
> Kleinschmidt (Sohn des Gen. Domprobst Karl Kleinschmidt) äußerte einige revisionistische Gedanken in einem mehrseitigen Wandzeitungsartikel.
> Wolfram äußerte, dass die Partei zu groß sei, zu viele „dumpfe Massen" mit sich herumschleppe, die alles akzeptieren würden.
> Lautenbach erklärte gegenüber der Genossin Jackl-Baum (Lehrkörper): „Wenn wir erst einmal an der Macht sind ..."

Der Lehrkörper hat keine Konzeption für die klärende Diskussion mit diesen Studenten. Einige Mitglieder des Lehrkörpers (u.a. Gen. Prof. Stiehler, verantwortlich für die politische Anleitung der Studenten) unterschätzen die Gefahr der Entstehung einer revisionistischen Plattform.
(BStU, OV „Kreis", Band 1, Bl. 31)

Kleinschmidt, Wolfram, Lautenbach waren also als Erste auf dem »Schirm«.
Wenn wir es gewusst hätten, hätten wir Angst gehabt? Interessierte sich der Staat für uns, weil wir uns für ihn interessierten? War wichtig, was wir sagten, was wir machten und dachten? Ich weiß nicht, ob wir nicht sogar ein bisschen stolz auf uns gewesen wären.

Es war klar, ich werde alle Prüfungen machen, das Staatsexamen bestehen und auch das Diplom. Und mich verlieben. Richtig verlieben. In einen Mann fürs Leben. Um genauer zu sein, in den war ich längst verliebt, schon seit der Zeit, als er mir die Tür nicht aufgehalten hatte, keine russischen Hausaufgaben machte und Sätze sprach, über die ich manchmal tagelang nachdachte. Klaus also!
Er wohnte inzwischen im Haus neben uns, sein Vater war aus Halle nach Berlin zurückgekommen. Honeckers Machtantritt bedeutete für die DDR eine Art Tauwetter. Ein kleines Tauwetter, ein winziges. Man holte Gerhard Wolfram, der als Intendant am Landestheater Halle Aufsehen erregende Inszenierungen ermöglicht hatte, nach Berlin ans Deutsche Theater. So wohnte Klaus mit seinem Vater, seinem um acht Jahre jüngeren Bruder und seiner Großmutter in der genau gleichen 6-Zimmer-Wohnung wie wir.
Seine Mutter Eva war Schauspielerin und lebte in Potsdam, die Eltern waren seit vielen Jahren geschieden.

Klaus interessierte sich brennend für die Geschichte der kommunistischen Parteien. Er wollte alles darüber lesen, was nur irgendwie greif-

bar war, auch und besonders dann, wenn es nicht zur Pflichtliteratur gehörte. Zum Beispiel die Tagungsprotokolle des III. Weltkongresses der Kommunistischen Internationale von 1921, die es in der Bibliothek auch gab, die man aber nicht einfach so ausleihen konnte. Man brauchte dafür einen »Giftschein«.
Diese Scheine, die dem Studierenden die Berechtigung gaben, gesperrte Literatur zu lesen, verteilte unsere Seminargruppenbetreuerin Erika Jackl-Baum. Sie war sich wohl nicht sicher, ob sie Klaus den Zugang zu dieser Literatur ermöglichen sollte. Sie ahnte, was da zu lesen war, musste so kluge Menschen wie Klaus zünden und eine Saat säen, die nicht gesät werden durfte.
So erteilte sie ihrem Liebling vor der Lektüre eine Lektion, ernste Warnungen vor revisionistischem, trotzkistischem und anderem gefährlichen Gedankengut – eine geballte Ladung Indoktrination, vorgetragen in geistigem Stechschritt und reinstem Wiener Dialekt. Jackl-Baum sprach nicht einfach nur, Jackl-Baum trug vor, immer kämpferisch und temperamentvoll. Ihre Augen funkelten, sie fuchtelte wild mit den Armen und ich sah ihr gern zu, ohne jedoch den Sinn ihrer eifernden Beschwörungen erfassen zu wollen. So begeistert sie auch vortrug, ich glaubte ihr nicht, da musste ich nicht hinhören.

Dass sie sich für Klaus interessierte und sich in besonderer Weise für seine Entwicklung verantwortlich fühlte, war nicht zu übersehen. Was sie über ihn, über mich und die anderen »Verdächtigen« zu sagen hatte, gab sie am 22. 6. 1976, zwei Jahre nach Beendigung unseres Studiums, im »BERICHT DER GENOSSIN ERIKA JACKL-BAUM ÜBER WOLFRAM, KLAUS UND DIE SITUATION IN DER SEKTION PHILOSOPHIE DER HUMBOLDT-UNIVERSITÄT ZU BERLIN« der Stasi zu Protokoll.

> Klaus Wolfram war ein sehr intelligenter, sehr begabter und sehr fleißiger Student. Ich finde, dass seine politische Haltung am Anfang noch so war, dass man meinen könnte, wenn er erkennt,

dass theoretische Fragen zum Feind führen, wird er sehr aufmerksam und selbstkritisch seine Position ändern. Im Verlaufe der Zeit war es eindeutig, dass er in die Richtung von theoretischen Konzeptionen des Trotzkismus geht - über Fragen der Staatsmacht, über Fragen der Demokratie.
Ernst Noffke, der Vater von Inga, war für Klaus aus zwei Gründen interessant. Erstens, weil er seine Schwierigkeiten mit der Partei hatte, über die er sich wohl ausgelassen und jede ihm zugefügte Ungerechtigkeit sicherlich ungeheuer breitgewalzt hat. Zweitens, weil er einen Bücherschrank hatte, in dem alles drinstand, was jemand hat, der seit Jahrzehnten in der Arbeiterbewegung ist, also auch Trotzki und diese Art Literatur. So ist Klaus über seinen Schwiegervater dort rangekommen.
(BStU, OV „Kreis", Band 7, Bl. 54)

Im letzten Herbst meiner Schulzeit bekam ich eine Mittelohrentzündung. Als die Schmerzen der Taubheit wichen, verbrachte ich ganze Tage in der Bibliothek meines Vaters und durchforstete die Bücherregale. Die russischen Klassiker hatte ich mehrfach gelesen. Tschechow und Turgenjew liebte ich besonders. Mein Vater war immer darauf bedacht, mir auch deutsche Bücher zu geben. Er fürchtete zeitweise um das Gleichgewicht meiner Zweisprachigkeit. Thomas Mann, Heinrich Mann, Heinrich Heine … Ich hatte alles gelesen. »Bilingual zu sein, ist ein großer Wert«, sagte er bei jeder Gelegenheit. Für mich war das eine Selbstverständlichkeit.
Neben den vielen Bücherregalen aus dunklem Kirschholz gab es in einem der beiden Arbeitszimmer einen Bücherschrank, für den ich mich bislang wenig interessiert hatte. Da war keine Literatur zu finden. Aber an diesem Wochenende im Oktober nahm mein Vater zwei dunkelrote Bände aus diesem Schrank und drückte sie mir in die

Hand: Margarethe Buber-Neumann: *Von Potsdam nach Moskau* und *In Gefangenschaft bei Stalin und Hitler*.
»Du bist jetzt fünfzehn, jetzt kannst du das lesen.«
Er bemühte sich um Zurückhaltung, und doch klang das pathetisch. Die Bücher waren im Westen erschienen und die Schwester der Autorin, Babette Gross, kannte ich seit meiner Kindheit. Sie kam aus Hamburg und besuchte uns häufig in Karlshorst. Irgendwann wird sie die Bücher mitgebracht haben. Mit einiger Skepsis begann ich zu lesen, aber dann las ich die zwei dicken Bände in vier Tagen. Ich konnte nicht aufhören. Der erste Band war die Bestätigung dessen, was ich wusste – Hitler war ein Mörder und man konnte nicht anders, als ihm Widerstand zu leisten. Der zweite Band war eine Erschütterung, ein Erdbeben. Ich sah meinen Vater in Moskau – ihm war ein ganzes Kapitel gewidmet – und endlich ahnte ich, warum Moskau doch nicht das Paradies gewesen sein konnte. Das, was da vorging, sollte Sozialismus sein, Vorbild und Ziel für uns? Die Sowjetunion war von einem machtgierigen Verbrecher regiert worden. Von ihm allein? Der Verbrecher hieß Josef Stalin und seine Handlanger waren Berija, Jeschow, Wyschinski und viele andere, unter den Deutschen auch Walter Ulbricht und Wilhelm Pieck.
Für meinen Vater, und da sprach er ungewohnt schneidend scharf, war Ulbricht entscheidend mitverantwortlich für die Zerschlagung der Exil-KPD in Moskau und für die Ermordung der Besten der Partei. Da waren alte Rechnungen beglichen und der stalinsche Terror genutzt worden, um mit den verhassten Intellektuellen in der Partei abzurechnen.
Und dann merkte ich mir noch etwas: Einen Verräter gibt es immer. Nur, wie erkennt man ihn rechtzeitig? Das war aus Büchern nicht zu lernen.

Mit Beginn des dritten Studienjahrs erweiterte sich unser Seminar um einige neue Studenten, die aus Leipzig zu uns gekommen waren.
Sebastian Kleinschmidt zum Beispiel. Als Erstes fiel mir seine Ähnlichkeit mit dem jungen Brecht auf. Ein schmales, kantiges Gesicht

und eine Mimik, bei der ich immer denken musste, dass er gerade etwas ganz Besonderes dachte. Sebastians Vater war Domprobst in Schwerin. Ein Christ, der gegen Hitler Widerstand geleistet hatte. Also war auch Sebastian ein VdN-Kind und neben Jan Lautenbach nun mein zweiter »Verwandter« im Seminar.

Im Sommer 1973 wurde ich zwanzig, war schwanger und bis über beide Ohren in Klaus verliebt, ungestüm, bedingungslos. Ich bewunderte ihn, er war voller Geheimnisse und hatte so wohltuend wenig DDR-Normalität an sich. Er stand meiner Verliebtheit ein wenig staunend gegenüber – typisch Klaus.
In diesem Sommer feierte man in Ostberlin die Weltfestspiele der Jugend und Studenten. Berlin war im Ausnahmezustand. 25 000 junge Menschen aus 140 Ländern waren gekommen, um zu feiern und ihren unerschütterlichen Glauben an einen weltweiten Siegeszug des Sozialismus zu bekunden. Die Studenten unserer Universität sollten am Rande von Berlin in Studentenheimen untergebracht werden. Wahrscheinlich, um gezielt bei organisierten Veranstaltungen einsetzbar und für die Organisatoren rund um die Uhr verfügbar zu sein.
Meine Schwangerschaft war Grund genug, nicht in ein Studentenheim zu ziehen, aber ich wurde auch noch krank und war somit von jeglicher Teilnahmeverpflichtung befreit. Ich blieb in der Wohnung meiner Eltern, vom Balkon unserer neunten Etage sahen wir auf das bunte Treiben zwischen Alexanderplatz und Rotem Rathaus. Die Musik dröhnte Tag und Nacht, ringsherum wurde gelacht, gesungen, in den heißen Nächten schliefen junge Leute auf der Wiese neben der Marienkirche. In diesen Nächten und von unserem Balkon aus gesehen hatten die Weltfestspiele gar nichts Politisches. Tagsüber aber wogte ein blaues Menschenmeer über den Alexanderplatz, FDJler marschierten mit Transparenten zu den Rednertribünen und zu Veranstaltungen mit Volkstänzern und Sängern aus aller Welt.
Manchmal kam Klaus einfach zu mir hoch. Er stellte ein ordentlich zusammengerolltes Transparent in die Ecke meines Zimmers und ich sah ganz deutlich ein »H« durchschimmern. Das »H« gehörte viel-

leicht zu »Humboldt-Universität«, zu »Hoch lebe die internationale Solidarität« oder zu »Freiheit für Louis Corvalan«. Um die »Freiheit der Andersdenkenden« in der DDR ging es damals noch nicht, nicht öffentlich jedenfalls. Ich fragte nicht nach dem »H«. Wir redeten ein paar Minuten und schon war er wieder weg, mit seinem Transparent.

Die Fremdheit, die ich alle Jahre der DDR gegenüber verspürt hatte, war mit Klaus aus meinem Leben verflogen. Zu ihm passte alles Politische, sogar ein Transparent. Im Herbst 1973 heirateten wir.

> Die Sache mit Inga war eine seltsam plötzliche Geschichte und ich glaube, Klaus hat eigentlich den Schwiegervater geheiratet, den Vater von Inga.
> (BStU, OV „Kreis", Band 7, Bl. 54)

Das hatte die Genossin Jackl-Baum der Stasi zu berichten gewusst. Eine Frechheit, eine Frechheit mit einem kleinen Körnchen Wahrheit.

In linken Kreisen im Westen feierte man zu dieser Zeit die freie Liebe. Und wir? Wir heirateten! Der DDR-Staat förderte junge Familien mit zinslosen Ehekrediten und bevorzugter Wohnungsvergabe. Den Kredit über fünftausend Mark bekamen wir anstandslos. Die Wohnung vorerst nicht. Unsere Eltern hatten ausreichend Wohnraum, jede Wohnungs-Vergabekommission hätte so geurteilt und wir stellten erst gar keinen Antrag auf eine eigene Wohnung. Geheiratet haben wir im Standesamt Mitte, direkt auf dem Alexanderplatz zwischen zwei Vorlesungen. Ich trug ein rotes Kleid mit weißen Punkten.

Von einer gemeinsamen Wohnung konnten Klaus und ich also vorerst nur träumen. Wir dachten an das nahe Ende des Studiums und eine Arbeitsvermittlung irgendwohin, wo eine Wohnung zu bekommen war. Wir schmiedeten Zukunftspläne, ohne zu ahnen, dass die unmittelbare Gegenwart uns die Entscheidung abnehmen würde.

Im Oktober 1973 bekam mein Vater Besuch aus dem DEFA-Dokumentarfilmstudio. Die Leute meldeten sich telefonisch an, sie wollten einen Film über die KPD-Parteischule machen. Diese Schule war in den zwanziger Jahren gegründet worden und befand sich, bis die Nazis sie verboten, in Fichtenau bei Berlin. Mein Vater leitete die Schule einige Monate oder auch zwei Jahre, genau weiß ich das nicht.
Bevor die Filmleute kamen, hatte mein Vater sich Notizen gemacht. Er führte laut Selbstgespräche, aber zu den gewohnten, meist verzweifelten Wortfetzen kamen neue Töne, Namen und Jahre.
Die Besucher erschienen zur vereinbarten Zeit, meine Mutter stellte Tee und selbst gebackenen Käsekuchen auf den Tisch, ich ging in mein Zimmer. Eine halbe Stunde später knallte unsere Wohnungstür und mein Vater schrie: »Diese Schwachköpfe! Lügner! Sie wollen einen Film machen und mich brauchen sie als Staffage!«
Als ich aus meinem Zimmer komme, rennt mein Vater hin und her und sucht seine Schwimmsachen zusammen, er will in seine Schwimmhalle. Es stellte sich heraus, dass er die Gäste aus dem Filmstudio hinausgeworfen hatte. Sie hatten ihm erklären wollen, wie es damals gewesen war, in der Parteischule. Sie wussten alles besser, wer gelehrt hatte, was und wie gelehrt wurde und wer dabei war. Und wer nicht dabei war, wussten sie auch.
Zwei Stunden später kommt er zurück, Schmerzen in der Brust. Wir rufen einen Notarzt – Herzinfarkt.
Als ich ihn am nächsten Tag im Krankenhaus besuche, liegt er im Bett und rezitiert Heinrich Heine – *Enfant perdu*:
Verlorner Posten in dem Freiheitskriege,/ hielt ich seit dreißig Jahren treulich aus./ Ich kämpfte ohne Hoffnung, daß ich siege,/ Ich wußte, nie komm ich gesund nach Haus.
Und dann: »Versprich mir, dass du nie in diese Partei gehst. Die SED ist keine sozialistische Partei, noch nie gewesen. Ich habe das nicht rechtzeitig erkannt, oder einfach nicht wissen wollen.«
Ich verspreche es. Fünf Wochen später ist mein Vater gestorben. Er war neunundsechzig Jahre alt. Mein Versprechen trug ich jahrelang wie einen Schutzschild vor mir her.

Genau einen Monat später liege ich im Kreißsaal der Charité. Achtundvierzig Stunden Wehen. Die Kreißenden sind mit weißen Leinenvorhängen voneinander getrennt. Es ist kurz vor Weihnachten, die Schwestern feiern in ihrem Zimmer den dritten Advent. Von weitem höre ich Lachen und leise Musik. Ab und zu kommt eine Hebamme vorbei und raunzt eine neben mir schreiende Gebärende an. In diesen achtundvierzig Stunden werden in meinem Kreißsaal acht Kinder geboren.
Die Frauen, die gerade entbunden haben, werden für ein paar Stunden in ihren Betten in eine Ecke des Kreißsaals geschoben, während die Säuglinge gründlich untersucht werden. Die jungen Mütter sprechen leise über die erlittenen Schmerzen, und ich kann ihr Glück hören. Ich bin still und habe keine Kraft, auch nur zu stöhnen. Ich Heidenkind stelle mir meinen atheistischen Vater im Himmel vor. Ich spüre seine Hand auf meinem Kopf und höre ihn deutlich flüstern: »Halte durch, du musst für mich da bleiben. Ich bin doch zu früh gegangen.«
Kaum hat er das gesagt, kommt ein junger Arzt, nimmt meine Hand, schaut mir kurz in die Augen und verschwindet wieder. Im nächsten Moment bin ich von Schwestern und Ärzten umringt. In Windeseile schieben sie mich in den OP. Drei Minuten später ist mein Sohn Maxim geboren. Man hat ihn mit der Zange geholt. Als ich aus der leichten Narkose aufwache, steht der junge Arzt neben mir, legt seine Hand auf meinen Kopf und flüstert: »Das ist ja gerade noch mal gut gegangen, Sie haben einen Schutzengel.«

Alles kam zusammen: Mein zärtlicher Vater war tot, Max war geboren, die Studienzeit ging zu Ende. Klar war nur, wir wollten nicht leben, wie es uns, die zur ersten Generation richtiger DDR-Kinder gehörten, auf scheinbar sicheren Wegen vorgezeichnet war. Wir waren unzufrieden mit diesem Leben. Weder der Mangel an Konsumgütern noch die Mauer und die Einschränkungen der Reisefreiheit waren ausschlaggebend dafür, dass wir nicht leben wollten, wie man in der DDR lebte.

Es war die Beschränktheit, die allgegenwärtige Lüge, die Ohnmacht, erleben zu müssen, wie eine Clique verdorbener Greise – da hatte Wolf Biermann den Nagel auf den Kopf getroffen – unser Land regierte, ungeschickt, geistlos und plump. Wir konnten an die gefeierten Welterfolge des wissenschaftlich-technischen Fortschritts nicht glauben und dem ganzen politischen Kasperltheater schon gar nicht. Die *Aktuelle Kamera* sah man, um sich darüber lustig zu machen. Wer sich informieren wollte, was in der Welt und in der DDR geschah, musste das im Westfernsehen tun. Ich selbst habe jahrelang kaum registriert, dass es ein DDR-Fernsehen überhaupt gab. In meiner Familie erfuhr man Neuigkeiten nur aus dem Westen. Heute, und nur für einen kurzen Augenblick, denke ich daran, Abbitte zu leisten. Ich sehe mich mit meinen erwachsenen Söhnen vor dem Computer sitzen und zu fortgeschrittener Stunde mit ähnlich distanziertem Amüsement die Videobotschaften unserer Bundeskanzlerin anschauen, wie wir damals unseren Politikern im DDR-Fernsehen zuschauten.

Dass die Gesellschaft, in der wir lebten, lebensgefährlich stockte, war ein Konsens, der geradezu zum Lebensgefühl der DDR gehörte und uns mit weiten Kreisen der Bevölkerung verband. Dass wir gerade deshalb ein starkes Gefühl der Verantwortung für unser Land hatten, stellte uns schon in eine andere Reihe. Wir waren einig in der Überzeugung, auf der richtigen Seite der »Barrikade« zu stehen. Das Beginnen nach 1945, den Aufbau einer antikapitalistischen demokratischen Gesellschaftsordnung, die Vereinigung der beiden Arbeiterparteien und die Gründung der DDR, das alles stellten wir nicht in Frage, da waren richtige Konsequenzen gezogen worden aus den Katastrophen des Jahrhunderts. Gegen diese Grundüberzeugung aber sprachen unsere Erfahrung, unser Lebensgefühl und vieles, was wir im Studium begriffen hatten. Und da hatte der Sozialismus, wie er in der DDR existierte, so gut wie nichts mit der Gesellschaftsordnung zu tun, die unsere Klassiker den Sozialismus nannten – eine freie Assoziation freier Individuen, in der die Freiheit des Einzelnen die Vorbedingung der Freiheit aller ist. Die wie selbstverständlich erscheinende Umkehr dieses Satzes bildete das brüchige Fundament unserer

Staats-Ideologie und der Primat des Allgemeinen gegenüber den Einzelnen das Perpetuum mobile der Macht. Konnte dieser DDR-Sozialismus überhaupt verändert, demokratisiert und lebbar gemacht werden? Und wie sollte das geschehen? Und wer, wenn nicht *wir*, sollte es versuchen?

Als ich dreißig Jahre später einen Film über unsere Studentenzeit und unsere »Gruppe« machen will, erkenne ich in den Akten der Stasi unser Leben – unseren Alltag, unseren Anspruch, unsere Naivität, unseren Mut und unsere Angst.
Ich brauche die Akten nicht, um zu erfahren, wer uns verraten hat. Wir wissen es längst. Ich schiebe den Versuch, mit *ihm* ins Gespräch zu kommen, vor mir her.
Seit den achtziger Jahren war ich *ihm* nur einmal begegnet, in einem roten Jugendstilhaus in der Französischen Straße. Hier gründete sich zur Wendezeit, gleich im Dezember 1989, die erste unabhängige Wochenzeitung *die andere*. Die Redaktion bestand aus zwölf Mitarbeitern, alle waren in der DDR-Opposition aktiv. In der Redaktion war Klaus Wolfram der Herausgeber, ich Kulturredakteurin.
Trotz Maueröffnung lasen die DDR-Bürger unsere Zeitung, sie rissen sie uns förmlich aus der Hand. *die andere* hatte eine Auflage von etwa 100 000 Exemplaren und war oft am Erscheinungstag schon vergriffen.
Das änderte sich bald, dennoch gab es die Zeitung fast drei Jahre lang.

An einem Dienstag im August 1991 saßen wir gemeinsam am Umbruch, die Zeitung ging am späten Nachmittag in den Druck. Irgendjemand rief in den Raum hinein: »Ist Klaus da?«
»Nein!«
»Na dann, Besuch für Inga.«
Im Sekretariat stand *er*. Er blickte verlegen, bekam einen hochroten Kopf (das kannte ich von ihm), grüßte kurz und hielt mir einen verschlossenen Briefumschlag entgegen:
»Hier, kannst du den Klaus geben?«

Schnell war er wieder draußen.
Ich rief sofort Klaus an, er bat mich den Brief zu öffnen und vorzulesen. Ich kann den Inhalt nur aus der Erinnerung wiedergeben, Klaus hat den Brief weggeworfen.

Lieber Klaus!
Zu meinem Erstaunen höre ich, dass Ihr vermutet, ich sei der Verräter unserer Gruppe gewesen. Ich habe zu keinem Zeitpunkt mit der Stasi zusammengearbeitet. Es ist mir unverständlich, dass Ihr solcherart Verdächtigungen in die Welt setzt. Bitte unterlasst jegliche Art der Unterstellung und Verleumdung.

Zu dieser Zeit fühlten sich die ehemaligen inoffiziellen Mitarbeiter der Staatssicherheit der DDR sicher. Ihre Führungsoffiziere hatten bergeweise Akten vernichtet. Aber gegen die eigene Gründlichkeit kamen sie in der kurzen, chaotischen Übergangszeit nicht an, denn viele Berichte waren mehrfach abgelegt, bei unterschiedlichen Abteilungen, an unterschiedlichen Orten.

Weil ich denke, mit *ihm* kann ich nicht reden, suche ich erst einmal das Gespräch mit seinem Führungsoffizier. Horst Bachmann, 1939 geboren, hatte sich als Arbeiterkind früh für den Dienst beim Ministerium für Staatssicherheit der DDR entschieden – »Für Frieden und Sozialismus immer bereit!«, von Beruf Unterstufenlehrer, wird sein Arbeitsgebiet bei der Stasi die *Aufklärung politisch-ideologischer Diversion an der Humboldt-Universität.* Also damals eben wir. In den Akten finde ich sein Passfoto. Ein junger Mann, schütteres, dunkles Haar, ernster Blick hinter der eckigen Brille. Dass er nur wenig älter war als die Mitglieder der Gruppe, lässt mich staunen.
Über den WDR in Köln bekomme ich die Berechtigung, im Einwohnermeldeamt seine Adresse zu erfragen. Es gelingt mir auch, die Telefonnummer zu bekommen:
»Guten Tag, Herr Bachmann, hier ist Inga Wolfram, ich war die Ehefrau von …«

»Klaus Wolfram, ich weiß … Guten Tag.«
»Sie erinnern sich noch?«
»Na, und ob. Die Gruppe *Kreis*, die Philosophen, die die Welt verändern wollten! Und, sind Sie nun glücklich über das, was Sie erreicht haben?«
Dann sagte er noch:
»Schon Ihr Vater war gegen uns. Muss wohl erblich sein. Alles werden Sie nie erfahren und die Rache wird kommen, da können Sie sicher sein.« Er legte auf.

Nichts dazugelernt, gar nichts. Blind und taub, wie eh und je. Nicht sie, Versager, Lügner und politische Hasardeure, die selbstherrlich, blind und verantwortungslos jede ernsthafte Kritik am DDR-Sozialismus schon im Keim zu ersticken suchten und dafür einen riesigen Unterdrückungsapparat geschaffen hatten – nicht sie, sondern wir sollten schuld sein am Untergang der DDR. Infame Verdrehung der Tatsachen.

—

Im vierten Studienjahr war klar, Klaus, Max und ich würden in Berlin bleiben. Meine Mutter war krank und lag wochenlang im Krankenhaus. Ich wohnte mit Max in der großen Wohnung und Klaus weiterhin bei seinem Vater. Vom Konto meiner Eltern wurde, gleich im Dezember, das letzte Gehalt meines Vaters zurückgebucht und seine Ehrenrente für Verfolgte des Naziregimes gleich mit. Er war ja tot. Das Konto schmolz dahin. Den Rentenantrag meiner Mutter konnten wir aus dem Krankenhaus heraus nicht stellen. Als VdN-Kind bekam ich 250 DDR-Mark Stipendium. Unsere Wohnung kostete 240 Mark. Ich musste Geld besorgen.
Unsere Schriftsteller-Nachbarn erahnten meine Situation und brachten mir ihr Filmdrehbuch, ich sollte es ins Russische übersetzen. Das Drehbuch wollte die DEFA verfilmen, große Teile des Films sollten an Moskauer Originalschauplätzen gedreht werden, deshalb brauchte man das Buch in Russisch. Wochenlang, jeden Abend, wenn das Baby

Max schlief, er schlief zum Glück gut, gern und lange, saß ich an der Schreibmaschine, bis mir die Augen zufielen.
Es war ein Drehbuch zu einem Film über den Dichter Erich Weinert, der als kommunistischer Emigrant im Moskau der dreißiger Jahre lebte. Weinert wohnte in einer Kommunalka – einer Wohnung, in der mehrere Familien, in jeweils einem separaten Zimmer, lebten, Küche, Bad und das Telefon wurden gemeinsam genutzt. So war es damals üblich. Im Drehbuch gab es eine Szene, in der das Telefon im Flur klingelt und jemand ruft: »Telefon für Ernst Noffke.«
Diese Passage übersetzte ich voller Sehnsucht und besonders sorgfältig. Sie war für mich geschrieben. Ernst Noffke, das war mein Vater. Er hatte nie in einer Wohnung mit Erich Weinert gewohnt, aber zur gleichen Zeit in Moskau, in einer ähnlichen Wohnung, nur ein paar Straßen weiter.

Die Haushälterin meiner Eltern, Lena Sawicky, kam weiterhin zweimal in der Woche. Sie räumte auf, wusch Wäsche, kochte für mich und schimpfte leise vor sich hin: »Wie bei Hempels unterm Sofa.« Und mit besonderem Genuss rief sie: »Polnische Wirtschaft!« Als mein Vater noch lebte, durfte sie »Polnische Wirtschaft« nie sagen. Das erinnerte ihn an Sprüche der Nazis.
Sie nahm kein Geld von mir: »Kannste mir später jeben, Mächen.«
Frau Sawicky kam aus Ostpreußen. Als ich Kind war, brachte sie mir bei, meinen Kleiderschrank zu ordnen. Ich hatte keine Lust dazu, aber alle paar Wochen baute sie sich vor meinem Schrank regelrecht auf und rief streng: »Was ist denn hier wieder los, Mächen! Das ist doch keine Ordnung nich.« Ich musste aufräumen und sie half dabei.
Jetzt räumte sie leise murrend alle Schränke selbst ein und auf.

Jeden Tag fuhr ich mit der S-Bahn zu meiner Mutter ins Krankenhaus. Freunde meiner Eltern brachten Säfte, Obst und manchmal Kaviar für sie, zur Stärkung. Aber meistens wollte sie nichts. Sie wollte über Papas Tod hinwegkommen und konnte es nicht. Eine Krankheit reihte sich an die andere: Gallenblasen-Entzündung, wochenlang hohes Fieber, Zwölffingerdarm-Entzündung. Ich hielt ihre Hand und wir sprachen kaum miteinander. Wir waren gemeinsam verwaist, das war das Bestimmende. Es musste Zeit vergehen.

Während ich unterwegs und Klaus an der Uni war, passte meine Freundin Sigrid auf Max auf.

An einem kalten Februartag, als ich bei meiner Mutter im Krankenhaus und Sigrid mit Max spazieren war, wurde in unsere Wohnung eingebrochen. Als ich nach Hause kam, war die Wohnungstür verschlossen, das Schloss funktionierte, aber schon im Flur lagen Papiere und Briefe auf dem Fußboden verstreut, und im Arbeitszimmer meines Vaters stand alles kopf. Bücher waren aus den Regalen gezerrt und lagen, wie verwundet, krumm und schief herum. Die Tür zur Abstellkammer stand weit offen – dort lagerten Papiere und Tagebücher meines Vaters in dunklen Mappen. Ich wusste, dass er immer Tagebuch geführt hatte, schon in Moskau. Die Eintragungen waren in einer alten Kurzschrift verfasst, die weder jemand aus unserer Familie noch sonst irgendwer aus dem großen Bekanntenkreis meiner Eltern lesen konnte. Aus diesem wohlgeordneten Archiv war ein Papierhaufen geworden. Einige Papiere waren zerknüllt. Eine zerknüllte Seite habe ich aufgehoben – es war ein alter Geburtstagsbrief an meinen Vater. Das war es also nicht, was sie hier gesucht hatten. Hatten *die* deshalb so gewütet?

In der oberen Schublade unserer alten Kommode im Esszimmer bewahrte meine Mutter ihren Schmuck und etwas Bargeld auf. Ich zog die Schublade vorsichtig auf – alles lag sichtbar und wohlbehalten an seinem Platz.

In der Toilette stank es. Einer der Eindringlinge hatte vergessen, die Spülung zu betätigen. Blitzschnell schoss es mir durch den Kopf: Sollte ich diese Spur der Kriminalpolizei zeigen? Nein, zwecklos. Sie werden keine Spuren sichern, weil sie die Täter nicht suchen werden.

Immerhin, auf meinen Anruf hin erschienen vier Kriminalpolizisten. Sie schauten sich fast belustigt um: »Fräulein, nun sagen Sie doch, was ist denn nun eigentlich weggekommen?«

Ich hatte keine Antwort. Fehlten Bücher, Manuskripte, Dokumente,

waren es die Tagebücher? Wie sollte ich wissen, was fehlte, wo ich doch keine Ahnung hatte, was überhaupt vorhanden war?
Ein Kriminalbeamter mit dicker Brille auf der Nasenspitze fragte: »Können Sie den Verlust beziffern? Ich meine ... was hätten denn die ... Dokumente gekostet?« Eine absurde Frage.

Zwei Monate später erhielten wir eine Benachrichtigung aus dem Polizeipräsidium, wonach das Verfahren auf Grund einer Anzeige gegen Unbekannt eingestellt worden war. Dieser Vorfall hat unsere Wahrnehmung der Realitäten in unserem Land geschärft. Die sonst für uns unsichtbare Stasi hatte ihr Gesicht gezeigt. Wir waren wütend, unerträglich das Gefühl der Ohnmacht. Ich habe nie erfahren, was *die* damals gesucht und vielleicht auch gefunden hatten.

Im Sommer 1974 sind wir umgezogen, wir tauschten unsere große Wohnung gegen zwei kleinere. Meine Mutter zog in eine 2-Zimmer-Wohnung in der Karl-Marx-Allee, Max, Klaus und ich zogen in eine kleine 3-Zimmer-Wohnung, nur drei U-Bahn-Stationen weiter, in der Frankfurter Allee. Aus unserer siebzehnten Etage konnten wir weit über die Stadt blicken.
Klaus hatte das Studium beendet und bekam eine Stelle als Mitarbeiter am Institut für Politik und Wirtschaft. Dorthin wurde er von der Absolventenlenkung der Humboldt-Universität vermittelt. Jeder Absolvent wurde irgendwohin vermittelt. Ich verteidigte mein Diplom ein paar Monate später als Klaus und schaffte, mit dem Versprechen, mir selbst Arbeit zu suchen, an der Absolventenlenkung vorbei den Sprung in die absolute Freiheit. Absolventen, die keine wissenschaftliche Laufbahn einschlagen konnten oder wollten, wurden oft als Lehrer für Marxismus-Leninismus an den Universitäten und Hochschulen des Landes eingesetzt. Lehrerin für Marxismus-Leninismus – das hätte ich nicht gekonnt. Nach viereinhalb Jahren Studium war ich diplomierte Philosophin ohne jeglichen Zugang zur praktischen Anwendung dessen, was ich gelernt hatte.
Und hatte ich wirklich denken gelernt?

In den ersten Monaten nach meiner Diplomverteidigung versuchte ich, bei einigen Verlagen und Kulturzeitschriften Arbeit zu finden. Vergeblich. Es gab keine »Planstellen«, und wenn es sie gegeben hätte, wären sie an »gelenkte« Absolventen vergeben worden. Ich gab den Gedanken an eine feste Stelle auf und machte weiter literarische Übersetzungen von Drehbüchern für Filme und Hörspiele. Außerdem arbeitete ich schon seit der Studentenzeit für ein Dolmetscherbüro. Meist als Simultandolmetscherin auf Konferenzen oder kleineren Kongressen. Das langweilte mich, aber für drei Tage Arbeit bekam ich mehr Geld als Klaus für einen ganzen Monat.

Klaus ging täglich in sein Institut. Diese Arbeit hatte wenig mit Wissenschaft und viel mit Politik zu tun, man werkelte an »wissenschaftlichen« Grundlagen für die Politik der SED. Klaus blieb skeptisch. Und eine richtige Aufgabe hatte er auch nicht. Meiner Erinnerung nach bereitete ihm das Lesen von Westzeitungen, im Lesesaal der Akademie der Wissenschaften, die größte und vielleicht einzige Freude an seiner Arbeit. Ich sah ihn mit jedem Tag nachdenklicher werden.

Zu unseren Freunden aus der Studienzeit hatten wir viel Kontakt, mehrfach im Monat trafen wir uns an den Abenden. Zu dieser Zeit war in Ostberlin eine größere Ladung portugiesischen Rotweins eingetroffen, wir kauften ihn kistenweise und feierten reihum Geburtstage und andere Feste.

Dieter Krause hatte Monika geheiratet und sie hatten eine Tochter, nur wenige Wochen älter als Max. Monika hatte Finanzökonomie studiert und war auf fast jungenhafte, burschikose Weise schön und fröhlich. Ich liebte es, wenn sie lachte. Dieter arbeitete bei der Berliner Zeitung.

Jan Lautenbach war an der Gewerkschaftsschule in Bernau gelandet und lebte mit Carola zusammen, der Tochter eines sozialistischen Schriftstellers oder Schriftstellerfunktionärs. Carola hatte Pädagogik in der Sowjetunion studiert. Wir sahen sie selten, aber aus der Ferne ahnten wir, dass sie Jans Freundschaft zu uns nicht guthei-

ßen konnte. Zu viele ketzerische Gedanken, wenn wir zusammen waren.
Wölfchen Templin war als Forschungsstudent an der philosophischen Fakultät geblieben. Ihm war ein Zusatzstudium am philosophischen Institut der Universität Warschau vorgeschlagen worden. Er heiratete Renate, sie studierte ein Jahr nach uns Philosophie und war Genossin. Ich glaubte nicht, dass sie wie Klaus in die Partei gegangen war, um sie zu verändern. Sie war Genossin geworden, um Karriere zu machen. Das behauptete ich Klaus gegenüber bei jeder Gelegenheit, aber er versuchte immer die guten Seiten eines Menschen zu sehen:
»Ach was. Sie versteckt sich nur hinter ihrer scheinbaren Linientreue. Sie ist gar nicht so.«
Für mich war sie aber so. Meine Versuche, sie zu mögen, scheiterten mit jedem neuen Anlauf.

Auch Arnold Schölzel haben wir ab und zu getroffen. Er war an der Uni geblieben, um zu promovieren. Er hatte eine neue Frau, seine erste Frau war mit den Kindern in Leipzig geblieben. Als ich Jutta, die neue Frau, das erste Mal sah, war ich überrascht – Jutta war breit, laut und ganz merkwürdig erwachsen. Für mich war sie der Prototyp einer Parteitante. Mein Vater hätte gesagt: Sie ist ein Drachen. Juttas Vater war Funktionär der Gesellschaft für Deutsch-Sowjetische Freundschaft. Ich weiß nicht mehr, wo und was Jutta studiert hatte, aber schon bald arbeitete sie im Schriftstellerverband der DDR. Sie verwaltete gewissermaßen die Schriftsteller – und das mit Sicherheit äußerst gründlich.

Und Sebastian hatte sich auch von seiner Frau getrennt. Er wollte an der philosophischen Fakultät unserer Uni promovieren und wohnte in Müggelheim, am Rande von Berlin in einem Einfamilienhaus, das heißt, eine ältere Dame hatte ihm die Wohnung im Souterrain vermietet. Das Toilettenhäuschen stand auf der Wiese hinter dem Haus. Eine seiner neuen Freundinnen hieß Brigitte, französisch ausgesprochen. Sie war Französin und in die DDR gekommen, um zwei Semes-

ter Philosophie an unserer Universität zu studieren. Irgendwann hatte Sebastian sie dort getroffen. Brigitte konnte man stundenlang zuhören, so schön klang ihr mit französischem Akzent gesprochenes Deutsch. Sie war klein, zierlich und quirlig, trank Milchkaffee aus Porzellanschüsseln und trug Kleider und Blusen aus bunten indischen Baumwollstoffen. Man musste sie einfach lieben.
Für uns war sie ein Fenster zur Welt.

Irgendwann in dieser Zeit lernte Klaus Wolfgang Nitsche kennen. Wolfgang hatte Psychologie studiert und war für ein Zusatzstudium, das mit einer Promotion enden sollte, an die philosophische Fakultät gekommen.
Wolfgang und Klaus trafen sich mehrfach in der Woche. Wolfgang war groß und hager, hatte ein klares, kantig-schönes Gesicht und ein schüchternes Lächeln. Er redete wenig und jedes Wort war ernst und witzig zugleich. Klaus und Wolfgang passten perfekt zueinander. Beide hatten eine vornehme, etwas distanzierte Art, die nur Dummköpfe überheblich nannten. Wolfgang trug fast immer eine altmodische Ledermappe mit Büchern bei sich, als könne er sich von seinen Bücherschätzen keinen Augenblick trennen.
Unsere Wohnung war vollgestopft mit Büchern. Ein großer Teil stammte aus der Bibliothek meines Vaters, einen anderen Teil hatte Klaus über viele Jahre in Antiquariaten zusammengekauft. In der DDR erschienene Bücher hatten wir auch, nur nicht so viele. Klaus kannte eine Verkäuferin in einer der großen Berliner Buchhandlungen. Von ihr bekam er die begehrten Neuerscheinungen – Stefan Heym, Volker Braun, Christa Wolf, Günther de Bruyn, Christoph Hein. Hier war nur der Inhalt wichtig, immer ging es irgendwie um uns und unser Leben in der DDR. Da es in der DDR für die dringlichsten Probleme keine normale Öffentlichkeit gab, wurden Schriftsteller zu Vermittlern. An ihren Werken schätzten wir mehr die Kunst auszudrücken, was viele politisch bewegte, als den künstlerischen Ausdruck selbst. Wir lasen die Bücher sofort, erregt und voller Erwartung auf die Welt zwischen den Zeilen.

Das Institut für Politik und Wirtschaft, an dem Klaus arbeitete, befand sich in der Nähe des Brandenburger Tors, im Grenzgebiet nahe der Mauer. Aus dem Fenster seines Büros konnte Klaus den hinteren Teil des Reichstages sehen. Westberlin war nur einen Steinwurf weit entfernt, eigentlich nur einen Sprung weit. Aber bei diesem Institut konnte man sicher sein, keiner der Genossen würde aus dem Fenster springen.

An einem warmen Frühlingstag im April 1975, während der Mittagspause, nahm Klaus nicht den üblichen Weg vom Institutsgebäude auf die Straße, sondern ging um das Haus herum und nur ein paar Meter auf einer leeren Betonstraße, nur so weit, um den Reichstag endlich auch mal von vorn sehen zu können. Er sah die Grenzsoldaten, ging aber weiter, einen Schritt vielleicht auf die Mauer zu, sicher ganz in Gedanken. Klaus war immer in Gedanken. Die Grenzsoldaten müssen sogar gerufen haben, aber Klaus reagierte nicht, nicht *er* konnte gemeint sein, ein Institutsmitarbeiter, der in seiner Mittagspause friedlich spazieren ging …

Augenblicklich war er von Militärfahrzeugen umstellt. Haben sie ihm Handschellen angelegt? Sie haben ihn angebrüllt, verhört, ihm gedroht und dunkle Andeutungen über seine Freunde und Verwandten gemacht. Nach ein paar Stunden ließen sie ihn laufen, informierten aber die Institutsleitung und keine Woche verging, da eröffnete man ein Parteiverfahren gegen ihn. Er sollte vor den Parteimitgliedern des Instituts Rede und Antwort stehen, Reue zeigen. Er wusste nur nicht, wofür.

Die Parteiorganisation sprach eine »Strenge Rüge« aus. Man hatte ihm vorgeworfen, die Staatsgrenze der DDR nicht ernst genug zu nehmen und nicht ausreichend Selbstkritik an seinem Verhalten geübt zu haben. Ihm wurde geraten, in der Kaderabteilung einen neu formulierten Lebenslauf abzugeben.

Seit diesem »Vorfall« gibt es über Klaus eine Akte im Ministerium für Staatssicherheit der DDR. Zunächst sind es nur ein paar Blätter unkommentierter Fakten, aber schon im Laufe der nächsten Monate wächst sie um immer neue, eng beschriebene Seiten an.

Im Mai 1975 hatten Klaus Wolfram, Dieter Krause, Wolfgang Nitsche, Sebastian Kleinschmidt, Wolfgang Templin, Jan Lautenbach und Arnold Schölzel beschlossen, eine Gruppe zu gründen.
Nach dem Studium arbeiteten sie als wissenschaftliche Mitarbeiter in Instituten und Institutionen, in Betrieben, Zeitungen, Hoch- und Fachschulen. Doch nach der offenen Atmosphäre unter Gleichgesinnten im Studium kam die Ankunft im Alltag einem Sprung ins kalte Wasser gleich. Weil man sich gegenseitig vermisste und weil der Mai so warm war, lud Sebastian ein paar der alten Kommilitonen in seinen Garten nach Müggelheim ein. Da saßen sie nun und diskutierten ihre Erlebnisse im »wirklichen« Leben. Es muss wie ein Sog gewesen sein. Es gab den Gleichklang wieder.
Als Klaus nach Hause kam, war er ganz aufgewühlt, glücklich, er trug die Idee von der Gründung einer Gruppe schon in sich. Die Gruppe sollte die geistige und politische Summe sein, die sie aus dem Studium der Philosophie zogen.
Man konnte nichts wissen, wenn man nichts hoffte, und man konnte nichts hoffen, wenn man nichts tat. Um herauszubekommen, was war, musste man bereits handeln. Sie werden es »Orientierungsarbeit« nennen. Geschichte, Politik, Ökonomie, Soziologie – alles sollte dazugehören, studiert, untersucht, in alle Einzelteile zerlegt, neu wieder zusammengesetzt und Alternativen sollten gefunden werden. Der Westen war keine Alternative.
Um herauszubekommen, was da gewusst, gehofft und getan wurde, musste auch an anderer Stelle gehandelt werden. Der Zufall schenkte dem MfS einen Informanten, der von Anfang an fleißig und gewissenhaft seine Berichte ablieferte.
Gleich bei ihrem ersten Treffen hatte die Gruppe verabredet, künftig nach konspirativen Regeln zu arbeiten – und zu leben. Allen war klar, dass sie gegen die Gesetze des Landes verstoßen würden. Sie hatten es schon, indem sie sich das erste Mal trafen. Allein der Vorsatz, etwas politisch Grundsätzliches verändern zu wollen, war hinlänglich strafbewehrt. Klaus und Dieter hatten im Strafgesetzbuch der DDR die in Frage kommenden Paragrafen 106 und 107 gefunden: staatsfeindliche

Hetze und staatsfeindliche Gruppenbildung, dafür drohten bis zu sechs Jahre Haft. Aber wer sollte von der Existenz der Gruppe erfahren, wenn man sich nach allen Regeln der Konspiration verhielt?

Als Klaus in der Nacht nach der ersten Gruppensitzung nach Hause kommt, bin ich noch wach. Max schläft. »Komm, lass uns eine Runde um die Häuser drehen.« Dieser Gang ist meine erste konspirative Handlung. Nichts, was mit der Gruppe zu tun hat, wird zwischen uns je mehr in der Wohnung besprochen werden. Klaus erzählte. Wer dabei war, wusste ich im Grunde schon, aber dass er Arnold Schölzel dazugeholt hatte, war neu.

»Er bringt einen anderen Ton rein. Wir sollten nicht alle aus demselben Holz geschnitzt sein.«

Ich hatte so meine Zweifel, bei zwei Namen mindestens, die Klaus mit »Ach, was!« wegwischte. Sicher, ich hatte keinen konkreten Anlass, jemandem zu misstrauen. Es war mehr ein Bauchgefühl, aber es war unwichtig, gemessen an dem guten Gefühl zu wissen, wir setzen uns zur Wehr.

Den unerschütterlichen, selbstverständlichen Glauben an den Sozialismus als die gerechteste und richtigste Form der Gesellschaft hatte ich schon in die Wiege gelegt bekommen. Und nie daran gezweifelt. Alles was schieflief, hatten diejenigen, die an der Macht waren, verursacht.

Waren also nur die »Falschen« an der Macht, weil die »Richtigen« ermordet waren von Hitler und Stalin, tot geblieben, wie unsere Frau Sawicki sagte, oder kaltgestellt und an den Rand gedrängt, wie mein Vater? Es sollten die Besseren, Ehrlicheren, Klügeren kommen und alles würde sich ändern. Ich hatte immer Prag vor Augen, Sommer 1968. Der »richtige« Sozialismus musste ein Fest sein.

—

Am ersten Juni 1975 feierten wir mit ehemaligen Mitstudenten meinen zweiundzwanzigsten Geburtstag. Außer Klaus war von der neu gegründeten Gruppe noch niemand dabei. Es war heiß, die Fenster unserer Hochhauswohnung standen weit offen. Unten rauschte der Verkehr und der Plattenspieler nudelte abwechselnd meine vier Beatlesplatten rauf und runter. Unser Esstisch war in die Mitte des Zimmers gerückt, wir tranken Rotwein und aßen selbst gemachte russische Piroggen, die meine Mutter für uns gebacken hatte. Unsere U-Bahn-Station hieß »Magalenenstraße«, nur ein paar Schritte vom Eingang zur U-Bahn entfernt stand der Gebäudekomplex der Stasi-Zentrale. Man konnte aus unserer siebzehnten Etage den Genossen fast auf den Schreibtisch spucken. Tagein, tagaus sah ich die unauffälligen Gestalten auf der Straße, auf dem Weg zum U-Bahnhof, in den Zügen. Von nun an hatte ich mit denen zu rechnen.

Konspirationsgedanken schwirrten durch meinen Kopf – die neue Situation war zu neu. Konnten wir uns auf die, die hier am Tisch saßen, im Notfall verlassen? Mir schien nur eines sicher: Sigrid würde im Falle eines Falles für Max da sein.

Zwei Tage zuvor war eine meiner Schulfreundinnen aus Moskau zu uns gekommen. Alla lief den ganzen Tag durch die Stadt und bewunderte alles, die neuen Wohnhäuser am Alexanderplatz, die gerade gut gefüllten Warenhäuser und die Exquisitläden. Sie fuhr nach Potsdam und war auch da begeistert. Die Stadt, der Park und Schloss Sanssouci, der Neue Garten – alles war so geblieben, wie sie es seit unserer Schulzeit kannte. An diesem Abend kam sie mit einem großen Paket zurück, ihre Augen glänzten vor Begeisterung, sie zog einen grauen französischen Mantel aus der Verpackung. Alla war Deutschlehrerin geworden und sprach fast mühelos Deutsch: »Also ihr habt ja hier wirklich schon den Kommunismus, jedenfalls einen anständigen Sozialismus! Es gibt ja alles! In Moskau würden die Leute Tag und Nacht vor den Läden stehen, bis der Laden leer ist! Ach, ihr könnt so zufrieden sein mit eurer DDR.«

In unseren Akten finde ich dem operativen Vorgang (OV) »Kreis« die operative Personenkontrolle (OPK) »Radius« zugeordnet.

»Radius« – Klaus Wolfram und Inga Wolfram.

Die W. wird wegen des Vorliegens von Erfassungskriterien des Befehls 299/65 in die Kerblochkartei eingespeichert. Die W. ist die Ehefrau des im OV „Kreis" bearbeiteten W., Klaus.
Soweit erarbeitet werden konnte, hat sie Kenntnis von den strafbaren Handlungen ihres Ehemanns (§§ 106 und 107 StGB) und unterstützt diesen auch, ohne dass sie an der Arbeit der staatsfeindlichen Gruppe aktiv teilnimmt.
(BStU, OPK „Radius", Band 1, Bl. 11)

Ich also. Hatte ich Angst? Ich kann mich nicht erinnern. Das Kind musste geschützt werden. Von Kinderheimen und Vormundschaften für Kinder verhafteter Oppositioneller hatten wir gehört. Unser Kind davor nicht bewahren zu können, war meine einzige Angst. Ich hatte die vage Hoffnung, dass mein Status als VdN-Kind Schutz bieten würde, für mich und vor allem für Max. Trotzdem, im Kindergarten hinterlegte ich eine Erklärung: Für den Fall, dass Maxim nicht von uns abgeholt werden sollte, war nur meine Mutter zu seiner Abholung berechtigt.

—

Wenige Monate nach dem Umzug in unsere neue Wohnung bekamen wir von der Deutschen Post eine graue Karte. Die Post kündigte an, uns einen Telefonanschluss zu legen. Die zukünftige Nummer: 55 97 99 3. Wir waren sprachlos. Auf ein Telefon wartete man in der DDR üblicherweise jahrelang, es sei denn, es gab einen wichtigen Grund, der dazu berechtigte, den Anschluss schneller zu bekommen. Die wichtigen Gründe waren Parteifunktionen, Staatsfunktionen oder auch die Arbeit in medizinischen Einrichtungen. Keiner dieser Gründe traf auch nur im Entferntesten auf uns zu.
Vor unserem Hochhaus standen zwei gelbe Telefonzellen. Sie waren meist besetzt oder öfter noch kaputt. Einige Wochen zuvor war Maxim krank geworden. Er hatte zwei Tage lang erbrochen, ich war dreimal mit ihm bei unserer Kinderärztin. Sie sagte jedes Mal:

»Kinder brechen eben manchmal. Geben Sie ihm Tee.«
Der kleine Max wurde immer dünner und das Erbrochene roch auffällig nach grünem Apfel. Nach dem dritten vergeblichen Arztbesuch war ich mit Max allein in unserer Wohnung in der siebzehnten Etage. Er war klein und ganz leicht, wollte schlafen und übergab sich alle paar Minuten. Kein Schluck Tee blieb im Magen. Ich wusste, dass ich mit ihm ins Krankenhaus musste. Sehnsuchtsvoll blickte ich auf die gelben Telefonzellen vor unserer Tür. Max ließ mich nicht eine Minute fort, er hielt meine Hand. Klaus war nicht da und unsere Nachbarin auch nicht. Sonst kannten wir niemanden im Haus. Wie sollte ich zur Telefonzelle kommen, um ein Taxi zu rufen? In dieser Minute klingelte meine Freundin Sigrid an der Wohnungstür. Sie lief gleich runter und holte das Taxi.
In der Kinderstation des Krankenhauses im Friedrichshain kam Max sofort an den Tropf. Er war innerlich ausgetrocknet und der Kreislauf musste dringend stabilisiert werden. Der strahlende Retter war Dr. Rößler, ein junger lustiger Arzt.
»Es riecht nach grünem Apfel, das ist acetonämisches Erbrechen. Jungen bis zum neunten oder zehnten Lebensjahr haben das öfter. Gut, dass Sie gekommen sind.«
Nach drei Stunden konnte ich meinen Max wieder mitnehmen.
Die Nachricht, dass wir das heiß ersehnte Telefon bekommen sollten, hätte uns skeptisch machen müssen. Aber wir waren nur glücklich, genau genommen: Ich war glücklich. Und selbst, als wir nach und nach mitkriegten, dass wir die ersten und einzigen Telefonbesitzer im Haus sein würden, nahmen wir das noch als glückliche Fügung hin. Das graue eckige Plastiktelefon bekam seinen Platz im Bücherregal neben einer großen alten Silberschüssel. Es hatte eine sehr lange dünne Schnur und ich lief mit dem Telefon in der Hand durch unsere kleine Wohnung, bis die Schnur sich mehrfach verdreht und verknotet hatte. Ich telefonierte mit meiner Mutter und meinen Freundinnen und manchmal knackte es in der Leitung und wir machten Witze darüber. Unsere Nachbarn staunten, guckten ungläubig und kamen manchmal, um kurz zu telefonieren. Irgendwann fragte mich unsere

Nachbarin Sonja rundheraus, ob wir für die Stasi arbeiten würden. Ich war sprachlos.

»Na ja«, fügte sie eilig hinzu, »ich glaube natürlich nicht daran, aber wie kommt ihr sonst zu einem Telefon?«

Da hatten wir von Konspiration geredet, von Risiken und Gefahren, von Paragrafen und Strafen, aber das Telefon war uns wie ein Geschenk vom Himmel erschienen. Was tun? Das Telefon wieder abbestellen? Nein, nur aufpassen, nichts Falsches sagen – das hatten wir ja gelernt.

Es vergingen einige Wochen, ehe die Konspiration wirklich zu unserem Alltag wurde. Wir passten auf und glaubten, alles richtig zu machen.

Klaus war zwei- bis dreimal in der Woche weg. Die Gruppe traf sich in unterschiedlichen Wohnungen, möglichst nicht da, wo Kinder im Haushalt waren. Das hieß, zu uns kamen sie selten, nur, wenn Max und ich verreist waren. Ein Treffpunkt war die Wohnung von Karl-Thomas Brie, genannt Kalle. Kalle war ein alter Schulfreund von Klaus und hatte mit der Philosophengruppe nichts zu tun. Kalle trug immer die weite Welt mit sich, sein Vater war DDR-Botschafter in Griechenland oder Japan, oder auch beides nacheinander. Kalle war immer bestens informiert und erteilte ganz erstaunliche Ratschläge für den Alltag. Er sagte:

»Ihr müsst die Butter immer nur von einer Seite ankratzen, sonst werden die Bakterien sich überall vermehren. Das ist nicht gut für das Kind.«

Bis zum heutigen Tag beobachte ich skeptisch, wenn die Butter von mehreren Seiten gleichzeitig angeschnitten wird.

Kalle wusste auch, wo man eine Zahnbürste herbekommt, wenn gerade mal alle Zahnbürsten aus den Geschäften verschwunden waren. Er kannte einen Apotheker, der in seinem Lager genug Zahnbürsten für den ganzen Freundeskreis hatte. Kalle trug eine schwarze Lederjacke im Thälmann-Look – vier Taschen vorn, zwei davon in Brusthöhe – und immer eine schwarze Aktenmappe mit kleinen silbernen

Klaus Wolfram

Geboren 1950 in Berlin in einer Künstlerfamilie. Nach dem Abitur Studium der Philosophie an der Humboldt-Universität in Berlin, danach wissenschaftlicher Assistent am Institut für Politik und Wirtschaft (IPW).

Ab Mai 1975 Leiter der konspirativen Gruppe von jungen Intellektuellen, von der Stasi *staatsfeindliche* Gruppe »Kreis« genannt. Die Gruppe hatte sich das Ziel gesetzt, die DDR zu demokratisieren.

Nach der Zerschlagung der Gruppe und zahlreichen Verhören durch den Staatssicherheitsdienst der DDR erhielt Klaus Wolfram Berufsverbot, wurde gekündigt und aus der SED ausgeschlossen. Zunächst als Arbeiter in einem Großbetrieb der DDR tätig, danach Lektor im Akademie-Verlag, blieb er bis zur Wende im oppositionellen Untergrund der DDR aktiv. Ende 1989 gründete Klaus Wolfram die erste unabhängige DDR-Wochenzeitung *die andere* und den BasisDruck Verlag.

Klaus Wolfram lebt in Berlin und arbeitet im BasisDruck Verlag.

Wolfgang Nitsche

Geboren 1951 in Berlin in einer Lehrerfamilie. Nach dem Abitur Studium der Psychologie, danach wissenschaftlicher Assistent an der philosophischen Fakultät der Humboldt-Universität Berlin.
Ab Sommer 1975 Mitglied der Gruppe »Kreis«.
Nach der Zerschlagung der Gruppe und zahlreichen Verhören durch den Staatssicherheitsdienst der DDR verlor er seine Arbeit an der Universität, arbeitete vorübergehend als Bauarbeiter, dann als Lektor im Verlag der Wissenschaften.
Wolfgang Nitsche lebt heute in Düsseldorf und arbeitet bei der Hans-Böckler-Stiftung.

Dieter Krause

Geboren 1947 in Berlin in der Familie eines Sportfunktionärs. Nach dem Abitur Dienst in der Armee, danach Studium der Philosophie an der Humboldt-Universität in Berlin. Nach dem Studium Journalist bei der *Berliner Zeitung*.

Ab Mai 1975 Mitglied der Gruppe »Kreis«.

Nach der Zerschlagung der Gruppe und Verhören durch den Staatssicherheitsdienst der DDR durfte Dieter Krause nicht mehr als Journalist tätig sein. Er arbeitete als wissenschaftlicher Mitarbeiter am Institut für Hochschulbildung der Humboldt-Universität.

Dieter Krause lebt in Berlin und arbeitet als Redakteur bei der Zeitschrift *stern*.

Sebastian Kleinschmidt

Geboren 1948 in Schwerin in einer Pastorenfamilie. Sein Vater war als christlicher Sozialist im Widerstand gegen den Nationalsozialismus. Nach Abitur und Wehrdienst bei der Marine, Studium der Philosophie erst in Leipzig, dann an der Humboldt-Universität in Berlin. Danach wissenschaftlicher Mitarbeiter der philosophischen Fakultät der Humboldt-Universität.

Ab Mai 1975 Mitglied der Gruppe »Kreis«.

Nach der Zerschlagung der Gruppe und Verhören durch den Staatssicherheitsdienst der DDR durfte Sebastian Kleinschmidt seine wissenschaftliche Arbeit fortsetzen.

Seit 1991 ist Sebastian Kleinschmidt an der Akademie der Künste Chefredakteur der Kunst- und Literaturzeitschrift *Sinn und Form*.

Wolfgang Templin

Geboren 1948 in Gera, aufgewachsen bei Mutter und Großmutter. Sein Vater war russischer Militärarzt und kehrte nach seinem Dienst in Ostdeutschland in die Sowjetunion zurück. Nach einer Lehre als Bibliothekar in Gera studierte Wolfgang Templin an der Fachschule für Information und Dokumentation in Berlin, danach Philosophie an der Humboldt-Universität. Nach dem Studium wissenschaftlicher Assistent an der Universität in Berlin, Forschungsstudium an der Universität Warschau.

Ab Mai 1975 Mitglied der Gruppe »Kreis«.

Nach der Zerschlagung der Gruppe Weiterarbeit als wissenschaftlicher Assistent und Mitarbeiter am Zentralinstitut der Akademie der Wissenschaften der DDR, 1983 Berufsverbot und Austritt aus der SED, 1985 Mitbegründer der Initiative für Frieden und Menschenrechte (IFM), 1988 Verhaftung und Abschiebung in die BRD.

Heute lebt Wolfgang Templin als Autor und Publizist in Berlin.

Jan Lautenbach

Geboren 1951 in Berlin in der Familie eines Parteifunktionärs und Widerstandskämpfers gegen das nationalsozialistische Regime. Nach dem Abitur Studium der Philosophie an der Humboldt-Universität in Berlin, anschließend wissenschaftliche Arbeit für den FDGB.

Ab Mai 1975 Mitglied der Gruppe »Kreis«.

Unberechtigter Verdacht führte dazu, dass er ab Ende 1976 der Gruppe nicht mehr angehörte. Einige Zeit nach dem Auffliegen der Gruppe wurde auch Jan Lautenbach verhört und beobachtet, konnte aber seine Arbeit an der Hochschule des FDGB in Bernau fortsetzen.

Jan Lautenbach lebt in Berlin und arbeitet für die Dienstleistungsgewerkschaft ver.di.

Arnold Schölzel
Geboren 1947 in Bremen in der Familie eines Beamten. Nach dem Abitur Dienst in der Bundeswehr. 1967 desertierte er in die DDR, lebte zunächst in Leipzig und studierte dann Philosophie an der Humboldt-Universität in Berlin. Danach arbeitete er als wissenschaftlicher Assistent an der Universität.
Ab Mai 1975 Mitglied der Gruppe »Kreis«. Arnold Schölzel hat von Anfang an die Mitglieder der Gruppe im Auftrag des Ministeriums für Staatssicherheit der DDR bespitzelt.
Nach der Zerschlagung der Gruppe setzte er sowohl seine wissenschaftliche Tätigkeit an der Humboldt-Universität als auch seine Spitzeldienste für die Stasi fort. Er gilt als einer der fleißigsten und *erfolgreichsten* IM des Ministeriums für Staatssicherheit der DDR.
Arnold Schölzel lebt in Berlin und ist Chefredakteur der Zeitung *junge Welt*.

Verschlüssen unterm Arm. Aus der Mappe holte er allerlei Nützliches hervor. Besser gesagt, das, was er gerade für nützlich hielt: Westcreme von Jade für mich, ein blaues Matchboxauto für Max. Oder ein Märchenbuch. Kalle machte alles beiläufig und ich dachte, uns zu beschenken, machte ihm Freunde und war ihm zugleich peinlich.
Er sprach schnell, mit feiner Ironie und hatte zu allem eine Meinung. Wenn er mich etwas fragte, glaubte ich jedes Mal erst, er höre gar nicht zu, wenn ich ihm antwortete – er drehte den Kopf hin und her, wirkte abgelenkt und nur durch sein gezieltes Nachfragen merkte ich, dass er jedes Wort gehört hatte.
In meiner Erinnerung fehlt seine Frau.
»Weiß Kalle von eurer Gruppe?«, fragte ich Klaus.
Klaus zögerte: »Natürlich nicht.«
»Was denkt er denn, was ihr in seiner Wohnung macht?«
Klaus beschwichtigte: »Du hörst immer das Gras wachsen. Kalle ahnt vielleicht etwas, aber er fragt nicht.«
Kalle brauchte nicht zu fragen. Er wusste viel mehr, als wir dachten. Obwohl er nicht dabei war.
In dieser Zeit kommt Kalle häufig zu Klaus. Irgendwann fragt ihn Klaus, ob er nicht Lust hätte, eine Analyse der ökonomischen Verhältnisse der DDR zu schreiben. Kalle winkt ab: »Nein, ich habe in meinem Betrieb zu viel zu tun.« Er arbeitete als Ökonom im Berliner Werk für Fernsehelektronik.
Und dann und ganz nebenbei:
»Wie fändest du es, wenn ich mir ein Pseudonym zulegen würde: Kalle Lukács.« Klaus staunt. Das kann er nicht verstehen. Wozu brauchte sein alter Schulfreund ein Pseudonym, wo er doch weder schrieb noch gar etwas veröffentlichte?

—

In Sommer 2005 sitze ich im Lesesaal der Stasibehörde. In dem schmucklosen Gebäude riecht es nach DDR. Kann sich ein Landesgeruch so viele Jahre nach dem Ende des Landes halten? Ich bin überrascht und wüsste nicht, wie ich den Geruch genau beschreiben sollte:

Stumpf? Säuerlich? Ein bisschen Bohnerwachs und ein bisschen Chlor oder Desinfektion? Der Raumteiler neben dem Fahrstuhl – er trennt den Vorraum von der Kantine – ist aus gusseisernem Geflecht, wie ich es seit DDR-Zeiten nirgends mehr sah und damals schon hässlich fand. Aus der Kantine riecht es nach Kohlsuppe und Schnitzel.
Ein großer, moderner Fahrstuhl bringt mich nach oben. In der neunten Etage ist einer der Leseräume. Ich suche mir einen Platz in der Reihe an der weißen Wand. Eine Mitarbeiterin bringt mir auf einem Rollwagen die Akten – eine ganze Ladung Aktenordner.
Es ist ein bisschen wie in der Schule – zwei Bankreihen mit Einzeltischen, vorn sitzt eine Dame, die aufpasst. Abschreiben erlaubt, Einstecken verboten. Die Taschen sind in schmale Schränke eingeschlossen.
Ich bin hier, um zu verstehen, was damals eigentlich mit uns geschehen war. Tag für Tag komme ich hierher, Blatt für Blatt in der hölzernen Sprache des Geheimdienstes eines verschwundenen Landes erkenne ich die »Verdächtigen«, lese ich unser Leben. Sieben junge Philosophen reden über Marx und Lenin, über Trotzki und Stalin und die DDR. Ich bin damals nur am Rande dabei gewesen.
Seit über dreißig Jahren lagen die Akten in den Regalen, nun kann ich lesen, was für immer verborgen bleiben sollte. Sie reden über notwendige Veränderungen im Land, von denen noch keiner weiß, wie sie bewerkstelligt werden sollen, die aber dringend gemacht werden müssen, um das Land zu retten.

Der IM schreibt seitenlange Berichte aus der Erinnerung, akribisch, wertfrei, emotionslos – ein wandelndes Abhörgerät. Keine Kommentare. Ordentlich zusammengefasste Tatsachen.
Wie merkt man sich, wer was in welchem Zusammenhang gesagt hat, in Diskussionen, die sich über fünf, sechs Stunden hinziehen?
Aus dem Bericht des IM über das Gruppentreffen am 19. 7. 1975 bei Jan Lautenbach:

Es kam zu einer Diskussion mit Wolfram, der der Meinung war, von „sozialistischen Ländern" könne man wirklich nur bedingt sprechen. Natürlich seien die Eigentumsverhältnisse völlig anders als in den kapitalistischen Ländern, aber der Grund der „wirklichen Vergesellschaftung" sei doch sehr gering. Ein bewusstes Interesse der Arbeiter an den sozialistischen Verhältnissen könne man wohl nirgends feststellen.

Was man brauche, so Kleinschmidt, sei eine wirkliche Arbeiterpartei, eine Gewerkschaft, die sich tatsächlich als sozialistische Gewerkschaft begreife, und eine Presse, die die Wahrheit verbreite. Das seien Dinge, die nur von oben zu organisieren seien.

Schölzel warf die Frage auf, wie es denn mit der Lebensfähigkeit solcher Gruppe wie der unseren beschaffen sei. Wie fähig seien hier die Gegenkräfte, die Staatssicherheit, damit fertig zu werden.

Nitsche und Wolfram waren der Ansicht, dass das MfS diese Aufgabe durchaus erfüllen könne und wolle. Daher sei es notwendig, strengste Sicherheitsvorkehrungen zu treffen. Anders als in völliger Isolation könne eine solche Gruppe nicht existieren.
Die Vorbereitungen einer Veränderung, die in jedem Fall durch einen Führungswechsel vorbereitet werden müsse, seien nur auf elitärem Wege möglich, wobei man sich über die eigenen Grenzen klar sein müsse. Aus eigener Erfahrung wisse man,

dass die Staatssicherheit auf diesem Gebiet schon Unmögliches wahr gemacht habe, es reichten schon gute Kenntnisse der Parteigeschichte aus, um verdächtigt zu werden.

Daraufhin entwickelte K r a u s e ein ganzes Programm. Zunächst müsse man zu einem gewissen Abschluss in der eigenen theoretischen Arbeit kommen, Klarheit über Gegner und Zielrichtung gewinnen. Das müsse man selbstverständlich irgendwie schriftlich fixieren. Zunächst sollte man die einzelnen Teilnehmer am Zirkel mit Vorträgen beauftragen, Ausarbeitungen innerhalb der Gruppe zirkulieren lassen. Wenn man subjektiv so weit sei und die äußeren Umstände entsprechend seien, könne man auf politische Ereignisse auch öffentlich reagieren. Man könnte Flugblätter verfassen und Plakatanschläge machen. Außerdem sei es an der Zeit, zur Formulierung einer Plattform zu kommen, die man dann ebenfalls verbreiten könnte ...
Im Übrigen sei es notwendig, Kontakt zu westdeutschen und Westberliner trotzkistischen Organisationen aufzunehmen, um sich eine ständige Literaturquelle zu erschließen und eine Publikationsmöglichkeit zu schaffen, wo man von außen auf die DDR-Bürokratie einwirken könnte.
(BStU, Akte André Holzer, Bl. 207-208)

Dieser Bericht ist zum ersten Mal mit »André Holzer« unterschrieben. Die Handschrift kippt leicht nach links, das »A« ist übergroß. Zum selben Treffen am 19. 7. 1975 gibt es, außer dem schriftlichen Bericht des IM, ein Protokoll mit dem Vermerk »Abschrift vom Band«. Was es damit auf sich hat und wie wichtig der Stasi die Berichterstattung ihres Informanten ist, geht aus einem Treffbericht vom 24. 7. hervor, den sein Führungsoffizier Oberleutnant Bachmann dem »Gen. Oberst Dr. Schwanitz« [Stellvertreter von Erich Mielke] zur Kenntnisnahme vorlegt. Darin heißt es:

> Der IM übergab seine schriftlichen Berichte über die Zusammenkunft der Gruppe am 19.7.1975 in der Wohnung des L a u t e n b a c h . Thema der Diskussionen: Friedliche Koexistenz und Revolution, auf der Grundlage des Buches von Isaac Deutscher „Die unvollendete Revolution". Anschließend verteilte der W o l f r a m Dokumente des IX. Weltkongresses der IV. Internationale als Studienmaterial an die Gruppe.
>
> Es kann festgestellt werden, dass der Bericht des IM weder Übertreibungen noch Unterschätzungen enthält. Überprüfungsmöglichkeiten wurden mit Hilfe des Referats E durch den Einsatz operativer Technik genutzt. Der IM selbst nahm die konspirative Technik in den Diskussionskreis mit. Der Vergleich seines Berichts mit den auf Tonband konservierten Gesprächen ergab in allen Teilen Übereinstimmung. Der Einsatz der operativen Technik durch den IM ergab bei diesem keinerlei Probleme.
>
> Die Auswertung von bisher vier Zusammenkünften, an denen der IM teilnahm, ergibt, dass sich der Kreis in seiner feindlichen politisch-ideologischen Position sowie in seiner organisatorischen Struktur festigt. Immer deutlicher ist ersichtlich, dass K r a u s e auf aktive feindliche Handlungen drängt. Verbunden damit ist das verstärkte Sicherheitsbedürfnis der Teilnehmer. Durch die geplante Verbindungsaufnahme zu trotzkistischen

Gruppen in der BRD gewinnt dieser Kreis an Gefährlichkeit.
(BStU, Akte André Holzer, Bl. 207-208)

Dienten die Tonbandmitschnitte dem IM als Gedächtnisstütze für seine Berichte oder dem MfS als Kontrolle des IM? Oder legte man die Stimmen in einer Audiokartei ab? So richtig begriffen habe ich das bis heute nicht.

»Überlagerung durch einen Sender!« steht manchmal nach Textauslassungen in der Abschrift vom Band. Offenbar waren die Ergebnisse beim Einsatz der »operativen Technik« zunächst mangelhaft, denn im Treffbericht mit dem IM vom 22.8.1975 vermerkt Oberleutnant Bachmann unter Punkt 7:

Dem IM wurde eine neue Tasche mit eingebautem Container übergeben. Es wurde ihm die Lage des Containers und die Funktionsweise der operativen Technik erklärt. Es wurde mit ihm vereinbart, dass die neue Tasche unter keinen Umständen von einem Sattler repariert werden darf, da dieser das Versteck finden würde. Der IM wird seine alte Tasche beschädigen und seiner Freundin erklären, dass er die neue Tasche schon vor längerer Zeit geschenkt bekommen hat.
(BStU, Akte André Holzer, Bl. 254)

Es ist Arnold Schölzel, der beim nächsten Treffen mit einer neuen Schweinsledertasche erscheint, die Tasche wird bemerkt und bewundert. Sicher hat Arnold geschwitzt. Ganz sicher. Aber die Tasche hat er sorgfältig abgestellt.

Vom ersten bis zum letzten Treffen der Gruppe ging es um Konspiration, um Sicherheit und Staatssicherheit. Man erging sich in abstrusesten Vermutungen über mögliche Vorgehensweisen des MfS, aber dass Arnold Schölzel, der Sicherheitsbeauftragte der Gruppe, auch ihr

Verräter war, das passte in keinen Kopf, bis zum Schluss nicht und noch darüber hinaus. Nein, das war und blieb ausgeschlossen.
Und so ging es weiter und Arnold tat sein Bestes, damit viel zusammenkam, was der Stasi ins Töpfchen »strafrechtlich relevante Handlungen« passte.

Am 29. 8. 1975 ist wieder Gruppentreff bei Jan Lautenbach. Wieder geht es um Staatsbürokratie, um mögliche Wege der Veränderung.

> Kleinschmidt warf die Frage auf, welche Konsequenzen aus den theoretischen Erörterungen zu ziehen sind. Nach seiner Meinung sei jetzt der Zeitpunkt da, wo man sich sehr bewusst gemäß den theoretischen Erkenntnissen verhalten muss, wenn nicht alles akademisch abstrakt bleiben soll. Krause erklärte daraufhin, er sei bereit, sich völlig den Beschlüssen der Gruppe unterzuordnen, z.B. in der Frage, ob er die Redaktion der „Berliner Zeitung" verlassen solle oder nicht. Wolfram plädierte für ein Verbleiben, da im Amt für Statistik das Material nicht so wichtig sei wie das, was in der Redaktion zugänglich ist.
> (BStU, Akte „Kreis", Band 1, Bl. 82)

Dieser Bericht ist handschriftlich verfasst. An den auffallenden »A« und »H« erkenne ich Arnolds Schrift, der sich André Holzer nennt.
Ich stelle mir vor, wie sein Führungsoffizier die Berichte liest, Sätze unterstreicht, Schlussfolgerungen zieht, Maßnahmen zur »weiteren operativen Bearbeitung« vorschlägt und alles zusammen vervielfältigen und verteilen lässt. Versteht er es als seinen Auftrag, den Sozialismus gegen diese jungen Idealisten zu schützen?
Eine Woche später, am 4. 9., notiert Oberleutnant Bachmann nach einem Treffen mit seinem Informanten:

Das Verhalten des IM kann als normal eingeschätzt werden. Gegenwärtig beschäftigt ihn die Ausstattung seiner neuen Wohnung. Von Kleinschmidt und Wolfram wurde die Wohnung des IM besichtigt und unter dem Aspekt der Sicherheit als tauglich für Zusammenkünfte eingeschätzt.
(BStU, Akte „Kreis", Band 1, Bl. 83)

Beim Gruppentreff am 26. 9. gibt es einigen Streit zu praktischen Fragen. In Spanien unter Franco waren Todesurteile vollstreckt worden. Auch an Julian Grimau, der nach dem Ausschluss von Jorge Semprun aus der spanischen KP dessen Funktionen übernommen hatte. Franco hatte den Kommunisten Grimau durch ein mittelalterliches Mordinstrument hinrichten lassen, die Garotte. Sollte, nein, musste man da nicht reagieren?
Arnold hatte seine neue Aktentasche dabei, denn die »Abschrift vom Band« gibt die Diskussion in wörtlicher Rede wieder.

Nitsche:
Man muss schon mehr tun als diese völlig formale Solidarität!
Sicher sind die Leute in der DDR mehr politisiert als die in den übrigen Ländern. Aber da ist doch kein Bewusstsein außenpolitischer Bedeutung von Ereignissen. Hier muss man wirksam werden. Man kann z.B. jetzt nach Spanien Protesttelegramme schicken wegen der Todesurteile.
Krause:
Jeder private Protest, der nicht bestellt ist, fällt auf und ist verdächtig. Man muss das schon anonym machen. Wir müssen so etwas ins Auge fassen.
Wolfram:
Was soll denn das? Da haben die doch gleich einen

Anhaltspunkt! Solche Aktionen in der gegenwärtigen Zeit sind Abenteurertum, völlig sinnlos. Das kann man sich aufheben für andere Zeiten, die wir vielleicht nicht mehr erleben.

Krause:

Ein Telegramm ist völlig ungefährlich! Wichtig ist doch: Man kann es in westliche linke Zeitschriften bringen, als ein Dokument wirklicher Internationalisten in der DDR.

Wolfram:

Das ist ja noch besser! Damit macht man doch den zweiten Schritt vor dem ersten... Mir scheint wichtiger, dass jeder von uns an seinem Platz immer wieder die Diskussion auf das Thema Internationalismus bringt. Damit können wir wirken, an meinem Institut vielleicht weniger, aber doch vor allem an der Universität.

(BStU, OV „Kreis", Band 1, Bl. 104)

Wann, wo, was, wie, womit, warum, wer, wen – die acht goldenen W der Stasi bilden das Fundament der operativen Beobachtung.
Nach Auswertung aller Informationen ihres inoffiziellen Mitarbeiters Arnold Schölzel, Deckname André Holzer, erstellt die Verwaltung für Staatssicherheit Groß Berlin, Abteilung XX/2, am 20. Oktober 1975 einen ersten Operationsplan zur »Überwachung einer Gruppe von Verdächtigen«.

Die verdächtigen Personen treffen sich in regelmäßigen Abständen in Privatwohnungen, um gemeinsam Seminare abzuhalten.

Einheitliche Auffassungen gibt es in diesen Seminaren darüber, dass sie der theoretischen Vorbereitung der Veränderung der gesellschaftlichen Verhältnisse in der DDR unter Ausnutzung so ge-

nannter politischer „Krisensituationen" dienen. Es geht diesen Personen um die Verunglimpfung und Beseitigung der bestehenden gesellschaftlichen Verhältnisse und perspektivisch um die Durchsetzung einer Sozialismuskonzeption, die auf dem modernen Trotzkismus beruht.
Ihr ideologischer Angriff richtet sich gegen Partei und Staat, die Schuld an den „bürokratischen" Verhältnissen in der DDR trügen. Partei und Staat hätten auf längere Sicht für die Entwicklung eines „wahren" Sozialismus in der DDR keine Perspektive.

Die Gruppe versteht sich als eine Art „Elite", die sich theoretisch auf einen Umbruch der gesellschaftlichen Verhältnisse in der DDR vorbereitet, um dann Führungspositionen einzunehmen.

Ziel der operativen Bearbeitung soll sein, auf der Basis eines ausführlichen operativen Maßnahmeplanes

- den Personenkreis in seinen Aktivitäten aufzuklären und unter Kontrolle zu halten, um geplante feindliche Aktionen rechtzeitig verhindern zu können.
- Maßnahmen einzuleiten, die es ermöglichen, den Personenkreis politisch und ideologisch zu zersetzen, unter Ausnutzung der bestehenden Differenzierungen zwischen den verdächtigen Personen.
- strafrechtlich relevante Sachverhalte und Beweise gegen die Verdächtigen zu erarbeiten.

(BStU, OV „Kreis", Band 1, Bl. 18)

```
Zu einem Teil der verdächtigen Personen bestehen
von Seiten des MfS (HVA) Kontakte. Rücksprachen
mit den verantwortlichen Mitarbeitern ergaben,
dass es mit diesen Personen zwar politisch-ideo-
logische Probleme gab, aber es mehr objektive
Gründe waren, wie Zeitmangel und dergleichen, die
zum Abbruch der Verbindungen führten. Das trifft
auf die Personen NITSCHE und LAUTENBACH zu. Bei
KLEINSCHMIDT war von Seiten der HVA eine Kontakt-
aufnahme geplant.
Gegenwärtig bestehen von Seiten der HA XX/5 Be-
ziehungen zu TEMPLIN. Gegenüber seinem verant-
wortlichen Mitarbeiter hat er über seine Zugehö-
rigkeit zu dem Kreis verdächtiger Personen keine
Bemerkungen gemacht. Wesentlich ist in diesem Zu-
sammenhang zu vermerken, dass keine der genannten
Personen über die Kontaktaufnahme zum MfS Bemer-
kungen gemacht hat. Bei Diskussionen beziehen sie
sich lediglich auf die Befürchtung, dass ihnen
die Tätigkeit des MfS gefährlich werden könnte.
(BStU, OV „Kreis“, Band 1, Bl. 20-21)
```

In dieser Zeit sehe ich Klaus immer seltener. Wenn er nach Mitternacht nach Hause kommt, schlafen Max und ich schon. Ich mache weiterhin Übersetzungen und lerne ein bisschen die Wirtschaft der DDR kennen. Das heißt, ich dolmetsche, wenn Autoersatzteile eingekauft oder Kühe verkauft werden. Oder Waschmittelrezepturen ausgetauscht. Die russischen Delegationen kommen in großer Anzahl, die DDR-Deutschen nennen sie »Freunde« und behandeln sie ehrfürchtig, jedoch nur bis zum zweiten Glas Wodka. Danach erzählen sie über den Krieg, den russischen Winter und wie sie in russischer Gefangenschaft als deutsche »Spezialisten« dem »Iwan« gezeigt hatten, wie der Hase läuft.
Die »Freunde« sind immer an Warenhäusern interessiert und so kaufe

ich mit ihnen stundenlang Damenpullover und Kochtöpfe für ihre Familien ein. Sie betrachten mich als ihresgleichen und ich fühle mich ihnen verbunden und merkwürdig fremd zugleich. Ihre Naivität, ihr Witz und auch ihr Unpolitischsein erinnern mich an meine *russische* Kindheit. Die Ingenieure, die ich kennenlerne, tragen fast alle Kupferarmbänder – dick und dunkel schmücken sie die Handgelenke. Gut gegen hohen Blutdruck, sagen sie. Oder gegen die Magnetstürme in der Atmosphäre? Und alle wollen sie zum Brandenburger Tor, die Mauer sehen, mit eigenen Augen sehen, wovon sie gehört oder gelesen hatten und was sie sich dennoch nicht vorstellen können. Ihr ungläubiges Staunen beschämt mich und nagt an der Selbstverständlichkeit, mit der wir die Mauer in unser Leben eingebaut und akzeptiert hatten.

Die Sitzungen der Gruppe finden nun mindestens zweimal im Monat statt. Zwischendurch treffen sich die Gruppenmitglieder, um sich auf Ausarbeitungen und Artikel vorzubereiten, Studienmaterial auszutauschen und theoretische Themenausarbeitungen zu besprechen. Dieter und Klaus nehmen sich vor, eine Ausarbeitung zur politischen Bewusstseinslage der Bevölkerung der DDR zu machen und sie, nach der Diskussion in der Gruppe, im Westen zu veröffentlichen.
Arnold wird mit der Erarbeitung eines Referats zur marxistischen Wirtschaftstheorie von Ernest Mandel beauftragt. Und da soll eine Maßnahme des MfS greifen:

> Mit dem IM wurde die Verhaltensweise hinsichtlich des Auftretens im genannten Referat besprochen. Es wurde vereinbart, dass der IM auf der Basis der Wiedergabe des Inhalts des Buches von Mandel, durch entsprechende objektive Problemstellungen und die Ausnutzung der zum Leninismus enthaltenen Widersprüche, sein Referat schriftlich ausarbeitet und vorträgt. Von dieser Ausarbeitung fertigt der IM ein Exemplar für den Mitarbeiter [d.i.

Oberleutnant Bachmann] an, das für die positive Beweisführung genutzt werden kann und den Nachweis der Notwendigkeit erbringen soll, dass das MfS auch von dem IM Beweismaterial hat.
(BStU, OV „Kreis", Band 1, Bl. 113)

—

In der Nacht vom 24. zum 25. Oktober 1975 findet eine lange Sitzung der Gruppe bei Arnold statt, die erste in seiner neuen Wohnung. Ein paar Wochen zuvor hatte er in einem Neubau am Alexanderplatz eine 2-Zimmer-Wohnung bezogen. Aus den Akten ist dieses Treffen lückenlos zu rekonstruieren.
Nachdem in den ersten beiden Stunden über das Buch *Marx und Lenin* von Bernd Rabehl diskutiert wurde, hielt Arnold Schölzel sein Referat zur marxistischen Wirtschaftstheorie von Ernest Mandel. Dabei hielt er sich offenbar zu eng an die zuvor mit der Stasi abgesprochene Linie, so dass er – wie Führungsoffizier Bachmann in seinem Treffbericht vom 25. 10. zu berichten weiß:

... nach Beendigung seines Vortrags sofort von W o l f r a m, K r a u s e und K l e i n s c h m i d t heftig angegriffen wurde. Insbesondere W o l f r a m drängte den IM, sich näher zu erklären. Es war sofort von dieser Seite her ein offensichtliches Misstrauen zu merken. Eine Kritik des IM an den Auffassungen Mandels wurde kategorisch abgelehnt und die Zugehörigkeit des IM zur Gruppe in Frage gestellt. Obwohl W o l f r a m eine heftige Auseinandersetzung zur Klärung dieser Frage anstrebte, wurde die Sache auf eine der nächsten Sitzungen vertagt. Anschließend wurde die Einweihung der Wohnung des IM gefeiert.
(BStU, OV „Kreis", Band 1, Bl. 114)

Klaus und Wolfgang Nitsche folgen der Einladung zur Einweihung der neuen Wohnung nicht. Klaus liebt keine Feiern und trinkt nie Alkohol. Während der Gruppentreffen wird immer nur Tee getrunken, Alkohol ist verpönt.
Während der Feier erzählt Jan Lautenbach seinen Freunden plötzlich, dass er vor Jahren schon vom MfS angeworben worden war und auch einige Aufträge ausgeführt hatte, die aber nichts mit dem Studium und unserer Seminargruppe zu tun hatten. Für Jan ist das Gespräch über die Sache längst fällig und jetzt, beim Rotwein, fällt es ihm leichter.
»Ich habe denen recht schnell zu verstehen gegeben, dass ich keine Zeit mehr für solche Sachen habe. Sie wollten sich später noch mal melden, aber bis jetzt sind sie nicht wieder aufgetaucht.«
Sebastian setzt zu einer Nachfrage an, aber Wölfchen Templin fällt ihm ins Wort:
»Ich habe auch seit einigen Jahren Kontakt zum MfS … und eine Verpflichtungserklärung habe ich auch unterschrieben – als IM Peter.«
Sicherlich schaut er zur Seite, als er das sagt, vielleicht denkt er: Wann, wenn nicht jetzt – und fügt eilig hinzu:
»Ich habe natürlich nie auch nur ein einziges Wort über die Gruppe gesagt … aber ich habe ein ziemlich blödes Gefühl bei der ganzen Angelegenheit.«
Damit ist die Feier der Wohnungseinweihung beendet.
Sebastian fragt, wie es zur Anwerbung gekommen ist und Wölfchen ist vielleicht sogar froh, endlich darüber sprechen zu können:
»Die kamen und ich empfand das eigentlich als normal und folgerichtig, dass ich als Parteigruppenorganisator verpflichtet bin, ihnen zu helfen, sie zu unterstützen. Ich sollte ihnen über unser Seminar berichten.«
Dann erzählt er davon, dass er zunehmend Gewissensbisse empfand und seine Berichte so gestaltete, dass man keine wirklichen Erkenntnisse über seine Mitstudenten bekommen konnte. »Eigentlich hätten die sich nur in unsere Parteiversammlungen setzen müssen, was anderes habe ich denen nicht erzählt.« Er wollte kein »Zuträger« sein und war es doch. Aber irgendwann musste ein Punkt gesetzt werden.

Mit Gründung der Gruppe und seiner aktiven Teilnahme war dieser Punkt erreicht.
»Aber was und worüber berichtest du denen jetzt?«, fragt Dieter.
»Im Moment bin ich ein toter Briefkasten. Ich bekomme Post von inoffiziellen Mitarbeitern des MfS aus der Bundesrepublik und gebe sie ungeöffnet weiter.«
Es wird still und Sebastian murmelt: »Ja, das ist ja doch ein Schock ... Wenn noch jemand was zu offenbaren hat, raus damit, nur zu ...«
Bis in die frühen Morgenstunden gibt es nur das eine Thema. Jetzt ist das Misstrauen da – eine Lawine ist losgetreten und plötzlich wird Arnold Schölzel heftig attackiert. Dieter Krause sagt, dass Arnold vielleicht gar nicht wirklich in die Gruppe gehört, weil er oft beschränkte Ansichten hat. Nur was Klaus Wolfram angeht, da sind sich alle einig, er ist über jeglichen Verdacht erhaben.

Es wird ziemlich eng für »unseren« IM. Wie ernst die Stasi die Vorgänge dieser Nacht nimmt, zeigt ein Informationsbericht seines Führungsoffiziers:

> Deutlich wurde, dass der IM, insbesondere nach seinen Ausführungen zu Mandel, als nicht zuverlässig betrachtet wird. Es zeigte sich, dass der IM von den führenden Gruppenmitgliedern sehr genau beobachtet wird und durch ein eindeutiges Bekenntnis zum Trotzkismus seine Entscheidung für die gemeinsame Sache gefordert ist.
> Hinsichtlich des W o l f r a m hat sich erwiesen, dass er der anerkannte Führungskopf der Gruppe ist und mit offensichtlich fast militärischer Gewalt über die Mitglieder verfügt. Es wurde ersichtlich, dass sich alle Mitglieder, auch wenn sie nicht die Meinung des W o l f r a m vertreten, sich diesem in letzter Konsequenz unterordnen.

Als »Maßnahmen« schlägt Oberleutnant Bachmann vor:

> 1.
> Information über die Dekonspiration des T e m p l i n an die HA XX/5. T e m p l i n ist für diese Diensteinheit positiv erfasst.
>
> 2.
> Es macht sich die Entscheidung notwendig, dass sich der IM voll der Gruppe politisch-ideologisch anpasst, sich offen zum Trotzkismus und zu W o l f r a m bekennt. Anders lässt sich das Vertrauensverhältnis zur Gruppe durch den IM nicht festigen.
> In Anbetracht der Tatsache, dass die Tätigkeit der Gruppe einen weit größeren Rahmen einnehmen kann als bisher bekannt, erscheint das Risiko des IM gerechtfertigt.
> (BStU, OV „Kreis", Band 1, Bl. 116-117)

Zum Verhalten seines IM bemerkt Oberleutnant Bachmann:

> Der IM ist nach wie vor an der Arbeit interessiert. Seinen Schock über die Dekonspirationen des T e m p l i n und des L a u t e n b a c h hat er überwunden. Von seinen Berichten geht wieder Optimismus aus.
> (BStU, OV „Kreis", Band 1, Bl. 118)

Arnold ist als IM André Holzer fest in die Gruppe integriert und muss nun den Spagat vollbringen, so viel Informationen wie nur irgend möglich für die Stasi abzuschöpfen, ohne dass die übrigen Gruppenmitglieder Verdacht schöpfen.

Auf der nächsten Sitzung erzählt Wolfgang Nitsche allen anderen das, was er Klaus schon früher erzählt hatte – auch er war angeworben worden, auch er hatte sich mit allerlei Verrenkungen die Stasi vom Leib gehalten – und seither keinen »Besuch« mehr bekommen. Weshalb Klaus nicht angesprochen worden war, scheint allen klar zu sein, sein Vater ist Mitglied des ZK der SED und da gelten andere Maßstäbe. Und Arnold? Warum Arnold und die Stasi nicht zusammenpassen, ist auch klar. Hatte er doch während des Studiums immer eindeutig parteiliche Positionen bezogen und dann noch seine Vergangenheit als ehemaliger BRD-Bürger und desertierter Bundeswehrsoldat, nein, dem würde die Stasi nicht über den Weg trauen. Da sind sie sich alle einig und Arnold kann dem nur zustimmen – und sich unauffällig die Schweißperlen von der Stirn wischen.
Das Problem bleibt Wölfchen Templin. Soll und kann er ein doppeltes Spiel spielen? Soll er die Zusammenarbeit mit dem MfS abrupt beenden? Stundenlang werden die verschiedensten Varianten diskutiert. Schließlich entscheiden sie sich für die einfachste: Da Wölfchen schon bald als Forschungsstudent für ein Jahr nach Polen gehen wird, soll er die Zusammenarbeit einschlafen lassen. Warschau ist weit und es wird keine Zeit und auch keine Gelegenheit mehr geben, für das MfS zu arbeiten. Denn neben seinem Studium an der Warschauer Universität soll Wölfchen im Auftrag der Gruppe Kontakte zur polnischen Opposition knüpfen.

Aber das Leben geht seine eigenen Wege, ganz anders und entgegen allen Vermutungen und taktischen Überlegungen der Gruppe. Es vergeht keine Woche und die Stasi beendet von sich aus die Zusammenarbeit mit ihrem IM Peter. Im »Aktenvermerk über den Abbruch der Verbindungen zum IM Peter« heißt es lapidar:

> Der IM wurde am 4.11.1975 gegen 10.00 Uhr in seiner Wohnung aufgesucht. Im Verlauf einer kurzen Aussprache wurde ihm gesagt, dass wir wegen des schlechten Gesundheitszustandes seiner Ehefrau

von weiteren Aufgabenstellungen Abstand nehmen und die Zusammenarbeit einstellen.

Nach 181 Seiten schließt die Akte IME Peter mit dem handschriftlichen Vermerk:

Der IM hat für unsere Diensteinheit keine Perspektive.
(BStU, Akte „IME Peter", Band 1, Bl. 181)

Dass Wölfchen sich der Gruppe offenbart hatte und dies der wahre Grund für den »Abschluss des IM-Vorgangs« ist, wird weder ihm gegenüber zur Sprache gebracht noch findet sich in den Akten ein Hinweis darauf. Wie auch. Der Informant musste geschützt werden, den brauchte man noch.

Die Gruppe arbeitet weiter, die Konspiration wird aufrechterhalten, und nachdem im Zusammenhang mit Stasiverbindungen alles gesagt scheint, beruhigt sich die Lage und man kann sich wieder den eigentlichen Problemen zuwenden. Für ihre theoretischen Arbeiten und für Artikel, die sie im Westen veröffentlichen wollen, müssen sie sich unbedingt mit der notwendigen Literatur ausstatten. Es werden Listen über die vorhandene Literatur erstellt, die fehlenden Bücher müssen irgendwie besorgt werden.
Es werden erste Kontakte in den Westen geknüpft und meist sind es Westberliner Studenten, die einzelne Bücher durch die Grenzkontrollen schmuggeln: Ernest Mandel, Leo Trotzki, Isaac Deutscher – vorsichtig, immer nur ein Buch unterm Pullover, eine nervende und ineffektive Angelegenheit. Die Konspiration verlangt, dass nur derjenige, der den Kontakt hergestellt hat, den Namen der Kontaktperson kennt. Arnold macht keine Kontakte, kennt weder Namen noch Verbindungen, aber er übergibt dem MfS eine Aufstellung von Buchtiteln, die bei einzelnen Gruppenmitgliedern vorhanden sind. Es sind ohne Ausnahme in der DDR verbotene Bücher – Oberleutnant Bachmann war

sicher hoch erfreut – rein damit ins Töpfchen strafrechtlich relevanter Beweismittel.
Was hat die Stasi vor? Worauf wartet sie? Ist das Töpfchen noch nicht voll? Offenbar passt noch was rein – und außerdem: IM André Holzer ist ja optimistisch, voller Tatendrang, und da ist doch noch einiges zu erwarten.

Eines Abends, wir machen mal wieder einen Gang »um die Häuser«, fragt mich Klaus: »Könntest du dir vorstellen, dass wir eine undichte Stelle haben?« Ich bin ziemlich überrascht, mein Misstrauen hatte ich verdrängt, es war ja nichts passiert, ich wusste jedenfalls von nichts. Von den Vorgängen um Wolfgang, Wölfchen und Jan hatte Klaus mir nichts erzählt. »Nein, es ist nichts, aber …«
Ich sagte:
»Arnold. Oder vielleicht Jan? … Oder seine Frau?«

Ich hatte mich daran gewöhnt, dass Klaus »Verbotenes« tat. Für mich arbeitete er in einer Art Untergrund und ich hoffte, dass es bald geschafft sein würde. Ich dachte an drei oder vier Jahre, dann könnte etwas Greifbares erreicht sein und dann, dann käme der Gang ins Offene. Dieses Gefühl erinnere ich genau.

Die Gruppe arbeitet weiter im Verborgenen und immer wieder ist es Dieter Krause, der auf Aktionen drängt. Er will Flugblätter mit Zitaten marxistischer Klassiker verteilen. Er will schneller Artikel im Westen veröffentlichen, damit man dort lesen kann, dass wir Marxisten sind. Eigentlich aber geht es um das Echo in der DDR – hier soll man wissen, dass es uns gibt, dass eine marxistische Opposition in der DDR existiert. Aber Klaus und Wolfgang Nitsche wollen noch warten. Sie hoffen auf die Arbeiter. Sie kennen die Bedingungen in den Betrieben, die Unzufriedenheit der Arbeiter und hoffen, dass irgendwo ein Streik ausbrechen würde. Am besten in einem der ganz großen Betriebe. Dann könnte man sich mit den Streikenden solidarisieren … Aber die Arbeiter streikten nicht.

Die Hoffnungen der Gruppe entstanden aus der Überzeugung, dass gehandelt werden würde, wo eine Sache als falsch erkannt war. Sie vertrauten auf einen Handlungsdruck, den es so nicht gab, und unterlagen einer Illusion, die mehr ihrer eigenen Situation geschuldet war als einer revolutionären Situation unter den Mehrheiten in der DDR.

Im Dezember 1975 erstellt Oberleutnant Bachmann einen achtseitigen »Sachstandsbericht zum operativen Vorgang ›Kreis‹«.

Ergebnisse der bisherigen operativen Bearbeitung

Nach übereinstimmender Auffassung der Verdächtigen ist der real existierende Sozialismus in der sozialistischen Staatengemeinschaft „entartete Bürokratie" und widerspricht deshalb den Auffassungen der Klassiker des Marxismus/Leninismus.

Die „Bürokratie" habe ein falsches Bewusstsein hervorgebracht, es gäbe einen Widerspruch zwischen Partei und Volk, die Partei nähme eine unzureichende Einschätzung der Triebkräfte der Revolution vor, woraus früher oder später Massenrevolution und soziale Eruption resultieren würden. Diese „Bürokratie" gelte es durch eine „Soziologie der Bürokratie" eingehend zu untersuchen ...
Die Arbeiterklasse in der DDR sei politisch weitestgehend inaktiv und nicht in der Lage, ihre Macht auszuüben. Deshalb brauche man eine wirkliche Arbeiterpartei und eine Gewerkschaft, die sich als soziale Gewerkschaft begreife. Es wäre eine Presse nötig, die die Wahrheit verbreitet.
Anlass für die politische Einflussnahme auf die werktätigen Massen müsse die Organisation eines

Streiks in einem Betrieb sein, dem sich Werktätige verschiedener Betriebe anschließen bzw. mit dem sie sich solidarisieren.

Politisch-operative und strafrechtliche Wertung

Die Existenz der Gruppe und ihre bisher durchgeführten und geplanten Handlungen müssen als operativ sehr bedeutsam eingeschätzt werden.
Die von der Gruppe ausgehende ideologische Zersetzung hat einen hohen Grad von Gesellschaftsgefährlichkeit. Ihre gesamte Wirkung zielt gegenwärtig darauf ab, eine ihren Zielen dienende Massenbasis zu schaffen. Der Umfang und der Charakter der bisher erarbeiteten Verbindungen verdeutlicht, dass die Gruppe sich zu einem Sammelbecken oppositioneller Kräfte entwickeln kann.
Als politisch-operativ wichtig sind besonders die Bestrebungen zu werten, gezielt einflussreiche Persönlichkeiten der DDR und anderer sozialistischer und kapitalistischer Länder anzusprechen und sie für die Tätigkeit der Gruppe auszunutzen.
Aus den geführten Diskussionen ist klar ersichtlich, dass sich alle Mitglieder der Gruppe des staatsfeindlichen Charakters ihrer Ziele bewusst sind und deshalb mehr und mehr zu konspirativen Formen übergehen.

Weiterhin muss eingeschätzt werden, dass in der sehr intensiv und konzentriert erfolgten Bearbeitung viele Details erst andeutungsweise bekannt sind und das ganze Ausmaß der staatsfeindlichen Tätigkeit noch nicht übersehen werden kann. So ist gegenwärtig der Charakter einer großen Zahl von Verbindungen noch nicht aufgeklärt, da diese von der Gruppe sorgfältig konspiriert werden. Auch hier kann die Version vom Bestehen bisher nicht bekannter fester Verbindungen zu anderen oppositionellen bzw. staatsfeindlichen Gruppen aufgestellt werden.

Durch die Bearbeitung wurden die Verdachtsgründe gem. §§ 106, 107 StGB weiter verdichtet. Das betrifft sowohl ihre Pläne und Absichten als auch objektive Tatbestandsmerkmale. Zu Letzterem wären vor allem zu nennen: die Einführung und Verbreitung revisionistischer, offensichtlich zur Hetze gegen die DDR geeigneter Literatur, das gemeinsame Abhören hetzerischer Vorträge im RIAS, die geplanten Veröffentlichungen oder verleumderischen pseudonymen Artikel in Westberlin oder der BRD sowie die ständige Suche nach weiteren Wegen des Erhalts hetzerischer trotzkistischer Literatur.

Die Gefährlichkeit der Gruppe wird unterstrichen durch das positive Auftreten der Gruppenmitglieder in der Öffentlichkeit. Allen Verdächtigen wird offiziell eine durchweg positive, kämpferische Haltung als Genossen bescheinigt. Ihre fachliche Arbeit wird sehr hoch eingeschätzt.

Alle bisher erarbeiteten Beweise sind inoffizieller Natur (die vorwiegend vom IM „André Holzer" und mit der operativen Technik erarbeitet werden konnten). Die mehrfache Überprüfung der Quelle ergab ihre Ehrlichkeit und Zuverlässigkeit.

Aus den inoffiziellen Hinweisen ergaben sich verschiedene Möglichkeiten zur Erarbeitung offizieller strafprozessual verwertbarer Beweismittel.

Zum Einsatz des IMV „André Holzer":

Im Mittelpunkt seines Einsatzes steht die konzentrierte offensive Aufklärung des W o l f r a m, Klaus.
Es werden folgende Probleme geklärt:
- Feststellung seiner Entwicklungsphase zum Trotzkismus.
- Aufklärung der Verbindung zu staatsfeindlichen Kreisen in der DDR (evtl. zu anderen trotzkistischen Gruppen oder Personen), zu staatsfeindlichen Kreisen oder Personen in Westberlin und der BRD sowie dem kapitalistischen Ausland.
- Inspiratoren und Hintermänner, die ihn in seiner staatsfeindlichen Tätigkeit anleiten.
- Seine Möglichkeit der Einschleusung von staatsfeindlicher Literatur.
- Seine staatsfeindlichen Aktivitäten, die er durchgeführt hat bzw. durchzuführen plant.

Einsatz operativer und technischer Hilfsmittel

Einleitung der Postkontrolle, Postzollfahndung.
Einsatz der Abteilung VIII zur periodischen Observierung des W o l f r a m, K r a u s e, K l e i n s c h m i d t und N i t s c h e.
Vorbereitung des Einsatzes von stationärer Technik bei W o l f r a m, K r a u s e und K l e i n s c h m i d t.
(BStU, OV „Kreis", Band 1, Bl. 171 ff.)

Außerdem wird der IM beauftragt, in Erfahrung zu bringen, wo Bücher und Schriften versteckt werden, »Verbindungsaufnahmen zu staatsfeindlichen Organen im Operationsgebiet« aufzuklären und Hinweise über die »Verdächtigen« zu erarbeiten, die für »Zersetzungsmaßnahmen« geeignet sind.

Das war im Dezember 1975. Von da an hätten wir allen Grund gehabt, in unserer Wohnung nichts mehr zu sagen, was in irgendeinem Zusammenhang mit der Gruppe stand. Aber nicht im Traum haben wir daran gedacht, dass es bei der Stasi Maßnahmepläne für unsere Überwachung gab. Und vielleicht wollten wir nicht immer daran denken, womöglich abgehört zu werden.
Die »Abschriften vom Band« sind in den Akten fast vollständig erhalten, die Bänder selbst sind vernichtet. Und ich wäre mir auch nicht sicher, ob ich nach dreißig Jahren wirklich hören wollte, wie sich unser Leben abgespielt hat.

Am 4. Dezember feiert Klaus seinen fünfundzwanzigsten Geburtstag. Er feiert zweimal. Am Geburtstag mit der Familie, einen Tag später mit der Gruppe. An diesem Abend kommt Arnold als Erster. Klaus und Arnold unterhalten sich über DDR-Künstler und Schriftsteller und Klaus erzählt, er habe erfahren, dass Volker Braun ein Stück über Trotzki geschrieben hätte.
Es wird ein lustiger Abend. Und irgendwann sitzen sie alle zusammen im Arbeitszimmer von Klaus und reden über die Gruppe.
Dieter höre ich rufen: »Wir müssen zur konkreten Politik Stellung nehmen, zu den Programmentwürfen und zum Statutentwurf der SED, wenn sie im Januar erscheinen« … Ich verfolge das Gespräch nicht weiter, aber in den Akten finde ich dreißig Jahre später problemlos den Anschluss:

Daraufhin W o l f r a m :
Das ist doch völliger Kohl. Das kann man machen, aber was will man denn damit? ... Wir wollen doch

dieses Programm nicht verbessern, wir wollen diese Partei nicht kritisieren, um ihr ein besseres Programm zu verschaffen, sondern wir wollen doch ein anderes Programm und eine andere Partei. (BStU, OV „Kreis", Band 1, Bl. 190)

Sogar zur Geburtstagsparty muss Arnold seine Aktentasche dabeigehabt haben, denn das in den Akten abgeheftete Protokoll ist mit »Abschrift vom Band« überschrieben.

Am nächsten Tag sagt mir Klaus, dass er Arnold erzählt habe, Volker Braun hätte ein Stück über Trotzki geschrieben. Eigentlich sollte das keiner wissen.
Noch am Nachmittag geht er zu Arnolds Wohnung, es ist niemand da. Klaus steckt einen Zettel unter der Tür durch:
»Ich hoffe, du hast zu niemandem etwas über das Trotzki-Stück gesagt. Sprich bitte mit niemandem darüber, auf keinen Fall. Ich erkläre es dir später.«
Kurz darauf kommt Arnold zu uns. »Klaus, der Zettel war überflüssig. So viel Gespür wirst du mir doch wohl zutrauen. Natürlich habe ich zu niemandem über das Stück gesprochen!« Klaus ist erleichtert: »Da bin ich sehr froh. Sag auch niemandem in der Gruppe was. Ich hatte das Gefühl, dass es demjenigen, der mir davon erzählt hat, nur so rausgerutscht ist.« Er sagte nicht, wer ihm das erzählt hatte.
Zu dieser Zeit war der Zettel von Klaus mit entsprechenden Randbemerkungen des Oberleutnants Bachmann schon in der Akte OV »Kreis« abgeheftet.

Sie reden auch noch davon, dass jedes einzelne Gruppenmitglied konspirative Kontakte zu anderen Oppositionellen haben sollte, um Bücher weiterzugeben und sich über politische Entwicklungen in der DDR auszutauschen. Es sollte ein Lauffeuer werden. Viele Untergruppen …

Schölzel:
Na, ich hoffe nicht, dass wir auch nur so eine Untergruppe einer solchen Zentralgruppe sind, oder ist das etwa so?
Wolfram:
Nein, davon kann natürlich keine Rede sein.
Schölzel:
Für mich stellt sich natürlich die Frage, wieso du eigentlich zu dieser ganzen Sache gekommen bist? War das völlig ohne Anstoß von außen, so von allein?
Wolfram:
Bei mir begann das eigentlich damit, dass ich bei -geschwärzt- die „Verratene Revolution" von Trotzki auf dem Schreibtisch liegen sah und sie mir ausgeliehen habe. Ich habe angefangen zu lesen unter dem Aspekt, dass da mal wieder einer ist, der das Ganze aus den Angeln heben will, aber auch nicht weiß, wie man es besser machen soll. Aber schon nach der ersten Seite hatte ich regelrecht ein intellektuelles Erlebnis, in der Art und Weise, dass mir hier sehr viel mit einem Schlag klar wurde, und ich habe das ganze Buch dann, das weiß ich noch genau, an einem Tag durchgelesen. Daraufhin habe ich angefangen, mich intensiver mit Trotzki zu befassen, ich habe mir „Die Permanente Revolution" selbst besorgt und kam dann sehr schnell zu der Auffassung, dass man bestimmte organisatorische und praktische Konsequenzen daraus ziehen muss.
(BStU, OV „Kreis", Band 1, Bl. 191)

Beim Abschied sagt Arnold (und hält dabei seine schöne Schweinsledertasche zärtlich im Arm), dass er gern öfter kommen würde, um unter vier Augen mit Klaus über solche Dinge zu sprechen. »Falls ich dir nicht auf den Wecker gehe.«

»Nein, ganz im Gegenteil, ich würde mich auch freuen, wenn du öfter kommen würdest!«, sagt Klaus.

Aber die Geschichte mit Trotzki stimmte nicht ganz. Wie immer schützt Klaus diejenigen, die ihm helfen, ohne zu wissen, wobei sie eigentlich helfen. Unter keinen Umständen nennt er Namen. Trotzkis *Verratene Revolution* lag auf keinem Schreibtisch in Ostberlin. Sie kam auf ganz anderen Wegen zu Klaus.

Leo Trotzki war fast spurlos aus der sozialistischen Geschichtsschreibung verschwunden. Sein Name wurde von den meisten, auch kritischen Kommunisten, nur mit großer Vorsicht, ja fast mit Abscheu genannt. Selbst nach dem schrecklichen Erlebnis des stalinschen Terrors überwog die Skepsis, ob es unter Trotzki hätte anders werden können. Da hatte Stalin ganze Arbeit geleistet.

Der Umstand, dass Lenins politisches Testament von 1924 selbst uns Philosophiestudenten nur mit »Giftschein« zugänglich war und Lenin darin Trotzki und nicht Stalin der Partei als seinen Nachfolger vorgeschlagen hatte, machte uns neugierig. Klaus wollte verstehen, was Lenin zu diesem Vorschlag bewogen haben könnte, und bat seine Westberliner Tante Mimi, ihm Trotzkis *Verratene Revolution* mitzubringen. Tante Mimi war Bibliothekarin, wir trafen sie mehrfach im Jahr auf Familienfeiern. Auf Mimi war Verlass. Das Buch wurde bestellt und bei nächster Gelegenheit unterm Rock in den Osten geschmuggelt.

Auf der letzten Sitzung des Jahres, am 19. 12., werden zuvor ausgearbeitete Vorträge gehalten und ein Plan wird besprochen. Klaus und Wölfchen Templin sollen im Januar gemeinsam nach Warschau reisen, um Kontakte mit polnischen Oppositionellen anzuknüpfen, die Wölfchen dann ein paar Monate später als »unser Mann in Warschau« ausbauen könnte. Arnold und seine Aktentasche sind natürlich dabei und so liegt noch am 23. 12. 1975 ein dreizehnseitiger Bericht auf dem Gabentisch der Stasi.

> Es kam zu einem Gespräch über bestimmte strafrechtliche Bestimmungen, die auf die Gruppenbildung zuträfen. Sebastian Kleinschmidt hatte auf seinem Schreibtisch das Strafgesetzbuch zu liegen und Dieter Krause schlug es auf bei § 107 und zeigte Lautenbach und Schölzel die entsprechenden Stellen. Worauf sich herausstellte, dass bereits die unmittelbare Gruppenbildung zu einer mehrjährigen Freiheitsstrafe führen konnte und auch die übrigen Paragrafen, staatsfeindliche Hetze etc. zutrafen, so dass eine beträchtliche Summe zusammenkam.
> Schölzel ging in die Küche zu Kleinschmidt und Wolfram und sagte: „Na, zwanzig Jahre sind also fällig."
> Worauf Sebastian Kleinschmidt sagte, das sei ja wohl überhaupt nicht drin, die Staatssicherheit habe ja schließlich keine Beweise, könne überhaupt keine haben.
> (BStU, OV „Kreis", Band 1, Bl. 192)

Immer wieder werden in diesen ersten Monaten Ziele und Absichten formuliert – auch zum Selbstverständnis der Gruppe. Meist ist es Klaus, der mit seiner Art, die Dinge zusammenzufassen, den anderen Mut macht zum Weitermachen.

> N i t s c h e warf ein, er sehe überhaupt nicht mehr durch und er bitte um eine Erklärung, wohin wir nun eigentlich steuern. Ihm sei sehr unklar geworden, wohin die Diskussion überhaupt noch ziele.

Daraufhin sagte W o l f r a m , das Vorhaben der Gruppe sei, eine „Verratene Revolution" der DDR zu schreiben, das könne man im gewissen Sinn als Plattform der Gruppe bezeichnen, von der aus es dann weitergehen solle, hin zu einem Aktionsprogramm.
(BStU, OV „Kreis", Band 1, Bl. 197-202)

Auch zwischen Weihnachten und Neujahr arbeiteten die fleißigen Stasimitarbeiter weiter. Der IM soll aus der Uni die Diplomarbeiten der einzelnen Gruppenmitglieder beschaffen. Hoffte man, da die Anfänge zu erkennen? Der IM besorgte die Diplomarbeiten nicht. »Das wäre zu auffällig«, lässt er die »Genossen« vom MfS wissen.
Etwa zeitgleich zieht Klaus aus unserer gemeinsamen Wohnung aus. Aus den Akten kenne ich das Datum – es ist der 6. Januar 1976. Er zieht in die Wohnung eines damaligen Freundes von mir. Der Freund wohnt bei seiner Freundin, er braucht die kleine Wohnung in Friedrichsfelde nicht. Weiß er damals, dass er seine Wohnung einem potentiellen Staatsfeind überlässt?

1992, als die ersten Spitzel enttarnt und die Klarnamen bekannt werden, ruft mich der damalige Freund an. Wir hatten uns fast fünfzehn Jahre nicht gesehen und nicht gesprochen. Er fragt, ob ich mit ihm einen Kaffee trinken gehen könnte. Ich bin verwundert.
Wir treffen uns in einem der ersten »Westcafés« in der Oranienburger Straße. Nach ein paar netten Floskeln sagt er: »Ich war damals … beim Konsum (so nannten wir das MfS). Ich wollte dir das selber sagen. Ich habe nichts über dich und über deinen damaligen Mann erzählt. Nichts, was sie verwerten konnten.«
Jahre später weiß ich, dass er die Wahrheit gesagt hat. Beides stimmte, er war dabei und hat doch nichts gesagt. Er war der Einzige, der je mit mir über seine IM-Tätigkeit gesprochen hat, und er tat es zu einem Zeitpunkt, wo noch niemand wissen konnte, ob die Spitzelei überhaupt rauskommen wird.

Klaus war ausgezogen. Warum? Ich versuche mich zu erinnern, aber es fällt mir schwer, mein heutiges Wissen und meine damaligen Gefühle auseinanderzuhalten.
An diesem kalten Januarmorgen packt Klaus zwei Taschen – Bücher und Schriften, ein paar warme Sachen. Sein schwarz gebundenes Tagebuch liegt obendrauf. Er nimmt auch sein Federbett mit. Kein schöner Moment.
Ich war müde von unserer Beziehung. Klaus und ich waren nur selten zusammen, alles war seiner konspirativen Arbeit untergeordnet und ich war damit einverstanden. Natürlich einverstanden. Aber der Alltag fiel mir schwer. Ich habe mit ungeliebter Arbeit Geld verdient und habe das Leben für unser Kind bis ins kleinste Detail organisiert – Klaus sollte nur in Ausnahmefällen einspringen, was er auch gern und mit großer Freude tat. Aber das Zusammenleben geriet mir aus den Fugen. Ich jagte durch die Tage ohne Ruhe. Und – ich war eifersüchtig. Erst ahnte und dann wusste ich es: nicht jeder Abend, an dem Klaus nicht zu Hause war, gehörte der Gruppe. Klaus vertraute mir so uneingeschränkt, dass er nicht einmal die Liebesbriefchen versteckte – er wusste, ich würde nicht danach suchen. Aber einmal fiel so ein Zettelchen aus einer Jackentasche und ein anderes Mal war es ein Lesezeichen in einem Buch …

Treffvermerk vom 22. Januar 1976. Der IM berichtet:

> Der W. ist in die -geschwärzt- umgezogen, um dort in Ruhe zu arbeiten.

Wussten sie wirklich nichts Genaueres? Wahrscheinlich nicht, denn mehr wusste auch Arnold nicht.

Unsere Trennung dauerte fünf kurze, lange Wochen. Ich wurde krank und Klaus kam zurück, das Federbett unter dem Arm, das Tagebuch in der Tasche obenauf. Ein überraschend schöner Moment für uns drei.

Die Stasi sucht nach Personen, die politisch und auch persönlich Einfluss auf die »Verdächtigen« ausüben könnten. Der IM fertigt eine lange Liste von Professoren und Oberleutnant Bachmann macht daraus eine Vorlage für seine Vorgesetzten:

> Nach Einschätzung des IM hat ohne Zweifel Prof. H e i s e Einfluss auf Wolfram und Kleinschmidt und wird von diesen als Wissenschaftler sehr geschätzt.
> Eine ähnliche Rolle spielt Prof. K u c z y n s k i bei Templin.
> Besonders dem Wolfram gilt Prof. Klaus K o r n, Direktor an der Akademie der Pädagogischen Wissenschaften, als unbestrittene Autorität. Als Diskussionspartner für Wolfram kommt außerdem Prof. Dieter K l e i n in Frage.
> Für Nitsche käme evtl. Prof. L e y in Betracht, für Lautenbach Dr. F r i s t e r, Philosoph an der Gewerkschaftshochschule.
> Bei Krause ist eine Einflussnahme kompliziert, da er Pragmatiker ist und keine intellektuelle Autorität gelten lässt.
> (BStU, OV „Kreis“, Band 1, Bl. 220)

Wer von diesen Autoritäten durch Mitarbeiter der Stasi »befragt« wurde, ist in den Akten nicht dokumentiert.

Aber irgendwie entsteht bei der Gruppe das Gefühl, dass etwas nicht stimmt. Sie beruhigen sich gegenseitig – die Konspiration funktioniert, die Stasi kann nichts wissen, es gibt keine undichte Stelle! Und dennoch, mit dem Misstrauen ist es wie mit einer ansteckenden Krankheit. Einmal in die Welt gesetzt entzieht es sich weitgehend der Kontrolle. Irgendwann entstehen Zweifel hinsichtlich Jan Lautenbachs.

Dieter Krause wird misstrauisch, weil Jan seine Ausarbeitungen nicht pünktlich vortragen kann, und der verteidigt sich schuldbewusst mit Arbeitsüberlastung in seiner Gewerkschaftsschule und mit einer aufwändigen Bewerbung für eine Doktorandenstelle in der Sowjetunion. Dagegen ist eigentlich nichts zu sagen – aber dann verabreden sie sich bei Jan Lautenbach zum Treffen und plötzlich ist seine Frau Carola in der Wohnung, skeptisch und unfreundlich. Arnold nutzt die Situation, und mit der Bemerkung, sie müsse ja nur ihrem Vater etwas von unseren Treffen erzählen, malt er den Teufel an die Wand.

Die Stasi formuliert alle paar Wochen neue Maßnahmepläne und die Überwachung der »Verdächtigen« wird ausgeweitet. Man ist den Westberliner Verbindungsleuten auf der Spur und versucht, an die schriftlichen Ausarbeitungen der »Verdächtigen« heranzukommen. Und man setzt einen zweiten Spitzel auf die Gruppe an, unseren Freund Kalle Brie, der so viel geschrieben und nie etwas veröffentlicht hatte, der sich listig Kalle Lukács nennen wollte und aus dem die Stasi der Einfachheit halber, oder weil sie nicht begriffen, wer gemeint war, Kalle Lukasch macht.
Ach Kalle – hab ich's nur geträumt oder hast du wirklich gesagt, man muss Klaus, nein, du hast Bummi gesagt, vor sich selbst beschützen? Wie sehne ich mich danach, in den Akten deine Lügen zu lesen. Warum hast du den Verein nicht an der Nase rumgeführt? Du hättest das Blaue vom Himmel herunterschwindeln können und sie hätten es dir geglaubt. Warum hast du denen alles so haarklein berichtet? Warum nichts verharmlost? Klaus war dein Freund seit Kindertagen. Du kannst doch nicht wirklich geglaubt haben, dass er ein Feind des Sozialismus ist, nur weil er diesen DDR-Staatssozialismus als das bezeichnet hat, was er war, verlogen und verloren?
Und auch wenn du es geglaubt hast, du hättest deinen Freund zur Rede stellen müssen, ihn warnen vor der Gefahr – oder einfach nur sagen sollen: Die haben mich angesetzt auf dich.
Mensch Kalle! Dass du da mitgemacht hast …

Vielleicht hatte Klaus geglaubt, für den Fall seiner Verhaftung sollte außer ihm und mir noch jemand das Versteck seiner wichtigsten Sachen kennen, eine Vertrauensperson wie sein Freund Kalle zum Beispiel.
Wir haben nicht darüber gesprochen, aber wenn Klaus mich nach meiner Meinung gefragt hätte, ich wäre ganz dafür gewesen, Kalle gehörte ja fast zur Familie. Also bekommt er gezeigt, wo Klaus die verbotene Literatur, Manuskripte und Ausarbeitungen aufbewahrte: im unteren Teil des Bücherregals neben seinem Schreibtisch. Da liegt auch die Bücherliste mit den Titeln, die aus dem Westen besorgt werden sollen, und sein Tagebuch.

Seitdem ich Klaus kannte, sah ich ihn regelmäßig Tagebuch führen. Er brauchte es vor niemandem zu verstecken, seine Handschrift war für Außenstehende kaum zu entschlüsseln.
Dennoch legte er die beschriebenen Hefte immer sorgfältig weg. Wenn er Tagebucheintragungen machte und ich ins Zimmer kam, sah ich mit Freude seine Handschrift und wir scherzten, dass diese Schrift durch Fachleute dechiffriert werden müsste, wollte ein Fremder sie lesen.

Als ich das erste Mal die Akten durchblättere, finde ich die kopierten Tagebücher, Seite für Seite eingeheftet und mit Schreibmaschine »übersetzt«, mit vielen Auslassungen. Alles konnten sie doch nicht lesen.
Wer hatte das Tagebuch damals gestohlen? Ach Kalle …
Ich blättere wieder und wieder in den Akten und entdecke eine handschriftliche Notiz, die ich zuvor überlesen hatte:

> Tagebuch des W o l f r a m , Klaus von 1972 bis zum April 1976.
> Die Schrift ist vom Jahre 1975 und 1976 „übersetzt" worden.
> Die Tagebuchaufzeichnungen waren in einem Umschlag

versiegelt enthalten, der die Adresse der -geschwärzt- enthielt.
Das Material wurde durch einen IM der HA XX/2 inoffiziell besorgt und kann deshalb nicht offiziell ausgewertet werden.
Bei operativer Notwendigkeit besteht aber die Möglichkeit, dem W o l f r a m das Material wieder zuzuspielen.
(BStU, OV „Kreis", Band 12, Bl. 123)

Die Tagebücher kopiert in der Akte zu sehen, berührt mich unangenehm.
Ich wusste davon, Klaus hatte es mir erzählt. Er bekam schon 1992 die Kopien seiner Akten und hat sie nie gelesen. Der Anblick seiner Tagebücher hat es ihm unmöglich gemacht. Und der Verrat seines Freundes auch.

Zu diesem Zeitpunkt lebte meine Freundin Sigrid schon im Westen. Gleich nach der Wende war sie aus Berlin weggezogen, in eine kleine westdeutsche Provinzstadt.
Gleich nachdem Klaus von Kalle und den Tagebüchern in den Akten erzählt hatte, rufe ich sie an. Ich erzähle es ihr, es sprudelt aus mir heraus und ich beleuchte die Dinge von allen Seiten. Wir wissen es nicht, aber meiner Meinung nach muss Kalle auch die Tagebücher aus der Wohnung geholt haben, sage ich. Sigrid hört zu und sagt ein paar Worte, ich kann mich nicht erinnern, was sie sagte. Einige Tage später bekomme ich von ihr einen Brief, einen bösen Brief. Sie wäre empört und enttäuscht, dass ich sie verdächtigen würde, und deshalb wollte sie zu mir keinen Kontakt mehr haben. Ich wusste nicht, was ich denken sollte.
Dass Klaus seine Akten nicht gelesen hatte, wusste sie nicht. Was hätte er darin entdecken können, was nicht entdeckt werden sollte, sie betreffend? Hat sie geglaubt, ich wüsste mehr über sie, als ich ihr sagen wollte?

Ich hatte nie auch nur eine Sekunde daran gedacht, dass sie die Tagebücher geklaut haben könnte. Dass sie den Befragungen von Stasileuten nicht würde standhalten können, hielt ich für möglich. Aber ich war auch sicher, dass sie mir davon erzählt hätte.
In diesen aufregenden Jahren war Sigrid meine Rettung. Klaus war beschäftigt und ich arbeitete tagelang außerhalb von Berlin. Sigrid war mir vertraut, sie war Max vertraut. Max liebte sie und akzeptierte mit Freude, dass sie ihn oft vom Kindergarten abholte, ihm Essen kochte und Geschichten vorlas und für ihn da war. Sigrid gab unserem kleinen Sohn Liebe und Geborgenheit, Max wurde manchmal ein bisschen auch unser gemeinsames Kind, wir lernten mit ihm und von ihm, was Kindern guttut. Autoritäre Erziehung jeglicher Art war uns fremd und der sanfte kleine Max machte es leicht, sich nach ihm zu richten.
Wir haben Sigrid vertraut und dennoch redeten wir mit ihr nie über die Gruppe. Ich erzählte ihr nichts. Aber »nichts« war nicht wenig genug, wie sich für mich herausstellt, als ich in der Behörde die Akten lese.

Am 2. Februar 1976 geht Klaus mit Kalle in eine Kneipe, in der Nähe vom Alexanderplatz. Klaus erscheint es sicherer, mit Kalle zu gehen, also mit jemandem, der nicht zur Gruppe gehört. Es ist unauffälliger zu zweit, man geht ein Bier trinken mit einem Freund, was kann unverfänglicher sein?

> IM „Kalle Lukasch" informierte, dass die erste konspirative Übergabe trotzkistischer Literatur durch den Westberliner -geschwärzt- in einer Gaststätte am Alexanderplatz stattgefunden hat. Die Übergabe erfolgte durch den Austausch von Plastiktüten mit dem Aufdruck „Wertheim" ohne Komplikationen an den W o l f r a m (Bummi).
> Es handelt sich um vier Bände aus dem Verlag „Der neue Kurs", u.a. Trotzki: „Die Revolution in China".

> Gespräche wurden bei der Übergabe nicht geführt.
> (BStU, OV „Kreis", Band 2, Bl. 19)

Klaus vertraut Kalle, er denkt sogar daran, ihm die Mitgliedschaft in der Gruppe anzubieten, und hat es ihm wohl auch gesagt, denn beim Treff am 10. Februar erhält Kalle von seinem Führungsoffizier die Instruktion:

> ... den Wolfram ernsthaft zu beeinflussen, den IM nicht in die Gruppe einzuführen.
> (BStU, OV „Kreis", Band 2, Bl. 20)

Einen zweiten Informanten in der Gruppe kann die Stasi nicht gebrauchen.

Auf einer der nächsten Gruppensitzungen wird nach einem Vortrag über die Geschichte der *Kommunistischen Internationale* wieder einmal die Zuverlässigkeit von Jan Lautenbach diskutiert. Jan weist jeden Verdacht von sich – er ist dabei, steht zur Gruppe ohne Wenn und Aber, und durch ihn oder seine Familie wird kein Wort nach außen gelangen.

Trotz aller Vorsicht und Konspiration gibt es kleinere Zwischenfälle. Wölfchen erzählt einem Freund, der bei ihm ein verbotenes Buch gesehen hatte, dass er das Buch von Klaus habe. Sebastian Kleinschmidt stellt ohne Wissen der Gruppe eine Verbindung zu Wolf Biermann her. Die Gruppe wollte keinerlei Spuren legen – und tat es doch.

Und nicht nur die Stasi war informiert. An der philosophischen Fakultät der Humboldt-Universität war durchgesickert, was auf keinen Fall hätte durchsickern dürfen. Es verbreitete sich das Gerücht, eine Gruppe junger Philosophen diskutiere hinter verschlossenen Türen über Sachen, über die öffentlich in der DDR nicht gesprochen werden konnte. Arnold Schölzel berichtete der Gruppe davon.

Außerdem hatte Klaus erfahren, dass an der Hochschule für Ökonomie ein oppositionell arbeitender Kreis von Wissenschaftlern aufgeflogen war – die Stasi hätte sie abgeholt. Man wusste nicht, was

passieren würde, aber irgendwie musste man reagieren. Also wurde wieder einmal die Konspiration verschärft.
Die Gruppenmitglieder sollten nicht mehr zusammen gesehen und die Kontakte in der Öffentlichkeit auf ein Minimum beschränkt werden. Die Sitzungen sollten nur noch in den Junggesellenwohnungen stattfinden, in der Annahme, dort würde kein unerwarteter Besuch kommen. Die Papiere sollten besser versteckt werden, möglichst außerhalb der Wohnungen. Ebenso die verbotenen Bücher. Man legte sich Decknamen für Telefonate zu und verabredete, nur dann zu telefonieren, wenn es unbedingt notwendig war. Und alles, was die Kontakte zu den Verbindungsleuten in Westberlin betraf, durfte nur dem bekannt sein, der die Kontakte gemacht hatte …
Irgendwann sagte Dieter Krause:
»Das nutzt jetzt aber alles nur, wenn kein Spitzel in der Gruppe ist.«

Außerdem bekam Wölfchen ein Problem. Seine Frau Renate fragte immer neugieriger und misstrauischer, wohin Wölfchen an den Abenden so oft verschwinden würde. Die Konspiration verlangte, dass Renate nichts von der Gruppe erfahren durfte – und Wölfchen hatte sich daran gehalten. Renate versuchte rauszukriegen, wohin Wölfchen ging. Und sie schaffte es auch. Es gab eine lautstarke Auseinandersetzung, denn Renate wollte keine Reformen für die DDR, sie hielt so was für »gefährliche Spinnerei«. Also musste es eine Extrakonspiration für Wölfchen geben. Man traf sich nun auch mal am Tage. Ob das geholfen hat?
Auch für Jan galten die Regeln der Konspiration, auch er durfte seiner Frau Carola, die damals noch die Freundin war, nichts erzählen. Gar nichts. Aber als sich die Gruppe das nächste Mal bei Jan trifft, kommt einige Minuten später Carola in die Wohnung. Ende der Veranstaltung. Sie verziehen sich nach und nach in die Wohnung von Wolfgang Nitsche – und sind wütend auf Jan.
Dieter Krause kann sich kaum beruhigen und Arnold gibt sich streng: Jan sei unzuverlässig, der Gruppenarbeit gegenüber nicht ernsthaft genug eingestellt, er zeige zu wenig Engagement, sei schwatzhaft, un-

reif und nur an seiner Karriere interessiert. Arnolds Urteil steht fest: »Das grenzt doch schon an Sabotage.« Es fällt das böse Wort: »Spießer!« Und es muss eine Entscheidung getroffen werden.
Jan Lautenbach war der Gruppe ein unsicherer Kandidat und Wölfchen Templin hatte Probleme mit seiner Frau. Und außerdem ... vielleicht würde er ja auch weiterhin von der Stasi beobachtet. Das sind nicht zu beherrschende Risiken, sagt Arnold – und dass man sie ausschließen müsste, dass hat er bestimmt noch dazugesagt.
In Abwesenheit von Jan und Wölfchen beschließt nun die Gruppe ihre Auflösung, zum Schein. Auch so eine Idee, die von Arnold stammen könnte.
Jan wird erzählt werden, in der Uni hielte sich ein hartnäckiges Gerücht über die Philosophengruppe, weshalb man beschlossen hätte, sich ein halbes Jahr lang nicht mehr zu treffen.
Nach einem halben Jahr würde Arnold Schölzel zu Jan sagen, dass die ehemaligen Mitglieder der Gruppe keine Zeit und kein Interesse hätten weiterzumachen. Arnold schlägt das so vor. Er drängt am konsequentesten auf Sicherheit, schürt das Misstrauen gegen Jan, betreibt unauffällig und zugleich nachdrücklich den Ausschluss von Jan und Wölfchen und unterstützt die Gruppe in der Überzeugung, damit wäre alles in Ordnung. Und er würde in Ruhe weiter »aufklären« können. Das sagt er natürlich nicht.
Wölfchen wird die Wahrheit gesagt. Ihn hält man für sicher, seine Familie scheint die Gefahr zu sein. Klaus trifft sich mit ihm und schlägt ihm vor, weiterhin theoretische Ausarbeitungen für die Gruppe zu machen. Er soll wissen, dass es die Gruppe gibt, ohne an einzelnen Sitzungen teilzunehmen und in organisatorische Belange einbezogen zu werden.
Nun sind es nur noch fünf. Arnold hat ein wichtiges Etappenziel erreicht und liefert dem MfS einen Stimmungsbericht:

> K r a u s e sagte, die damit geschaffene Situation sei so, dass innerhalb dieser Fünfergruppe andere Vertrauensprinzipien, eine andere Offenheit herr-

schen könne, dass auf Grund des größeren organisatorischen Zusammenhalts und der höheren Disziplin jetzt Offenheit in allen Fragen herrschen könne, zu denen bisher aus Sicherheitsgründen geschwiegen worden sei ...
(BStU, OV „Kreis", Band 2, Bl. 98)

Ob die Diskussionen nun offener und zu politisch brisanteren Themen geführt werden? Es spielt keine Rolle, denn nach wie vor landet über jedes gesprochene und geschriebene Wort ein IM-Bericht im Ministerium für Staatssicherheit bei Oberleutnant Bachmann. Und dann, mit dem Lineal unterstrichen, ordentlich sortiert und mit Vorschlägen für weitere Maßnahmen und Instruktionen an den IM versehen, in fünf- und sechsfacher Ausführung bei seinen Vorgesetzten. Die Gruppe legt Sicherheitsmaßnahmen fest, die nur den verbliebenen fünf Mitgliedern bekannt sind. Besonders Arnold entwickelt dabei eine blühende Fantasie. Sie denken sich für mögliche Telefonanrufe Decknamen und Codewörter aus, bestimmte Ereignisse sollen durch Postkarten mit bestimmten Motiven angezeigt werden. Und ein Alarmplan wird ausgedacht, wer wen und in welcher Reihenfolge im Fall des Falles zu benachrichtigen hat. Bücher und Manuskripte sollen in sichere Verstecke gebracht werden, wobei jeder die Verstecke für sich selbst findet.
Klaus will eigentlich einen Teil seiner Literatur bei Kalle lagern, aber dann scheint es ihm doch zu gefährlich: »Kalle ist mein Freund, da werden sie schnell drauf kommen, bei ihm zu suchen.« Kalle selbst hatte ihn darauf aufmerksam gemacht und dringend davon abgeraten, die Sachen bei ihm zu verstecken. Hatte er doch schon längst alles aus unserer Wohnung geklaut, was die Stasi interessierte, abgeschrieben und auch wieder zurückgebracht.
Nach einem konspirativen Treff mit dem IM Kalle Lukasch notiert sein Führungsoffizier am 5. Mai 1976:

Der IM übergab eine von ihm gefertigte Abschrift

einer Liste der bei W o l f r a m vorhandenen trotzkistischen Literatur.

Ungerührt liefert Kalle seinen Freund der Stasi ans Messer:

W o l f r a m kündigte dem IM an, dass er aus Angst vor Inhaftierung seine Materialien auslagern würde.
Diese Angst resultiert nach Angaben des W o l f r a m aus der Kenntnis über angebliche Maßnahmen des MfS gegen eine studentische Gruppe an der Humboldt-Universität Berlin. W o l f r a m rechnet damit, dass im Zuge dieser Maßnahme auch seine Gruppe schon an diesem Wochenende in das Blickfeld der Sicherheitsorgane geraten könnte.
(BStU, OV „Kreis", Band 2, Bl. 133)

Wir mussten schnell handeln, aber wen konnten wir finden, dem wir vertrauten und der für die Stasi in keinem unmittelbaren Zusammenhang zu uns stand? Die Stasi war mächtig, aber nicht allwissend, wie sich herausstellte. Der Umstand, dass Klaus neben einer Stiefmutter auch eine richtige Mutter hatte, war ihnen entgangen.
In einer Nacht-und-Nebel-Aktion verstecken wir Bücher und Manuskripte bei Eva, der Mutter von Klaus.
Eva war erst ein Jahr zuvor in unser Leben getreten. Nachdem Max geboren wird, will Klaus seine Mutter endlich kennenlernen. Sie hatten sich zweiundzwanzig Jahre nicht gesehen. An einem trüben Sommertag fährt er nach Potsdam. Er läuft im Regen zu ihrer Wohnung in Potsdam-Babelsberg, Eva öffnet die Tür und trocknet als Erstes die Haare ihres Sohnes mit einem Handtuch – sie liegen sich in den Armen, Tränen und Regentropfen, alles kommt zusammen. Ein paar Wochen später besucht Eva uns in Berlin. Sie duftet nach französischem Parfüm, in ihrem schönen kantigen Gesicht sehe ich die Züge von Klaus. Sie ist mir vom ersten Moment an vertraut und bleibt es.

Eva ahnte, dass Klaus oppositionell tätig war. Es genügte die Andeutung einer Frage nach einem sicheren Versteck und Eva versteckte alles, was wir ihr brachten, ohne wissen zu wollen, was es war. Wir brachten die Sachen zu ihr und hatten keine Ahnung, was Eva damit vorhatte.
Eva war mit Marie befreundet, einer Dramaturgin am Hans-Otto-Theater in Potsdam – und IM der Staatssicherheit. Eva wusste das, aber sie vertraute ihr nicht nur persönlich, sondern vor allem politisch. Marie war eine Linke, wie sie im Buche steht. Sie redete zwar mit der Stasi, aber nur über Sachen, über die *sie* reden wollte. So fand Eva, dass es kein besseres Versteck geben konnte als sozusagen bei der Stasi selbst. Und in Maries Keller stand fortan ein Koffer mehr.

Dieses ewige Katz-und-Maus-Spiel mit der Stasi nervte. Was sollte es für einen Sinn haben, Bücher zu verstecken, wo man doch jeden Tag und für alles, was man sich theoretisch erarbeiten wollte, eben solche Literatur brauchte, die in der DDR nur schwer oder gar nicht zu bekommen war?
Also hatte man eine Verbindung zur Gruppe Internationaler Marxisten (GIM) im Westen aufgebaut und wurde mit Literatur versorgt. Aber natürlich entsprang diesem Quell kein Strom. Die Bücher wurden immer einzeln, versteckt am Körper durch die Grenzkontrollen geschmuggelt. Aber oft wurde ein Buch gefunden und eingezogen. Es ist heute nur noch schwer nachvollziehbar, aber diese Bücher waren für die Gruppe der unbedingt notwendige Anschluss an den Lebensnerv der Geschichte, Instrumente und Handwerkszeug für die Entwicklung ihres Denkens und auch Licht am Ende des Tunnels. Man kam einfach nicht weiter, ohne sich zu vergewissern, dass es einen Ausweg aus der Sackgasse gab.
Aber eigentlich musste das Bücherproblem grundsätzlich und auf andere Weise gelöst werden, man wusste nur noch nicht wie. Es war nicht so leicht, jemanden zu finden, der bereit war Bücher zu transportieren. Man hatte auch im Westen Angst vor Repressalien und die meisten wollten dann doch keine Schwierigkeiten, denn für die

Karriere war die Zugehörigkeit oder auch nur der Kontakt zu einer Marxistengruppe nicht gerade dienlich.

Arnold teilt der Stasi in diesem Zusammenhang dann auch mit:

> Wolfram meinte daraufhin nur noch resignierend, die revolutionäre Tätigkeit scheint im freien Westen schwieriger zu sein als bei uns. (BStU, OV „Kreis", Band 2, Bl. 208)

Trotzdem, auch wenn immer wieder ein wichtiges Buch fehlte und noch die eine oder andere Quelle hätte ausgewertet werden müssen, die Gruppe arbeitete an einer theoretischen Plattform für die Verständigung über notwendige Veränderungen in unserem Staat. Einem Staat, dem die Fähigkeit zur Selbstanalyse so gründlich verloren gegangen war, dass er kein wirkliches Bild mehr von sich selbst hatte.
Wie aber wären demokratische Verhältnisse zu schaffen, wenn damit die führende Rolle der Partei, ja der Ideenstaat selbst zur Disposition stand? Und überhaupt, wie konnte man die DDR-Bevölkerung für einen anderen Sozialismus interessieren, wo sich doch in der Nachbarschaft funktionierender Kapitalismus auf demokratischer Grundordnung und die soziale Marktwirtschaft als Alternative anboten? Jeden Tag, über jeden Fernseher, in jedem Wohnzimmer! Wie war da ein anderer Sozialismus als ernsthafter Gegenentwurf zum real existierenden Sozialismus überhaupt zu denken, geschweige denn zu machen?
Die Gesellschaft brauchte ein klares Bild von sich selbst und das war ohne die öffentliche Auseinandersetzung über gesellschaftliche Ziele nicht zu haben. Der Gruppe fehlte es nicht an Zielvorstellungen, es fehlte die Verbindung zu den Arbeitern und ohne die Arbeiter, daran bestand kein Zweifel, blieb alles graue Theorie.

Kleinschmidt stellte fest, dass man also die Gefahr sehen muss, am Denken und Fühlen der Massen vorbeizugehen. Dem stimmte Wolfram zu. Es sei die einfachste, aber die gefährlichste Kategorie, eben die Überholtheit, dass man mit Dingen dann ans Licht trete, wenn sie im Denken der Leute längst überholt seien. Daraufhin warf Nitsche die Frage auf, was es denn überhaupt auf sich habe mit dem Denken der sogenannten Arbeiterklasse? Da sei er doch sehr im Zweifel, ob es da in der DDR eine Bewegung gebe könne ... Für die meisten Arbeiter bestünde doch nur die Alternative, sich eine Katze oder einen Hund anzuschaffen oder sich die Datsche zu pflastern oder sonst irgendwas, aber nichts im politischen Sinne, was verwertbar und woran anzuknüpfen wäre.
Dem widersprach Wolfram. Es sei eben nicht so, offensichtlich sei ja, dass im ganzen Land die Aversion gegen den Staat vorhanden sei und sich durch alle Schichten hindurchziehe.
Nitsche sagte, zu diesem ganzen Problem müsse man sich natürlich darüber im Klaren sein, dass eine Gruppe von fünf Leuten mit einer theoretischen Plattform überhaupt nichts aus den Angeln heben könne. Mit vierzig Seiten Absichtserklärung kann man diesen Staat nicht aus den Angeln heben. Ins Auge gefasst werden müsse, die Gruppe zu erweitern, ein ganzes Netz von Gruppen auch in Betrieben zu schaffen, Fraktionen aufzubauen, auch in bestimmten Verbänden außerhalb der Arbeiterklasse.
(BStU, OV „Kreis", Band 2, Bl. 216-217)

Die Verbindung zu den Arbeitern, zu den »Mehrheiten«, wie Klaus es ausdrückte, sollte ein Problem bleiben, das nicht durch Literaturstudien, und seien sie noch so gründlich und umfassend, gelöst werden konnte. Dazu hätte man die selbst gewählte Isolation aufbrechen und in die Öffentlichkeit treten müssen. Aber wie sollte das gehen, wenn der erste Schritt auch schon der letzte sein konnte? Alles drehte sich im »Kreis« und ich hatte das drängende Gefühl, dass wir mal rausmüssten, weg von den ganzen Problemen, etwas anderes sehen und erleben, eine Reise machen – raus aus dem Teufelskreis, und sei es nur für ein paar Wochen.

Meine Schwester Irina lebte seit einigen Jahren in Russland. Ihr Mann war Sowjetbürger, er unterrichtete am Moskauer Konservatorium Violine. Sie hatten zwei Kinder und lebten im Zentrum Moskaus. Irina besuchte uns einmal im Jahr in Berlin.

Im Sommer 1976 wollten Klaus, Max und ich sie in Moskau besuchen. Ich hatte Sehnsucht nach meiner Schwester und Klaus hatte Sehnsucht nach »revolutionären Orten«. Er wollte den Kreml sehen und den Roten Platz, die Hotels, in denen Lenin und Trotzki in den Monaten nach der Revolution gewohnt hatten. Und das Hotel LUX, in dem mein Vater mit seiner ersten Frau einige Zeit gelebt hatte, damals im Krieg. »Damals« – das war erst dreißig Jahre her.

Im Chaos der Moskauer Antiquariate und auf den Spuren meines Vaters hoffte Klaus, auch alte deutsche Bücher zu finden. Es sollte unsere erste Familienreise werden, noch nie waren wir länger als einen Tag zusammen verreist. Für Urlaub war nie Zeit. Aber mit Moskau konnte ich Klaus endlich locken.

Ich bat Irina um Einladungen für uns. Das war mit großem bürokratischem Aufwand verbunden, sie musste alle möglichen Bescheinigungen sammeln und zweimal stundenlang im OVIR – einer Art Ausländerbehörde – sitzen.

Wir bekamen die Einladungen. Nun mussten wir damit einen Antrag auf Ausreise in die Sowjetunion stellen. Zwei Wochen später hatten Max und ich das Ausreisevisum. Klaus nicht.

In meinen Akten finde ich eine handschriftliche Notiz:

> Die Wolfram erhielt eine persönliche Einladung nach Moskau, die sie auch wahrnehmen kann. Ihrem Ehemann wird die Ausreise in die Sowjetunion nicht gestattet.
> (BStU, OV „Kreis", Band 3, Bl. 15)

Einreise? Ausreise? An eine Begründung der Ausreiseverweigerung kann ich mich nicht erinnern. Klaus war bis heute nicht Moskau.

—

Wir bleiben also den Sommer über in Berlin, und Klaus kann am 20. August an einer Gruppensitzung teilnehmen, in deren Verlauf es Arnold gelingt, ihn zu Äußerungen zu veranlassen, die er zum Schutz unbeteiligter Personen bisher immer unterlassen hatte.

Arnold berichtet – von sich spricht er immer in der dritten Person – seinem Führungsoffizier in dieser Sache Folgendes:

> Wolfram erklärte, er habe jetzt über die Bekanntschaft mit einer Sekretärin im Institut für Politik und Wirtschaft einen Kreis von Arbeitern kennengelernt, ungefähr 10 bis 15 Mann, die sich um den Ehemann dieser Sekretärin gesammelt hätten. Dort unterhalte man sich über Politik, es handle sich wohl im Wesentlichen um Leute, die der SPD ideologisch nahestünden, und da gäbe es die Möglichkeit, dass er dort einmal auftreten könnte.
>
> Wolfram sagte, dass es vor allem darum gehe, in diese Kreise hereinzukommen, worauf Schölzel noch ergänzte, so ein Kreis von Arbeitern

sei ihm tausendmal lieber und sicherer als ein intellektueller Klüngel.

N i t s c h e vertrat die Auffassung, dass im Moment überhaupt nicht feststünde, auf wen sich die Gruppe in Zukunft stützen werde, welche Zielgruppe man ansprechen soll. Das stieß auf erstaunten Widerspruch bei W o l f r a m und K r a u s e, die meinten, das wäre ja nun klar, das könnte nur die Arbeiterklasse sein.

(BStU, OV „Kreis", Band 3, Bl. 96)

Bis jetzt hatte sich die Gruppe nur selbst gefährdet, nun geraten Dritte ins Visier der Stasi. In Auswertung des IM-Berichts legt die Stasi fest:

Übergabe der Information über die Verbindung von W o l f r a m zu einer Sekretärin des IPW, deren Ehemann Mitglied einer Gruppe mit sozialdemokratischen Tendenzen sein soll, an die HA XX/3 mit der Bitte um Mitteilung der Personalien und ständige Konsultationen mit unserer Diensteinheit bei Einleitung operativer Maßnahmen.

(BStU, OV „Kreis", Band 3, Bl. 97)

Und für die »Ablage in die Arbeitsakte IM« schreibt Oberleutnant Bachmann eine »Einschätzung zur Wertigkeit der Berichte und des Einsatzes seines IM«:

Das Ziel des Auftretens des IM bestand im Wesentlichen darin, dass sich die Gruppe weiter nach außen isoliert, um die Verbindungsaufnahme zu feindlichen Personen zu verhindern und sich nach innen weiter aufschließt, d.h., dass sich die Verdächtigen konkreter und umfangreicher über

ihre Aktivitäten Rechenschaft ablegen und somit qualitativ bessere Informationen durch den IM zu erarbeiten sind.
Es ist gelungen, der Gruppe bewusst zu machen, dass sie sich in ihrer feindlichen Einstellung insbesondere auf die Arbeiterklasse konzentrieren soll.

Die Analyse der bisher vom IM an den Mitarbeiter [d. i. Oberleutnant Bachmann] übergebenen Ausarbeitungen, die Art der Argumentation zu politischen Problemen wie auch die Persönlichkeiten der Verdächtigen insgesamt schließen ein Wirksamwerden unter der Arbeiterklasse aus. Sie werden nicht verstanden werden.
Sollten sie Versuche von Aktivitäten in dieser Richtung unternehmen, begünstigen sie damit die Nachweisführung ihrer strafbaren Handlungen.
(BStU, OV „Kreis", Band 3, Bl. 110)

Am 10. September 1976 trifft sich die Gruppe in der Wohnung von Dieter Krause. Wolfgang Nitsche hält einen Vortrag über die Entwicklungsgeschichte der DDR – die Anfangsjahre. Aber weder Wolfgang als Vortragender noch die zuhörenden Gruppenmitglieder sind richtig bei der Sache. Immer wieder werden sie in ihrer Konzentration gestört, durch Schritte und Klopfgeräusche, die aus der Wohnung über ihnen kommen. »Merkwürdig«, sagt Dieter, »eigentlich wohnt da gar keiner, die Frau ist vorige Woche ausgezogen. Vielleicht wird da renoviert – aber nachts?«
Es ist spät und man beendet die Runde. Unter Beachtung ihrer gerade beschlossenen Sicherheitsmaßnahmen verlassen nicht alle gleichzeitig das Haus. Klaus und Arnold gehen zusammen. Arnold schaut nach oben: »Da brennt ja nicht mal Licht!«
Was Klaus zu der Bemerkung veranlasst:

»Vielleicht quillt ja schon das Blut durch die Ritzen.« Sie lachen.
Lange nachdem alle weg sind, hört Dieter immer noch Schritte. Dann beobachtet er, wie zwei Herren mittleren Alters auf leisen Sohlen die Treppe runtergehen – jeder trägt zwei große Taschen. Dieter folgt ihnen – unauffällig. Ein Trabant parkt in der Nebenstraße, die Kerle verstauen eilig die Taschen und fahren los.
Dieter kann das nicht einfach so für sich behalten. Er schwingt sich aufs Fahrrad und fährt als Erstes zu Arnold Schölzel. Gerade noch rechtzeitig, ehe er sich Arnolds Haus zu auffällig genähert hat, glaubt er, einen dieser Stasi-Typen vor dem Haus zu sehen. Er macht kehrt und spurtet zu Sebastian. Zusammen fahren sie zu Klaus, klingeln ihn aus dem Bett und beraten nun zu dritt, was da abgelaufen sein könnte und wie man sich verhalten soll.

Für den nächsten Tag war eigentlich ein Treffen mit dem Westberliner Verbindungsmann »Stefan« vereinbart worden. Ausgemacht war, Sebastian werde »Stefan« um 10.30 Uhr in der Buchhandlung auf dem Alexanderplatz abholen und zusammen mit ihm zu Dieters Wohnung gehen. Aber nun bittet Klaus mich, an Sebastians Stelle den Treff wahrzunehmen und »Stefan« zu warnen. Das hatten sie zu dritt und zum Glück in Arnolds Abwesenheit besprochen.
Um 10 Uhr vormittags fahre ich zum Alexanderplatz. Ich sitze in der U-Bahn und schaue die Leute an. Genau jeder Dritte sieht verdächtig aus, finde ich. Auf dem windigen Alexanderplatz schaue ich mich ganz unauffällig um. Ich laufe ein paar Mal um die Weltzeituhr und warte auf *ihn*. Klaus hatte ihn genau beschrieben: klein, schmal, dunkles Haar und eine Brille. Die Brille, Klaus hatte sie mir aufgemalt, wie zwei langgezogene Tropfen. Die Beschreibung war gar nicht nötig. Ich erkenne ihn sofort – an seinem grünen Westparka, an den Jeans und seinen Schuhen, Westschuhen. Und am Blick – ganz anders als der meiner Mitbürger, fremder, forschender und irgendwie auch sicherer.
»Stefan« geht zielstrebig an mir vorbei in den Buchladen. Ich warte, ob ihm jemand folgen wird. Nein, nur eine junge Mutter mit Zwillin-

gen betritt nach ihm den Laden. Perfekte Tarnung? Unwahrscheinlich. Die Frau ist zu sehr und zu »richtig« mit ihren Kindern beschäftigt, um verdächtig zu sein.
Als ich die Buchhandlung betrete, hat er Tolstois *Anna Karenina* in der Hand. Ich spreche ihn an, sage, was passiert ist und dass er schnell zurückfahren soll.
»Stefan« lässt die *Anna* auf den Bücherstapel fallen wie eine heiße Kartoffel: »Ich melde mich«, und schon ist er verschwunden. Ich stelle mir vor, wie er durch den Kontrollpunkt am Checkpoint Charlie geht und in Westberlin in einen dieser gelben Doppelstockbusse steigt. Ich schaue mich noch einmal um und kaufe für Max ein Buch: *Hirsch Heinrich*, illustriert von Werner Klemke.
Die Stasi war pünktlich und mit zwei Mitarbeitern am Alex gewesen. »Stefan« kannten sie nicht, aber sie hatten die Beschreibung von Sebastian, doch der kam und kam nicht. Als sie erfuhren, dass ich die »Kontaktperson« treffen sollte, ist es bereits 12 Uhr mittags. Da sitzt »Stefan« schon in seinem Doppelstockbus – in Westberlin.

Was war nun eigentlich in der Wohnung über Dieter Krause passiert? Offenbar hatte die Stasi versucht durch den Einbau von Abhörtechnik, zusätzlich zu den Informationen des Spitzels, Kenntnisse über Dieters Privatleben zu erlangen. Aber da hatte man sich nicht gründlich genug informiert, denn der Oberleutnant Bachmann hatte durch Arnolds Informationen Kenntnis davon, dass an diesem Abend ein Gruppentreffen bei Dieter stattfinden würde. Also wusste die linke Hand nicht, was die rechte tat. Die sonst so gründlichen Genossen hatten einen Fehler gemacht und unnötig für Aufmerksamkeit gesorgt.
Schon an nächsten Tag entwickelte die Stasi zur Korrektur dieses Fehlers einen Plan:

> Folgende Maßnahmen werden in Absprache mit der Abteilung 26 und im Zusammenhang mit der am 10.9.1976 erfolgten Dekonspiration festgelegt:

1.
Der in der Wohnung eingezogene Mitarbeiter der Abteilung 26 wird am 13.9.1976 in den Abendstunden seine Wohnung aufsuchen und mit verschiedenen Mietern des Hauses, darunter auch mit dem Krause, sprechen und erklären, dass er festgestellt habe, dass sich in der Nacht unberechtigt Personen in seiner Wohnung aufgehalten haben. Nach festgestellten Spuren zu urteilen, müssen diese unbekannten Personen in der Wohnung nur genächtigt haben, da es nichts zu entwenden gab. Der Mitarbeiter soll eine Anzeige bei der Volkspolizei in Aussicht stellen.

2.
Nach ein paar Tagen wird Gen. Ltn. Horbank als Mitarbeiter der Kriminalpolizei im Wohnhaus des K. in Erscheinung treten und offizielle Ermittlungen führen. Bei der Ermittlung wird durch Ltn. H. erklärt werden, dass der unberechtigte Aufenthalt von kriminellen Personen in unbeaufsichtigten Wohnungen gegenwärtig einen Schwerpunkt darstellt. Gleichzeitig wird er eine Reihe von Fotos „verdächtiger" Personen vorlegen.

3.
Wird der Krause auf die VP-Inspektion Weißensee vorgeladen. Mit ihm wird eine offizielle Vernehmung durchgeführt. In dieser Vernehmung soll ihm erklärt werden, dass der Vorfall aufgeklärt ist, es sich um kriminelle Elemente gehandelt habe, die ihr Diebesgut verlagerten (Hinweis auf die Taschen). Die Vernehmung des K. wird etwa neunzig Minuten beanspruchen. In dieser Zeit hat

```
die Abteilung 26 genügend Zeit, den Einbau der
operativen Technik vorzunehmen.
(BStU, OV „Kreis“, Band 3, Bl. 117)
```

Was für ein Aufwand! Und Arnold? Auch er war von den Geräuschen über Dieters Wohnung überrascht worden. Durch seinen Führungsoffizier wird er erfahren, dass bei dieser Aktion Koordinationsfehler aufgetreten waren, und dementsprechend neue Instruktionen erhalten:

```
Die aufgetretenen Probleme soll der IM nutzen, um
wiederholt auf die Einhaltung der Sicherheit, der
Disziplin sowie auf die Notwendigkeit der voll-
kommenen Isolierung nach außen hinzuweisen.
Die Haltung des K r a u s e soll er am Anfang durch-
aus bestätigen und befürworten. Im Zusammenhang
mit der Klärung des Problems, was die „Gefahr“
auslöste, soll er dann jedoch darauf hinweisen,
dass Gefahren erst geprüft werden müssen, ehe
Alarm ausgelöst wird, da alle Gruppenmitglieder
auch nur Nerven haben. Er soll von jeder „Panik-
mache“ abraten.
(BStU, OV „Kreis“, Band 3, Bl. 118)
```

Dieter Krause aber war nicht so leicht hinters Licht zu führen. Er bleibt misstrauisch, auch als der angebliche Mieter allen Hausbewohnern erklärt, dass in seine Wohnung eingebrochen worden sei. Der »Mieter« erzählt, er habe Essenreste in der Wohnung gefunden. Dieter will sofort die Essenreste sehen. Er steht barfuß vor dem Stasimitarbeiter und will die Essenreste sehen. Er glaubt diesem »Mieter« kein Wort.

Dieter berichtet der Gruppe von dieser Begegnung:

»Der war so teilnahmslos, so doof, es interessierte ihn nicht, er kriegte überhaupt nicht mit, was für ein jämmerliches Bild er da abgab. Von

wegen Essenreste, die Stasi hat nur versucht wieder alles zurechtzurücken, die Aktion soll uns beruhigen. Sie scheinen gewusst zu haben, dass ›Stefan‹ kommen sollte, und wollten seine Stimme aufnehmen.«
Noch am selben Tag trifft Dieter die Vormieterin dieser Wohnung. Sie schwärmt von ihrer neuen Wohnung, »zwei Zimmer, Bad, Zentralheizung und Telefon«.
»Und wie haben Sie die so plötzlich bekommen?«
»Tja wie …? Das weiß ich auch nicht so genau … Ich habe eine Benachrichtigung von der Wohnungsverwaltung bekommen.«
Da gibt es für Dieter keine Zweifel mehr.

Nach einem Treff mit seinem IM notiert Oberleutnant Bachmann am 16. 9.:

> Der K r a u s e vertritt die Ansicht, dass es sich um eine Aktion des MfS handelt und alle Wohnungen der Gruppenmitglieder „verwanzt" sind. Gruppentreffen wären deshalb nur noch im Freien möglich.

Als Verhaltenslinie des IM wird festgelegt:

> Der IM wird der Gruppe gegenüber mit der Meinung auftreten, der K r a u s e ist krank und wird, wenn er sich nicht beruhigt, eine große Gefahr, da er zu unbedachten Handlungen neigt.
> (BStU, OV „Kreis", Band 4, Bl. 3)

Und noch etwas trägt zur Beunruhigung der Gruppe bei. Ein Freund von Wolfgang Nitsche war aus der Haft entlassen worden. Achtzehn Monate U-Haft. Das Schlimmste war das Gefühl der Ohnmacht. Keine Post, keine Besuche, kein Rechtsanwalt. Was er Wolfgang erzählte, klang beängstigend. Was ihm geschehen war, konnte der Gruppe auch geschehen.

Das nächste Mal treffen sie sich deshalb im Wald. Aus Sicherheitsgründen. Als ob das helfen würde. Sie fahren in die Schorfheide, nacheinander, im Abstand von dreißig Minuten, und wandern dann vom Wandlitzsee nach Lanke. Sie sprechen über Gruppen und einzelne Personen, die in den letzten Tagen verhaftet worden waren. Ein Architektenkreis war aufgeflogen, dreißig Leute. Nach der Selbstverbrennung des Pfarrers Brüsewitz hatten sie eine Resolution für die Einhaltung der Menschenrechte in der DDR verfasst – und wurden alle verhaftet. Die Wohnungen waren durchsucht worden, gründlich, Buch für Buch, Millimeter für Millimeter. Verhaftet, verhört, eingesperrt. Immer wieder reden sie darüber, wie man sich verhalten sollte bei Verhören, was preisgegeben werden konnte und was nicht. Aber einen richtigen Plan gibt es nicht. Kann es auch nicht geben. Die Angst war in die Köpfe eingezogen. Hundertmal werden sie sich fragen: Lohnt das alles? Und hundertmal werden sie sich sagen, ja, denn auffliegen kann die Gruppe nur, wenn einer von uns der Verräter ist. Und den kann es nicht geben, nicht unter uns.
Sie beschließen einen Brief zu verfassen, der im Westen hinterlegt werden soll für den Fall, dass sie für längere Zeit inhaftiert werden. In dem Brief wird stehen, dass sie, eine Gruppe oppositioneller Marxisten in der DDR, für die Erneuerung des Sozialismus eintreten.

Als Klaus an diesem Sonntagabend nach Hause kommt, spricht er davon, dass vielleicht bald Schluss sein könnte, ohne dass es richtig angefangen hat. So sinnlos. Wo ist die undichte Stelle? Wie wird es weitergehen, wenn überhaupt – und mit welcher Perspektive?
Ich bin wütend, aber ich traue mich nicht zu sagen, dass ich denke: »Lass uns lieber von hier weggehen. Man kann doch auch im Westen Marxist sein.«
Ich hatte schon oft daran gedacht, weiß aber auch, dass ich Klaus nicht allein lassen werde. Und Klaus wird nie gehen. Dazu hat er zu viele Hoffnungen. Manchmal denke ich auch daran, nur mit Max zu gehen. Aber nein, ich kann Klaus nicht verlassen, und außerdem, so wie es ist, wird es nicht bleiben.

Noch einmal verstecken wir Bücher. Diesmal bei Margot Kippenberger, sie wohnt nur vier U-Bahn-Stationen von uns entfernt. Keiner wird es wagen, bei Margot zu suchen. Und wenn sie es doch wagen, wird es kein leichtes Spiel. Margot hatte vor nichts und niemandem Angst.

In meiner Erinnerung ist Margot schon immer da. Sie kam zu uns nach Karlshorst, als ich drei Jahre alt war. Sie hieß Margot Tschernjawina, trug Schuhe mit hohen Absätzen und brachte drei Kinder mit, hatte aber insgesamt fünf, wie meine Schwestern mir gleich zu berichten wussten. Margot war nie höflich, sondern immer direkt: Nein, lieber Tee. Nein, ich will dieses und nicht jenes. Sie arbeitete in einer Fabrik und erzählte darüber Geschichten, die klangen wie Anekdoten. Und sie schimpfte laut über Ulbricht, die Sowjetunion, die DDR und »diese blöden sozialistischen Bürokraten«. Mein Vater redete auf sie ein, sie schimpfte weiter, bis er wütend das Zimmer verließ. Aber zu uns sagte er immer: »Man muss Margot alles verzeihen …«

In den langen Karlshorster Sommern kam sie oft zu uns. Ich liebte ihre Besuche. Inzwischen hatte ich von meiner Mutter und meinen Schwestern Rätselhaftes über sie erfahren. Aber erst viel später, 1998, als sie vor der Kamera sitzt und für meinen Film *Wir Kommunistenkinder* aus ihrem Leben erzählt, habe ich verstanden, wer Margot eigentlich war.

Die neunjährige Margot und ihre um vier Jahre jüngere Schwester waren mit ihren Eltern vor den Nazis aus Hamburg nach Moskau geflohen. Ihre Eltern und mein Vater kannten sich gut. Hans Kippenberger, Margots Vater, war der beste Freund meines Vaters. Er war Leiter des Geheimen Militärapparats der KPD und kommunistischer Reichstagsabgeordneter bis 1933. Als die Nazis an die Macht kamen, flohen auch die Kippenbergers und lebten in Moskau eine Zeitlang fast Tür an Tür mit meinem Vater und seiner ersten Frau, im berühmt-berüchtigten Emigranten-Hotel LUX. Hans und seine Frau Thea wurden 1937 vom russischen Geheimdienst verhaftet, die Kinder kamen in ein Heim für Kinder von Volksfeinden. Über die Betten

liefen nachts die Ratten. Später lebte Margot in einem russischen Dorf. Der Krieg war zu Ende, der Vater erschossen, die Mutter in Stalins Lagern verhungert und Margot bekam keine Genehmigung für die Ausreise nach Deutschland. Sie heiratete den schönsten jungen Mann aus ihrem Dorf und bekam mit ihm die Kinder.
Mein Vater suchte jahrelang nach den beiden Kippenberger-Mädchen. Er erhielt nirgendwo eine Auskunft. Die erste Frage der russischen Behörden war immer: »Sind Sie verwandt?« Und wenn er das verneinte, hieß es nur: »Wir geben keine Auskunft an Fremde.«
Auch in der DDR bekam mein Vater keine Auskunft über das Schicksal der Kippenberger-Kinder. Jahrelang hatte er immer wieder Briefe geschrieben, an Walter Ulbricht und Wilhelm Pieck, alle waren unbeantwortet geblieben. Erst 1956, elf Jahre nach Kriegsende, durften sie nach Ostberlin ausreisen. Margot, ihr russischer Mann, vier Kinder und Jeanette, ihre Schwester.
Margot hasste Stalin und diesen Sozialismus. Sie nannte Stalin einen Mörder und befand, er sei schlimmer als Hitler gewesen, weil er die eigenen Leute ermorden ließ. Als in der DDR Stalins hundertsten Geburtstags mit einer Würdigung im *Neuen Deutschland* gedacht wurde, stellte sie den Ausreiseantrag und verließ die DDR.
Aber im Herbst 1976, da versteckte sie unsere Bücher in ihren Wäscheschränken. Und die Stasi hat sie dort nie gesucht.

—

Klaus war immer unterwegs und es kam mir vor, als kümmere sich niemand mehr um das Eigentliche. Es wurde nur noch konspiriert. Die Gruppe rang um das Vergessen der Gefahr. Vielleicht war alles Zufall gewesen, harmlos und mehr der eigenen Fantasie geschuldet als der Stasi. Die Lähmung musste verschwinden.
Zwei Aktenvermerke in diesem Zusammenhang:

> K r a u s e hat sich im Wesentlichen beruhigt. Offensichtlich muss Wolfram mit ihm eine Auseinandersetzung geführt haben, da er sich bei dem IM

für die entstandene Aufregung entschuldigte. Seiner Meinung nach handelt es sich bei der von ihm entdeckten Maßnahme um eine Art Routineüberprüfung, die das MfS nicht wiederholen wird. Er schätzt ein, dass das MfS nicht viel wissen kann.

Mit dem IM wurde eine Diskussion geführt über die Möglichkeiten, die die einzelnen Gruppenmitglieder für kriminelle Handlungen bieten. Der IM schätzte ein, dass nach seiner Kenntnis kein Gruppenmitglied kriminelle Handlungen begehen würde, da es ihren charakterlichen Anlagen widerspricht.
(BStU, OV „Kreis", Band 3, Bl. 148)

Aus den Informationen seines IM über charakterliche Anlagen der »Verdächtigen« erstellt Oberleutnant Bachmann ein Dossier:

K r a u s e :
Er fährt leidenschaftlich Auto. Ihm steht jederzeit ein Wagen zur Verfügung. Krauses leben in guten finanziellen Verhältnissen, was ihrem ganzen Lebensstil zu entnehmen ist. Unterstützung erhalten sie von beiden Elternteilen. Vordergründig ist bei Krause, wie auch bei allen Mitgliedern der Gruppe, das Interesse an Literatur feststellbar.

W o l f r a m :
W. lebt regelrecht spartanisch. Er raucht nicht, er trinkt nicht und scheint außer der Literatur keine besonderen Interessen zu haben. Er ist im Besitz einer Fahrerlaubnis und leiht sich für den

Besuch von Antiquariaten den PKW der Familie Nelken ...
Die finanziellen Verhältnisse sind als sehr gut zu bezeichnen, da seine Ehefrau und auch er ein gutes Gehalt bekommen.

Kleinschmidt:
K. scheint auch in guten finanziellen Verhältnissen zu leben, trotzdem er gegenwärtig selbst nicht sehr viel Geld als Forschungsstudent verdient. Er selbst würde für kriminelle Handlungen neben Wolfram das wenigste Verständnis aufbringen.

Nitsche:
Über Nitsche ist wenig bekannt. Er hat Verbindung zu verschiedenen Antiquariaten und erhält seltene Ausgaben von Werken zu bevorzugten Preisen. Offiziell sind diese Beziehungen nicht bekannt ...
(BStU, OV „Kreis", Band 3, Bl. 157)

Aber jetzt ist November und die Stasi erfüllt sich einen lang gehegten Wunsch: die Ausbürgerung von Wolf Biermann.
Am 13. November 1976 hat Biermann in Köln den größten Auftritt seines Lebens. Siebentausend Menschen lauschen seinen Liedern und Texten – »Ich möchte am liebsten weg sein und bleibe am liebsten hier«. Wir hatten nur im Radio gehört, dass er da aufgetreten war. Von seinen Gedichten und Liedern kannten wir nur weniges und eigentlich wussten wir von ihm nur, dass er Philosophiestudent an der Humboldt-Uni gewesen war und seit zehn Jahren Auftrittsverbot in der DDR hatte.
Am 17. November lasen wir dann in der Zeitung, dass ihm »wegen grober Verletzung seiner staatsbürgerlichen Pflichten die Staatsbürgerschaft aberkannt und die Wiedereinreise in die DDR verweigert wird«. Daraufhin änderte die ARD ihr Fernsehprogramm und sen-

dete das Biermann-Konzert in voller Länge in der Nacht vom 19. zum 20. November. Erst dadurch bekam der weithin unbekannte Liedermacher Wolf Biermann für uns wie für Hunderttausende in der DDR Gesicht und Stimme.

Viereinhalb Stunden Biermann im Fernsehen – wir hatten noch nie so lange und so erregt vor dem Fernseher gesessen. Es war wie Weihnachten und Silvester zusammen – ein Geschenk nach dem anderen und Feuerwerk dazu. Dort, in diesem fernen Köln, hatte Wolf Biermann *uns* auf die Bühne geholt, *unsere* Wut und *unsere* Hoffnungen. Etwas aufrührerisch Irritierendes war in seinen Liedern, unerhört, schmerzhaft – und befreiend. Eine Liebeserklärung an unser Land.

Auf unserem Fernsehgerät standen Goldmarie und Pechmarie in ihrer gläsernen Halbkugel. Diese Erinnerung an meine Kindheitsfreundin Claudia, die so plötzlich aus meinem Leben verschwunden war, hatte ich all die Jahre aufbewahrt. Ob es an der Lautstärke lag, an der Vibration der Lautsprecher? Ich weiß es nicht, aber in unserer Kugel regnete es Gold und Pech, bei jedem Lied.

Nie wieder habe ich so gut nicht-geschlafen wie nach diesem Konzert, in dieser Nacht. In Biermanns Liedern und Texten hatten wir sie wiedererkannt, unsere verbissenen Hoffnungen auf einen Sozialismus mit menschlichem Antlitz. Ja, die DDR-Oberen sollten und mussten sich fragen, ob sie da einen Sozialismus mit unmenschlichem Antlitz repräsentierten. Keiner hatte das je auf so schmerzhaft schöne Weise gesagt wie Biermann in seinen Liedern. Das traf wie ein Stromschlag, das riss den »Drecksverband« von den Wunden und zeigte, was in der DDR eigentlich los war. Nicht nur wir hatten uns gefragt, wie es möglich sein konnte, dass die Stasi ihre politische Führung in diesen Wahnsinnsakt der Ausbürgerung mit all seinen unkalkulierbaren Folgen getrieben hatte, wo sie doch angeblich die Stimmung im Lande so gut kannte. Sicher hatten die »zuständigen Organe« alles gehört und gelesen, was Biermann jemals gesagt und gesungen hatte. Aber sie haben ihn nicht verstanden. Er hatte es ihnen in seiner »Populärballade« sogar aufgeschrieben, wie sie es machen müssten:

Wenn ihr mich wirklich schaffen wollt
Ihr Herren hoch da droben
Dann müßt Ihr mich ganz öffentlich
Nur loben! loben!! loben!!!
Ihr seid ja so im Volk beliebt:
Ein Kuß von Eurem Munde
Macht den Geküßten todeskrank
– So küßt mich doch, ihr Hunde!
Küßt mich! Bestecht mich! Liebt mich heiß!
Greift tief in Eure Tasche
Gebt mir den Nationalpreis und
– versteht sich: Erster Klasse!

Ich werd die hunderttausend Emm
Verfressen und versaufen
Ein Haus mit Kuh am Waldesrand
Werd ich vom Rest mir kaufen
Die Milch von Eurer Denkungsart
Melk ich in AUFBAU-Bände
Ich pflück Euch Blumen, sing dabei
Ein Lied auf Mutterns Hände
Dann zieht in mich die Weisheit ein
Die Stirn wird licht und lichter
Ich sing im Chor und werde ein
Kaisers-Geburtstags-Dichter
Dann blas ich Euch zu Riesen auf
Hoch oben auf dem Berge
Wenn Ihr mich wirklich schaffen wollt
Dann nennt mich groß, ihr Zwerge!

Sie hatten nichts verstanden. Wie sollten sie auch? Sie waren Fleisch vom Fleische und haben ihr Rad gedreht, wie sie es gelernt hatten.
In einer Rede vor SED-Funktionären am 16. November »erläutert« Stasi-Minister Mielke den Genossen dann auch die getroffenen Maß-

nahmen und droht in eine Richtung, die seine Genossen besser verstehen als diesen Biermann:
»Mit gleicher Konsequenz werden wir gegen alle vorgehen, die glauben, ungestraft mit feindlich negativen Aktivitäten gegen uns wirksam werden zu können, die unter dem Eindruck der Entspannung Morgenluft wittern und frech zu werden versuchen.«
»Morgenluft« – damit war nicht nur Helsinki und die Anerkennung der Menschenrechte durch die KSZE-Staaten gemeint, hier ging es dem Genossen Minister um ein »Lüftchen«, das die kommunistischen Parteien Westeuropas erfasst hatte und bis nach Ostberlin zu spüren war. Die spanischen, französischen und italienischen Kommunisten ließen sich nicht länger an der kurzen Leine stalinistischer Dogmen halten. Carillio, Berlinguer und Marchais hielten ihre aufmüpfig rebellischen Reden in der Hauptstadt der DDR, auf einer Konferenz der kommunistischen und Arbeiterparteien Europas. Und diese Reden waren kommentarlos und ungekürzt im *Neuen Deutschland* nachzulesen.
Biermann, der Eurokommunismus und alles, was sonst noch im Visier der Stasi war, sollte auf den Prüfstand. Der Minister fordert von seinen Aufklärern erhöhte Wachsamkeit und die Verfeinerung der Kontroll- und Überwachungsmaßnahmen »feindlich-negativer, aufgeweichter, schwankender und verdächtiger Personenkreise bzw. Personen«. Und unser Oberleutnant Bachmann, operativer Mitarbeiter für die operative Bearbeitung verdächtiger Personen im operativen Vorgang »Kreis«, lauscht der Stimme seines Herrn und schickt seinen IM in die Spur.
Arnold Schölzel verabredet sich mit Dieter Krause zum Fußballfernseh-Abend. Und ganz nebenbei will er rauskriegen, was in Sachen Biermann läuft.

K r a u s e machte einen ziemlich ruhigen Eindruck, obwohl wir während des Fußballspiels kaum auf das Spiel guckten, sondern uns die ganze Zeit über B i e r m a n n unterhielten. Er erzählte mir, dass

K l e i n s c h m i d t , als er am Abend die Nachricht von der Ausbürgerung B i e r m a n n s im Rundfunk gehört hatte, zu K r a u s e gefahren sei. Er sei völlig deprimiert gewesen und völlig herunter. Ich sagte dann, dass ich natürlich auch wütend sei, und stellte die Frage, ob man irgendwie seine Solidarität zeigen könne.
K r a u s e lehnte das ab, das sei auf keinen Fall möglich. Ihm sei zwar auch so etwas durch den Kopf gegangen, dass man z.B. mit Farbspraydosen nachts ein paar Losungen irgendwo anschreiben oder man eine Flüsterpropaganda in die Welt setzen könnte, dass eine Demonstration für B i e r m a n n stattfinden würde. Das würde dann sehr schnell der Staatssicherheit zu Ohren kommen und man könnte sie damit zumindest verunsichern und in Aufregung versetzen, aber das alles sei in unserer Situation unmöglich. Im Moment reagiere dieser Apparat wie ein angeschlagener Boxer und das käme also volles Rohr zurück, so dass man sich da jeglicher Meinungsäußerung enthalten müsse. Er werde aber, falls in der Berliner Zeitung von ihm gefordert werde, eine Resolution zu diesem Fall zu unterschreiben, sich weigern und sagen, er kenne B i e r m a n n überhaupt nicht und die Gedichte solle man ihm doch erst mal zeigen.
(BStU, OV „Kreis“, Band 3, Bl. 160)

Am nächsten Tag ist Arnold bei uns in der Frankfurter Allee. Aus unserem Fenster hätte er seinem Oberleutnant in der Ruschestraße zuwinken können, da brennt noch Licht, dreihundert Meter Luftlinie. Aber Arnold winkt nicht, er schreibt:

Klaus Wolfram war zunächst allein. Gegen 21 Uhr kam dann auch Inga Wolfram von einer Reise zurück.
In der Wohnung sprach ich mit Klaus zunächst über die Ausbürgerung von Biermann. Er sagte, er habe so etwas schon erwartet. Er habe nur gehört, dass Biermann viele Sachen aus der Veranstaltung schon rausgenommen habe, um auf keinen Fall einen Vorwand zu liefern für eine solche Aktion. Es sei nun also doch eingetreten und das spreche für die allgemeine Situation.
Inga erzählte dann, was unter den Arbeitern in den Betrieben, in denen sie an diesem Tag gewesen war, über Biermann geredet wurde. Die Arbeiter sagten, sie wüssten zwar nicht, wer Biermann sei, hätten nie von ihm gehört, aber dass jetzt so eine Kampagne gegen ihn gemacht wird, habe sie alle aufgeregt. Sie fragte dann, ob im „Neuen Deutschland" heute schon eine Stellungnahme der staatstreuen Schriftsteller erschienen wäre? Ich sagte nein und fragte, von wem sie denn eine solche Stellungnahme erwarte? Sie sagte: Kant und Gisela May und Vera und Claus Küchenmeister oder die alte Anna Seghers, das wird doch schon geschrieben sein, das wird sicher alles kommen.
(BStU, OV „Kreis", Band 3, Bl. 163)

Die Ausbürgerung von Biermann war ein Paukenschlag. Die Gruppe diskutierte immer wieder darüber und war sich einig: Biermann musste zurückkommen.
»Wie denn?«, frage ich, als Klaus auch mit mir darüber redet.
»Er darf die Ausbürgerung nicht persönlich nehmen. Er ist die Stimme der DDR-Opposition. Er muss sich ein Diplomatenauto suchen und im Kofferraum zurückfahren. Ganz einfach. Und ganz schwer für die

Genossen von der Sicherheit. Das wäre richtiger Kampf. Ihn zu verhaften, das werden sie sich nicht trauen, nicht, nachdem sie ihm eine Massenbasis verschafft haben.«

Es war noch gar nicht lange her, da hatte ein Lied alle Radiosender erobert, *Ich hab den Farbfilm vergessen*, Nina Hagen war die Sängerin. Jahrelang hatte Wolf Biermann mit ihrer Mutter zusammengelebt, der Schauspielerin Eva-Maria Hagen. Nina hatte an Erich Honecker einen Brief geschrieben, eine akkurate, artige Bitte, sie zu ihrem Ziehvater Wolf Biermann in den Westen gehen zu lassen. Sie durfte gehen und ich wusste, viele andere werden nach ihr gehen und Biermann wird nie wiederkommen. Er will nicht die Stimme der Opposition sein und zum Märtyrer taugt er schon gar nicht.

In dieser heißen Zeit, in der es kaum ein privates Gespräch gibt, in dem nicht irgendwann auch Biermann, die Unterschriftenlisten und Mutmaßungen über die Folgen des Ganzen zur Sprache kommen, erhalte ich über *Intertext* den Auftrag, für die DEFA zu arbeiten.

An einem dunklen Novembertag 1976 fahre ich im Doppelstockzug nach Potsdam-Babelsberg. Der Zug fährt von Berlin-Karlshorst über Schönefeld nach Potsdam, die Fahrt dauerte eine Stunde und man umfuhr dabei, auf längst selbstverständliche Weise, Westberlin, die Mauer, Stacheldraht und Todesstreifen. Ich war sieben Jahre alt, als die Mauer gebaut wurde, ich kenne es nicht anders und sehe sie auch nicht mehr.

Im DEFA-Studio erwartet mich die Produktionsleiterin eines Films, der vorwiegend in der Sowjetunion gedreht werden soll. Eine Kriegsgeschichte. Das Drehbuch basierte auf einem authentischen Fall, den ausgerechnet die Staatssicherheit der DEFA zur Verfilmung angetragen hatte. Mitte der sechziger Jahre war vom *Präsidium des Obersten Sowjets* einem unbekannten Deutschen postum der höchste Orden der Sowjetunion zuerkannt worden. Dieser erste deutsche *Held der Sowjetunion* hieß Fritz Schmenkel, ein ehemaliger Wehrmachtssoldat im berüchtigten Strafbataillon 999.

Im November 1941 war er von seiner Truppe desertiert und zu den sowjetischen Partisanen übergelaufen. Für seine Ergreifung setzte die

Geheime Feldpolizei eine hohe Belohnung aus: für Russen ein Haus und acht Hektar Land, für Deutsche fünfundzwanzigtausend Reichsmark und drei Monate Sonderurlaub. Schmenkel konnte zunächst nicht gefasst werden. Nach einer Spezialausbildung setzte ihn die Rote Armee als Kundschafter hinter den deutschen Linien ein. Wahrscheinlich hatte er sein Einsatzgebiet nicht erreicht, war verraten, aufgegriffen und identifiziert worden. Ein deutsches Feldgericht verurteilte ihn zum Tode. Kurz vor seiner Erschießung, im letzten Augenblick seines Lebens, riss er sich die schwarze Binde von den Augen und schrie: »Ich will Euch sehen!«

Ich will Euch sehen hieß auch der Film, und die Staatssicherheit war mit der Sache befasst, weil sie durch die »Freunde« vom KGB mit Nachforschungen über die Angehörigen Schmenkels beauftragt worden war. Ein *Held der Sowjetunion* und die Hinterbliebenen womöglich im Westen …? Da musste die Stasi ran und Aufklärungsarbeit leisten. Zum Glück fand man Angehörige nur in der DDR.

Regisseur des Films war János Veiczi, ein Ungar. Er lebte seit vielen Jahren in der DDR und hatte durch frühere Filme die besten Beziehungen zur Stasi. Bei der DEFA ging das Gerücht, die Stasi sei sein eigentlicher Auftraggeber.

Mit einem riesigen Drehstab würden wir für drei Wochen nach Weißrussland fahren. Und ich, ausgerechnet ich, sollte am Drehort die Regieanweisungen dolmetschen. Ich hatte keine andere Wahl. Ich bin gefahren, weil ich Geld verdienen musste. Die Dreharbeiten in der Sowjetunion aber dauerten statt drei acht Wochen. Zwanzig Grad Kälte – der gesamte Drehstab eingekleidet in Wintermäntel von Soldaten der Sowjetarmee – und dann noch dieser Regisseur. Er war mit allem unzufrieden und erreichte nie die pro Drehtag geplanten Nutzmeter Film. Schuld waren immer die anderen, die Assistenten, die Schauspieler, das schlechte Drehbuch, das schlechte Wetter. Bei jeder Gelegenheit drohte er mit seinen guten Beziehungen zur Staatssicherheit und seinem Freund Erich Mielke. Manchmal schneite es aber auch nur so heftig, dass man gar nicht drehen konnte.

In den winterlichen Wäldern um Minsk waren wir um vierzig Jahre zurückversetzt, in die Zeit des Zweiten Weltkriegs. Unser militärischer Berater war selbst Offizier der Wehrmacht gewesen. Einmal, während einer Drehpause, lieh er sich beim Kostümbildner Wehrmachtsuniform und ein Gewehr, posierte vor den kleinen dunklen Bauernhütten und ließ sich fotografieren. Manchmal zielte er mit dem Gewehr direkt ins Objektiv. Und lachte.

Zu dieser Zeit hatte das MfS schon längst seine Informanten bei der DEFA beauftragt, Erkundigungen über mich einzuziehen und herauszubekommen, ob ich in der Sowjetunion vielleicht unerlaubte Kontakte zu Dissidenten aufnehmen würde. Die Bezirksverwaltung für Staatssicherheit Berlin bittet deshalb die Kollegen in Potsdam um »Amtshilfe«:

> Aus der Bearbeitung eines operativen Vorgangs unserer Diensteinheit wurde inoffiziell bekannt, dass die W o l f r a m feindliche Einstellungen zur Politik von Partei und Regierung vertritt. Sie hat Verbindung zu einem Personenkreis von Absolventen der Humboldt-Universität Berlin, die eine feindliche Tätigkeit gegen die DDR organisieren. Der Ehemann der W. ist der ideologische Kopf der feindlichen Gruppe. Die W. hat davon Kenntnis, billigt und unterstützt sogar die Handlungen ihres Ehemanns.
> Auf Grund dieser Tatsachen werden Sie gebeten, die W o l f r a m in ihrem Arbeitsbereich konspirativ aufzuklären und nach Möglichkeit unter Kontrolle zu halten.
> Bei der Aufklärung interessieren:
> - ihre politisch-ideologische Verhaltensweise
> - wie kommt die W. ihren Arbeitsverpflichtungen nach?

- Zu wem unterhält die W. enge persönliche Beziehungen oder versucht solche herzustellen?
- Möglichkeiten von Seiten eines geeigneten IM, die W. im Arbeitsbereich der DEFA und darüber hinaus zu kontaktieren, so dass ein Vertrauensverhältnis aufgebaut werden kann?

(BStU, OPK „Radius", Band 1, Bl. 52)

Die Bezirksverwaltung für Staatssicherheit Potsdam meldet als Ergebnis der »Aufklärung« nach Berlin (Bericht IMV »Andej«):

Fachlich hervorragend, von hoher philosophischer Bildung, dto.: Allgemeinbildung, aber außerordentlich kritisch gegenüber dem realen Sozialismus, unserem sozialistischen Alltag, der sozialistische Presse. Die W o l f r a m gibt sich sehr schweigsam. Sie redet auffällig wenig über ihren Mann und auch ihre kritische Haltung zur DDR weiß sie gekonnt zu verbergen.
Ob sie direkten (organisierten) Widerstand gegen unsere Ordnung betreibt, ist uns nicht bekannt, auch nicht ihre wahre ideologische Plattform. Sie ist in ihrer Arbeit außerordentlich korrekt und diszipliniert. Regisseur und Drehstab verdanken ihr außergewöhnlich viel bei der Realisierung des Schmenkel-Films.
(BStU, OPK „Radius", Band 1, Bl. 73)

Die Stasi-Spitzel in einem Drehstab waren meist bekannt. Man warnte sich gegenseitig. Ich hatte keine Angst, denn selbst denen gegenüber, denen ich traute, war ich auch in den weißrussischen Wäldern vorsichtig. Nach anderthalb Jahren Konspiration der Gruppe um Klaus bereitete mir das keine Schwierigkeiten.
Nach ihrem letzten Treffen in der Schorfheide war die Gruppe für

längere Zeit nicht mehr vollzählig zusammengekommen, nur noch zu zweit oder zu dritt. Arnold ist oft dabei. Sie wollen die Stasi nicht herausfordern. Keine Panik. Die Zeit soll es richten. Und das Gras des Vergessens.

Aber »Stefan« aus Westberlin hat sich telefonisch angemeldet, Klaus will ihn allein treffen, obwohl Arnold zu bedenken gibt, dass ein Treffen zu dritt doch besser wäre. Arnold hatte nach dem Ausflug in die Schorfheide vom MfS die Instruktion erhalten:

> ..., dass er den W o l f r a m aufsuchen und ihm klarmachen soll, dass, solange nicht erwiesen ist, dass das MfS tatsächlich Kenntnis von der Gruppe hat, die Kontakte nach Westberlin nicht beunruhigt werden sollen. Gleichzeitig soll der IM Vorschläge unterbreiten, wie die Kontaktaufnahmen ins Operationsgebiet gesichert werden können. Wesentlich ist, dass der IM die Kontakte kennenlernt, um sie mit beurteilen zu können.
> (BStU, OV „Kreis", Band 4, Bl. 16)

Während der selbst auferlegten Zwangspause sucht sich jedes Gruppenmitglied ein Thema und arbeitet für sich allein – über die Jugend, die Versorgung, die ökonomische Situation des Landes und über die Stimmungslage unter den Arbeitern. Und da hat sich bald so viel Material angesammelt, dass es sich in Zweiertreffen nicht gründlich genug diskutieren lässt. Um weiterzuarbeiten, muss sich die Gruppe als Gruppe treffen.

Und es ist ja auch nichts passiert. Zudem wird Wölfchen Templin aus Warschau zurückerwartet und man beschließt, mit ihm in Verbindung zu treten. Wölfchen hat viel versprechende Kontakte zur polnischen Opposition aufgebaut. Nur Jan bleibt weiterhin draußen. Arnold redet bei jeder Gelegenheit darüber, dass Jan der schwächste Punkt gewesen sei, die undichte Stelle. Ohne ihn sei es sicherer geworden. Also wird zu Jan kein Kontakt gesucht. Aber auch Jan sucht

keinen Kontakt zur Gruppe. Er hatte sich zurückgezogen, weil er spürte, dass ihm misstraut wurde.
Die Gruppe tagt am 10. Dezember 1976 bei Kalle Brie. In Kalles Wohnung scheint ein Treffen sicherer zu sein als in einer der eigenen Wohnungen. Wichtigster Tagesordnungspunkt ist die Konzeption des Briefes, der im Falle des Auffliegens der Gruppe im Westen veröffentlicht werden soll. Während der Diskussion an Kalles Küchentisch – Kalle ist natürlich nicht anwesend – fällt unter dem Tisch etwas zu Boden: Es ist ein Metallrohr mit einem Mikrofon und einem Sender. Damit ist das Treffen beendet. Nun geht also gar nichts mehr.

Misstraut die Stasi ihrem eigenen IM? Könnte er von den Ideen der Gruppe doch angesteckt sein, ein doppeltes Spiel spielen, Informationen unterschlagen? Verfährt die Stasi nach dem Motto: Vertrauen ist gut, Kontrolle ist besser? Will man damit die Informationen des IM überprüfen, oder will man nur sichergehen, um auch dann dabei zu sein, wenn der IM an einem Treffen nicht teilnehmen kann? Aber vielleicht ist es noch anders, vielleicht erwächst aus diesem Überwachungswahn ein wichtiger Teil der Legitimation des Apparats selbst.

Operative Auswertung der Tagung des verdächtigen Personenkreises am 10.12.1976.

Nach einer Zwangspause konsolidierte sich der verdächtige Personenkreis wieder und legte Maßnahmen für die kommende Zeit fest. In alter Weise wurden sogenannte „Untergrundinformationen" ausgetauscht und diskutiert.
Wesentlich ist anzuführen, dass die Gruppe beschlossen hat, nicht wieder in irgendeiner Form in den Privatwohnungen der Gruppenmitglieder zu tagen. Daraus ergibt sich eine Komplizierung der technischen Überwachung.
(BStU, OV „Kreis", Band 3, Bl. 175)

»Eine Komplizierung der technischen Überwachung«, das ist die freundliche Umschreibung dessen, dass schon wieder etwas schiefgegangen ist. Peinlich und nur mit ziemlichen Verrenkungen wieder geradezubiegen. Oberleutnant Bachmann holt sich Arnold zu einem »klärenden« Gespräch:

> Da dem IM durch den operativen Mitarbeiter [d. i. Oberleutnant Bachmann] erklärt worden war, dass bei der Zusammenkunft am 10.12. keine Technik eingesetzt wird, wurde ihm folgende Erklärung für den Vorfall gegeben:
> Zur Dekonspiration kam es, da sich operative Interessen von unterschiedlichen Diensteinheiten überschnitten haben. Vom Einsatz der Technik wusste der operative Mitarbeiter nichts. Diese Fragen müssen mit der zuständigen Diensteinheit geklärt werden.
> Nach Einschätzung des IM haben die Gruppenmitglieder auf die Entdeckung des Senders sehr besonnen reagiert. Da von Seiten des MfS keine Reaktion erfolgen wird, müssen die verdächtigen Personen vom IM davon überzeugt werden, dass das MfS bei der Einleitung der Kontrollmaßnahme nicht die Gruppe im Auge hatte, sondern den Wohnungsinhaber.
> (BStU, OV „Kreis", Band 3, Bl. 184)

Nur ein paar Tage später macht Dieter Krause in seiner Wohnung eine Entdeckung. Als er am Abend nach Hause kommt, bemerkt er, dass sein Türschloss schwer schließt. Als er sich aufs Sofa setzt, kullert ihm ein Mikrofon vor die Füße. Spätestens jetzt ist klar, *sie* meinen die Gruppe.
Dem Alarmplan entsprechend gibt Dieter den anderen sofort Bescheid, per Telefon: »Ich habe Kinokarten«, so lautet die fast kindliche

Parole. Klaus vermutet einen Informanten – es kann nicht anders sein. Aber wenn es einen Informanten in der Gruppe gibt, dann saß er in Kalles Wohnung mit am Tisch, also kann die Abhörmaßname nicht der Gruppe gegolten haben. Der erste Teil der Vermutung stimmte, der zweite nicht.
Dass es zwei Informanten gibt, einen in der Gruppe und den freundlichen Kalle, dass die Abhörmaßnahme trotz Arnold und seiner Aktentasche der Gruppe galt und Kalle von Mikrofon und Sender wusste, das alles passte in keinen Kopf. Nur Kalle hat schnell eine Erklärung parat. Er erzählt Klaus, er sei vor zwei Jahren in einer privaten Wohnung mit Wolf Biermann zusammengekommen. Das hätte wahrscheinlich die Stasi auf den Plan gerufen und deshalb sei seine Wohnung verwanzt worden. Aber nun ist auch Dieters Wohnung verwanzt. Klaus und Dieter vermuten, dass die Stasi den Brief, der im Fall einer Verhaftung im Westen veröffentlicht werden soll, in die Hände bekommen will, um einen konkreten Grund zur Verhaftung zu haben.

Arnold berichtet der Stasi über ein Gespräch mit Klaus:

> Ich fragte Klaus, was denn aus der Sache mit Kalle geworden ist. W o l f r a m sagte, er und Kalle seien zu der Meinung gekommen, dass man die Flucht nach vorn antreten müsse. Kalle habe das Mikrofon in die Bezirksverwaltung der Staatssicherheit in der Prenzlauer Allee gebracht. Dort sei ihm in einem sehr freundlichen Gespräch von einem Leiter erklärt worden, das Ding könne gar nicht von der Staatssicherheit sein, sonst hätte Kalle es nie gefunden. Er müsse aber zugeben, dass er nicht über alles Bescheid wisse, was in seinem Tätigkeitsbereich getan wird, und es durchaus sein könnte, dass irgendwelche unteren Instanzen etwas versaut hätten ... Das müsse er erst überprüfen.

Man habe sich dann darauf geeinigt, dass sich die Staatssicherheit noch einmal bei ihm meldet und eine Stellungnahme abgibt.
(BStU, OV „Kreis", Band 3, Bl. 195)

Wieder werden Materialien und Bücher versteckt, unter Dielenbrettern, auf Dachböden, in Gartenlauben – und wer einen Ofen hat, der verheizt jetzt ziemlich viel Papier. Es wird konspiriert und konspiriert, aber irgendwie fühlen sie sich auf verlorenem Posten. Dieter ist auf Sebastian wütend, der trotz strenger Regeln einfach zu ihm in die Wohnung gekommen ist. Sebastian hat ein lyrisches Verhältnis zu Disziplin, findet Dieter.
Die Gruppe verordnet sich eine vierzehntägige Kontaktsperre. Wenn in dieser Zeit nichts passiert, könnte das ein Zeichen dafür sein, dass die Stasi noch nichts mitbekommen hat.

Über die entstandene Situation verfasst Oberleutnant Bachmann einen Sachstandsbericht:

Im Mittelpunkt des Interesses der Gruppe steht, alles zu vermeiden, was zu einem Bekanntwerden beim MfS führt.
Aus diesem Grund versucht W o l f r a m jede Aktion, die ein Sicherheitsrisiko bedeutet, zu verhindern.
Er vertritt die Meinung, das MfS werde erst dann zur Festnahme der Gruppe greifen, wenn sie massenwirksame Aktionen plant oder durchführt. Darum hält er die Zeit für Aktionen für verfrüht.
Obwohl von der Gruppe geplant war, eine Resolution zu erarbeiten, die nach der Inhaftierung der Mitglieder durch das MfS in der BRD veröffentlicht werden sollte, hat W o l f r a m diese bisher nicht geschrieben. Da sich die Gruppe bei ihrer

Zusammenkunft am 10.12.76, bei der beschlossen wurde, diese Resolution endgültig zu schreiben, durch das MfS entdeckt glaubte, erwartete W o l f r a m, dass das MfS handeln würde. Da dies nicht eintrat, nimmt W o l f r a m an, dass das MfS die Gruppe nicht kennt.
Aus den gleichen geschilderten Gründen führte die Gruppe keine Aktionen im Zusammenhang mit der Biermann-Ausweisung durch.
(BStU, OV „Kreis", Band 4, Bl. 13)

Das ist ein großes Problem – wie gibt man sich in der Öffentlichkeit? Immer und überall wird über die politischen Folgen der Biermann-Ausweisung gesprochen. Wie verhält man sich da unauffällig? Ein Drahtseilakt.
Um sich und ihre Arbeit durch öffentliche Stellungnahme für Biermann nicht noch zusätzlich zu gefährden, ist die Gruppe nicht nur als Gruppe zur Untätigkeit gezwungen, sondern jeder Einzelne, mit der Aufforderung konfrontiert, in Sachen Biermann Farbe zu bekennen, muss sich irgendwie bedeckt halten. Man spürte ständig die berechtigte Erwartung, über all das, was sich im Nachgang zur Biermann-Affäre über die ganze DDR ausgebreitet hatte, reden zu müssen.
So ging es Wolfgang Nitsche. Er wollte sich im Interesse der Gruppe möglichst unauffällig verhalten, aber andere Menschen spürten seinen oppositionellen Geist. »Ich scheine die oppositionellen Geister anzuziehen wie das Licht die Motten«, sagt er.
Die Situation eskalierte überall in der DDR, nicht nur in Berlin. Die Autobahn Berlin – Leipzig musste gesperrt werden, weil bei Nacht und Nebel mehrfach B I E R M A N N auf die Fahrbahn geschrieben worden war. Ein Mann war verhaftet worden, weil er auf seinem Auto ein Schild mit einem Biermann-Zitat befestigt hatte: »So oder so, die Erde wird rot«. Zwei BEWAG-Kassierer schrieben auf fünfhundert Zahlhefte der BEWAG: »Solidarität mit Biermann«. Bevor sie die Hefte verteilen konnten, wurden auch sie verhaftet. Jürgen Fuchs war

verhaftet worden, Gerulf Pannach und Christian Kuhnert waren in Untersuchungshaft und Robert Havemann in seinem Haus in Grünheide unter Hausarrest gestellt, weil er im *Spiegel* öffentlich gegen die Ausbürgerung Biermanns protestiert hatte. Sebastian berichtet, ein alter Genosse hätte am Haus von Sarah Kirsch ein Plakat aufgehängt mit der Aufschrift: »Hier wohnt die Volksfeindin Sarah Kirsch.« Wolfgang Nitsche erzählt, dass der Mann, bei dem er seine Bücher und Schriften versteckt hat, gefährdet ist, weil seine Frau eine Protestresolution gegen Biermanns Ausbürgerung unterschrieben hatte. Wolfgang rechnet mit einer Hausdurchsuchung bei dieser Familie und will seine Sachen woanders unterbringen.
Ringsumher brodelte es. Die Stasi hatte sicher alle Hände voll zu tun, um die Aufregungen um die Biermann-Ausbürgerung einigermaßen im Blick zu halten. Für die Beobachtung der Gruppe hatten sich in letzter Zeit jedenfalls keine Anzeichen ergeben – und so treffen sie sich nach zwei Wochen wieder. Wölfchen Templin ist da, er bringt Hoffnung mit und frischen Wind aus Polen. In Warschau bewegt sich einiges, Studenten und Wissenschaftler des Philosophischen Instituts haben eine Protestresolution gegen die Verhaftung von Arbeitern in Radom verfasst – und veröffentlicht. Regelmäßig erscheinen Informationsbulletins des »Komitees zur Verteidigung der Arbeiterrechte«, eine Chronik der Aktionen des polnischen Untergrunds, Erläuterungen zu Rechten und Gesetzen, auf die man sich bei Hausdurchsuchungen und Verhaftungen berufen kann. Die Opposition in Polen habe, so berichtet Wölfchen, einen ganz legalen Status und dadurch auch Öffentlichkeit, eine Situation, von der man in der DDR nur träumen kann. Er hat zwei polnische Studenten kennengelernt, diese haben einen Vortrag von Ernest Mandel in Schweden gehört und verfügen über eine umfangreiche Sammlung trotzkistischer Literatur. Sie haben die Witwe von Isaac Deutscher in London besucht und die Bulletins des westeuropäischen Sekretariats der IV. Internationale aus England mitgebracht. Auch für die Gruppe könnte sich da ein Zugang eröffnen. Und außerdem hat er zwei Briefe von Kuron und Modzelewski an Edward Gierek, den polnischen Parteichef, mitge-

bracht, die wird er für die Gruppe übersetzen. Wölfchen ist ganz außer Atem – »was da los ist! Ihr könnt euch das nicht vorstellen …«
Was Wölfchen da alles zu berichten hatte, brachte die operative Technik in Arnolds Aktentasche an den Rand ihrer Leistungsfähigkeit und auch Arnold wird tüchtig geschwitzt haben, sieben Seiten Tonbandabschrift wird dieser Abend erbringen. Aber Wölfchen ist noch nicht fertig. Er bittet die Gruppe um eine Ausarbeitung zur Biermann-Ausbürgerung, ein »Biermann-Papier« braucht er. Die polnische Opposition soll erfahren, was die politische Opposition der DDR zu Biermann zu sagen hat. Da muss man doch was machen. Er wird das »Papier« übersetzen und seine polnischen Freunde werden es veröffentlichen, im Bulletin des »Komitees zur Verteidigung der Arbeiterrechte«. Das »Papier« sollen nur Klaus, Wolfgang Nitsche und Sebastian Kleinschmidt schreiben. Sebastian kennt sich ganz gut aus in der Künstler-Szene und er besitzt eine Kopie des Protest-Briefes von Bernd Jentzsch an Erich Honecker.
Arnold wird sich in dieser Sache auffällig unauffällig zurückhalten. Was da zusammengebastelt und veröffentlicht werden soll, das ist was fürs Stasi-Töpfchen »offiziell ermittelter strafrechtlich relevanter Handlungen« und daran darf er auf keinen Fall beteiligt sein, ansonsten heißt's: mitgehangen, mitgefangen, für ihn wie für die andern.
Aus den Berichten des IM André Holzer »Über die Zusammenkunft der verdächtigen Personen im OV ›Kreis‹ am 30. 12. 1976« und sieben Seiten Tonbandabschrift schlussfolgert Oberleutnant Bachmann noch am 31. 12. messerscharf:

> ... da sich hier objektive Möglichkeiten der Wirksamkeit nach der VR Polen ergeben und das erste Mal eine direkte Aktion in Form der Erarbeitung eines feindlichen Dokuments zur Biermann-Problematik erfolgt, darf dieses Problem nicht außer Kontrolle kommen.
> <u>Hier ergibt sich erstmals die Möglichkeit, einen Ansatzpunkt zur Liquidierung der Gruppe nach</u>

§ 106 StGB zu finden, ohne dass der IM daran beteiligt ist.
(BStU, OV „Kreis", Band 3, Bl. 192)

Am 2. Januar ist der Biermann-Artikel für Polen fertig. Ich finde ihn als »feindliches Dokument zur Biermann-Problematik« im Band 7 unserer Akten, einem Sammelband der Beweismittel.
Klaus, Wolfgang und Sebastian versuchen in ihrem Artikel, Ursachen und Folgen der Biermann-Ausbürgerung in einen Zusammenhang zur politischen Opposition in der DDR zu setzen:

Die Ausbürgerung von Wolf Biermann wächst sich zu einer tiefen Krise und gesellschaftspolitischen Konfrontation aus, die alle anderen Fälle demokratischer Forderungen wie bürokratischer Ängste in sich aufsaugt. Auf die gesamtpolitisch gemeinte Maßnahme erfolgt jetzt eine gesamtgesellschaftliche Antwort. Der Ausbürgerung folgte ein Ruck in der öffentlichen Meinung und politischen Beweglichkeit, der durch das ganze Land und alle gesellschaftlichen Schichten geht.
Der Fall Biermann steht nicht für sich, er hat eine vorhandene Polarisierung aufgedeckt und verstärkt. Wichtig wurde er, weil hier der progressive, sozialistische Sinn der demokratischen Bedürfnisse artikuliert wurde.
Die Gegenwart hat alle beteiligten Gruppen und Schichten über die Gemeinsamkeit ihrer Ziele belehrt, sie haben erstmals die Spannweite ihrer politischen Aktivität und ihr eigenes gesellschaftliches Gewicht erfahren.
In den politischen Auseinandersetzungen der kommenden Zeit wird mit einem neuen Faktor zu rechnen sein.

—

Die Zusammenkunft der Gruppe am vorletzten Tag des Jahres 1976 und das »Biermann-Papier« vom 2. Januar 1977 erzeugen Unruhe bei der Stasi.
Das neue Jahr beginnt, wie das alte aufgehört hatte, mit hektischer

Betriebsamkeit und wichtigen Informationen, die ausgewertet, aufbereitet und verteilt werden an alle, die sich dafür interessieren müssen:

Op. Information Nr.24/77:
Verbindung des verdächtigen Personenkreises aus dem OV „Kreis" nach der VR Polen.

Die im OV „Kreis" bearbeiteten Personen stehen im dringenden Verdacht, strafbare Handlungen der staatsfeindlichen Hetze und der staatsfeindlichen Gruppenbildung, strafbar gemäß §§ 106 und 107 StGB, begangen zu haben.
Die Personengruppe verfolgt neben dem Ziel, in die DDR wirksam zu sein, jetzt auch die Absicht, sich im sozialistischen Lager zu internationalisieren.
(BStU, OV „Kreis", Band 3, Bl. 200)

Der Amtsschimmel verlangt auch von der Stasi sein Futter, viel Papier. Und da ist den »Aufklärern« der Jahreswechsel gegebener Anlass für eine Zwischenbilanz.
Ein kurzer Auszug aus einer langen Liste dessen, was man weiß – und was man wissen sollte:

Zielstellung der Bearbeitung:
Erarbeitung offizieller Beweise zum Nachweis des dringenden Verdachts strafbarer Handlungen der staatsfeindlichen Hetze und der staatsfeindlichen Gruppenbildung (§§ 106 und 107)

- Aufklärung und Nachweis der staatsfeindlichen Tätigkeit.
- Identifizierung, Aufklärung und inoffizielle

Durchdringung der durch die Verdächtigen bekannt gewordenen Verbindungen.

Einleitung von vorbeugenden Maßnahmen zur Schadensverhütung.
Zur Beweisführung sind folgende Sachverhalte herauszuarbeiten und zu dokumentieren:

- Einfuhr, Besitz und Verbreitung revisionistischer Literatur, einschließlich der Kanäle und Wege, über die diese Literatur illegal in die DDR eingeführt wird. Schaffung einer Übersicht über den Anteil der Verdächtigen und Schaffung offizieller Beweise.
- Das Verfassen von konzeptionellen und theoretischen Materialien und das Anfertigen von Konspekten, Erläuterungen und Stellungnahmen zu revisionistischen Werken.

Erarbeitung einer Übersicht zu den Fragen:

- Wer hat was verfasst?
- Welche Materialien befinden sich in wessen Besitz?
- Wo sind Materialien versteckt?

- Durchführung von konspirativen Durchsuchungen bei Wolfram, Krause, Kleinschmidt und Nitsche nach offizieller Erarbeitung der konkreten Verstecke.
- Feststellung und Verhinderung aller geplanten staatsfeindlichen Aktivitäten.
- Nutzung dieser staatsfeindlichen Handlungen zur Liquidierung der Gruppe nach § 106 StGB.

Zur Beweisführung des § 107 sind folgende Sachverhalte in Verbindung mit § 106 herauszuarbeiten und zu dokumentieren:

Die Existenz einer gemeinsamen staatsfeindlichen Plattform und damit verfolgter, staatsfeindlicher Ziele.

- Gründung einer eigenen Partei.
- Herausgabe einer Zeitung.
- Methoden zur Führung des Kampfes gegen Partei und Regierung.
- Struktur der Gruppe unter Berücksichtigung der Führungsrolle von Wolfram.
- Die planmäßigen Zusammenkünfte der Gruppe zum Zweck der Ausarbeitung der Plattform.
- Versuche der Verbindungsaufnahme zu anderen staatsfeindlichen Gruppen in der Hauptstadt der DDR sowie zu oppositionellen Gruppen im sozialistischen Ausland.
- Die von der Gruppe angewandten konspirativen Methoden ihrer staatsfeindlichen Tätigkeit.

Strafrechtliche Bewertung:

Durch die Bearbeitung wurden die Verdachtsgründe gemäß §§ 106 und 107 StGB weiter erhärtet. Das betrifft sowohl die subjektiven wie auch die objektiven Tatbestandsmerkmale.

Alle bisher erarbeiteten Beweise sind inoffizieller Natur.

(BStU, OV „Kreis", Band 4, Bl. 15-21)

Noch wird nicht zur Jagd geblasen, aber nach anderthalb Jahren der Beobachtung und Aufklärung hat Oberleutnant Bachmann zusammengetragen, was zur Liquidierung der Gruppe führen könnte.

Das ist nicht wenig, aber es ist »inoffizieller Natur«, wie er in seiner strafrechtlichen Bewertung einschränkend feststellt. Irgendetwas muss also noch passieren, am besten eine Tat, bei der aus den Verdächtigen Straftäter werden könnten, wenn man sie dabei erwischt, auf frischer Tat …

Eine der Aufgaben, die das MfS seinem IM stellt, kann und kann der nicht erfüllen. Er soll den Verbindungsmann »Stefan« unbedingt kennenlernen, und es gelingt ihm nicht. Die Stasi braucht die Personenbeschreibung. Sie kennen nicht einmal seinen Namen, denn Stefan heißt er nicht. Immer wieder drängt Arnold in Gesprächen mit Klaus darauf, »Stefan« kennenzulernen. Er will ihm Fragen stellen. Irgendwann ist Klaus einverstanden, aber dann bittet er Wolfgang Nitsche Arnold doch abzusagen. Wolfgang fragt ihn sogar: »Was wolltest du denn von ihm wissen?«

»Vor allem, was er zur aktuellen politischen Entwicklung drüben meint.«

»Ja«, sagt Wolfgang, »aber darüber unterhalten wir uns doch sowieso mit ihm. Da brauchst du nicht mit.«

Und dann kommt doch alles anders als geplant und Klaus bringt »Stefan« zur nächsten Gruppensitzung in die Wohnung von Sebastian mit. Arnold ist natürlich dabei. Am folgenden Tag liefert er der Stasi eine genaue Beschreibung der »Kontaktperson«, aber da liegt schon sein Foto auf dem Schreibtisch des Oberleutnants Bachmann. »Stefan« war fotografiert worden, als er das Haus wieder verlassen hatte, von einem »operativen Stützpunkt« aus. Und natürlich hatte Arnold auch seine Tasche dabei, »Stefans« Stimme war auf Tonband aufgezeichnet und seiner Identifizierung durch das MfS sollte nun eigentlich nichts mehr im Wege stehen.

Auch die nächste Zusammenkunft der »Verdächtigen« findet wieder in Sebastians Wohnung statt. Sie haben es aufgegeben, andere Wohnungen zu suchen, der Schreck beim Treffen in der Wohnung von Kalle Brie steckt ihnen noch in den Knochen. Zu Beginn der Sitzung berichtet Klaus dann auch darüber, was er von Kalle in der Zwischenzeit erfahren hatte.

Arnold hat wie immer »mitgehört« und so lese ich in den Akten, in einem durch ihn bearbeiteten Tonbandmitschnitt (Abschrift vom Band):

> W o l f r a m berichtet der Gruppe über die Stellungnahme, die das MfS seinem Freund Kalle abgegeben hat. Wolfram gab die dem Karl-Thomas B r i e gegebene Legende weiter, die beinhaltete, dass das gefundene Sendegerät eine Amateurarbeit ist, deren Signale mit jedem UKW-Rundfunkgerät empfangen werden können, die Reichweite sehr gering sei und sich ein Freund oder Bekannter mit ihm einen Scherz erlaubt hat.
> Gleichzeitig soll durch den operativen Mitarbeiter des MfS versucht worden sein, den Kalle anzuwerben, was der jedoch abgelehnt hätte.
> Die diesbezüglichen Ausführungen wurden teilweise sehr skeptisch von den Verdächtigen aufgenommen.
> (BStU, OV „Kreis", Band 4, Bl. 42)

In der anschließenden Diskussion geht es darum, in welchen Wohnungen man sich künftig überhaupt noch treffen könnte. Unsere Wohnung in der Frankfurter Allee kommt aus mindestens zwei Gründen nicht in Frage: Wir haben ein Kind und außerdem ist unser Hochhaus voller Stasileute. Klaus lacht mich aus, aber ich sehe es ihnen an. Ich sehe es an den Schuhen und am Gesichtsausdruck – ein bisschen dumpf, ein bisschen stolz. Und manchmal eine Spur schlechten Gewissens. In unserem Haus wohnen Diplomaten aus Ländern des NSW, des »nichtsozialistischen Währungsgebiets«. Da wird aufgepasst und aufgeklärt. In Dieters Stadtwohnung wird auch nicht mehr getagt, selbst dann nicht, wenn Monika und das Kind nicht da sind, nach dem Erlebnis mit dem »Obermieter« ist die Wohnung tabu. Dieter war misstrauisch geblieben und hatte nicht aufgehört seine Umgebung zu beobachten. Mit seinen Beobachtungsberichten ging er der Gruppe manchmal schon auf die Nerven, aber er hatte den richtigen Instinkt. Arnold berichtete seinem Führungsoffizier von Dieters Beobachtungen und der schrieb eine kurze Aktennotiz:

> Information über die Beobachtung des K.
> Bei der beobachteten Person handelt es sich um einen Mitarbeiter der Abteilung 26.
> (BStU, OV „Kreis", Band 6, Bl. 982)

Und bei Wolfgang Nitsche ist die Wohnung zu klein, die Nachbarn sind zu neugierig und seine Frau und das kleine Kind können nicht nächtelang ausquartiert werden.

Ich kann mich nicht erinnern, wann genau es passiert war. In unserem Haus in Karlshorst waren die Schlafzimmer in der oberen Etage. Achtzehn Stufen führten von der unteren Diele in die obere. Von der großen hellen Diele gingen unsere Zimmer ab, auch die Arbeitszimmer meines Vaters und das elterliche Schlafzimmer. Eines Nachts wachte ich auf, von unten waren Stimmen und Schritte zu hören. Ich blieb liegen, dann schlug die große Uhr an der Treppe zweimal, ich kletterte aus meinem weißen Gitterbett und öffnete die Tür einen kleinen Spaltbreit. Überall brannte Licht. Im Stimmengewirr hörte ich erst meine Mutter, dann meinen Vater. Ich sah Männer in schwarzen Mänteln die Treppe hochkommen. Mein Vater nahm mich auf den Arm. Er war ernst und ruhig. Von seinem Arm aus sah ich, wie die Männer in seinen Arbeitszimmern etwas suchten. Ab und zu fielen Papiere zu Boden. Ich war still und mein Vater auch. »Sie werden gleich gehen«, flüsterte er mir zu. Warum sie gekommen waren? Das fragte ich nicht, nicht damals, nicht später.
Die Ohnmacht und Hilflosigkeit meines Vaters konnte ich nie vergessen, diese Wahrnehmung lag verschlossen in meinem Gedächtnis und meldete sich erst wieder, als es darum ging, in welchen Wohnungen noch getagt werden konnte. Auf keinen Fall da, wo Kinder im Haushalt lebten!

Also kommen nur drei Wohnungen für Gruppentreffen in Betracht:

1. Die Wohnung von Sebastian Kleinschmidt.
Sebastian lebt vorerst allein, die Hausbewohner erscheinen zuverlässig. Er ist gerade eingezogen, die Wohnung ist renoviert und es wurden keinerlei Abhöranlagen gefunden. Dieter hatte sogar die Steckdosen kontrolliert. Ohne Befund.
Die Stasi reagiert sofort, Oberleutnant Bachmann weist an:

> Überprüfung der Bewohner im Hause des K l e i n s c h m i d t . Anfertigung einer Lageskizze. An diesem Objekt besteht ein konspirativer Stützpunkt. (BStU, OV „Kreis", Band 4, Bl. 45)

2. Die Wohnung von Arnold Schölzel
Hier hatten schon mehrfach Gruppensitzungen stattgefunden und aus Sicht der Gruppe gab es keinen Grund, die Wohnung nicht weiterhin zu nutzen. Arnold hatte immer dafür gesorgt, dass die Treffen ohne »Störungen« verlaufen waren.

> Die Wohnung des IM gilt der Gruppe als sicher. Der IM wurde beauftragt zu klären, wer die neu eingezogenen Mieter im Haus sind.
> Maßnahme: Organisierung eines Stützpunktes.
> (BStU, OV „Kreis", Band 4, Bl. 46)

3. Das Wochenendhaus von Dieter Krause in Bindow
Das erscheint der Gruppe als Treffpunkt besonders günstig, weil es übersichtlich ist und man jede Veränderung in der Umgebung sofort bemerken würde. Die nächste Begegnung mit »Stefan« wird für den 4. März geplant und soll in Bindow stattfinden. Aus Sicherheitsgründen! Aber es ist wie in der Geschichte von Hase und Igel. Was nützt dem Hasen der verborgenste Ort, wenn die Igel immer schon da sind?

Oberleutnant Bachmann wird auch hier seine Vorbereitungen getroffen haben:

> Lageskizze des Grundstücks liegt vor. Notwendig ist die Beschaffung eines konspirativen Stützpunktes in Bindow, von dem aus das o. g. Objekt des K r a u s e funktechnisch zu überwachen ist.
> (BStU, OV „Kreis", Band 4, Bl. 46)

—

Anfang März kommt »Stefan« aus Westberlin zum Treffen mit allen Gruppenmitgliedern nach Bindow. Ich stelle mir vor, wie eifrig gelangweilte Stasitypen an ihren Abhörgeräten sitzen und nichts von dem verstehen, was da geredet wird. Es hat so gar nichts mit ihrem Leben zu tun, es geht sie nichts an. Ich stelle mir vor, sie sitzen da im Süden von Berlin in der Kälte, frierend in irgendeinem »Stützpunkt«, versuchen sich in das Leben der anderen hineinzuhören – und wollen eigentlich nur schnell nach Hause.

Die Stasi lässt an diesem Tag alle einreisenden männlichen Personen überprüfen, deren Aussehen etwa der Personenbeschreibung entspricht, die Arnold dem MfS geliefert hatte. Immer noch scheint »Stefan« an der Grenze nicht bekannt zu sein. Oder lässt man ihn einreisen, weil man weiß, wo und von wem er erwartet wird? Vielleicht hat die Stasi den richtigen Riecher dafür, dass da noch etwas kommen wird, wenn man die Leine nur lang genug lässt. Vielleicht sogar eine strafrechtlich relevante Aktion »offizieller Natur«.

In Bindow wird ausführlich über den heiß herbeigesehnten Büchertransport diskutiert. Die Gruppe bespricht mit »Stefan« die lange Liste der Literatur, die man für die weitere Arbeit so unbedingt braucht. Die Bücher sollen alle auf einmal, in einem großen Transport übernommen werden. Wie und wann dieser Transport stattfinden kann, steht vorerst noch in den Sternen. »Stefan« schätzt den Wert der Bücher auf etwa fünfhundert Mark und bietet an, unter Freunden und Bekannten in Westberlin eine Spendensammlung zu organisieren.

Aber die Gruppe hatte schon anderes beschlossen. Das Geld soll bei der West-Verwandtschaft irgendwie zusammengekratzt werden.

Am 8. März 1977 treffen sie sich bei Wölfchen Templin. Er berichtet wieder ausführlich über die oppositionelle Stimmung in Polen und auch darüber, dass die Stasi noch mal bei ihm gewesen ist. Sie wollte wissen, ob nicht doch noch Post im toten Briefkasten gelandet war. Wölfchen sagt, das wäre ganz normal, kein Grund zur Beunruhigung. Zu dieser Zeit hat das MfS für Wolfgang Templin, ehemals IMV »Peter«, bereits eine neue Akte angelegt: OPK »Verräter«.

Arnold berichtet der Stasi:

> Zunächst wurde ungefähr 1 1/2 Stunden darüber diskutiert, wie man sich in Bezug auf das Verhältnis T e m p l i n / Staatssicherheit verhalten solle. T e m p l i n wird sich darauf berufen, dass er jetzt nach seinem einen Jahr in Polen ziemlich raus sei aus dem ganzen Betrieb in der DDR, und wenn er in der Akademie anfange, er schwer Zugang haben werde zu den dortigen Mitarbeitern. Nach seiner Meinung sind das alles geliehene Leute und Intriganten, die sowieso nie offen ihre Meinung sagen.
> Weiterhin werde er darauf verweisen, dass es ihm psychisch unmöglich sei, ständig eine solche Doppelrolle zu spielen.
> (BStU, OV „Kreis, Band 4, Bl. 83)

Alle sind sich darin einig, dass die Stasi nicht so einfach abziehen wird, weil man politische Motive hinter Wölfchens ablehnender Haltung vermuten wird. Wölfchen Templin trifft sich am 11. 3. 1977 mit den »Genossen« und erklärt, was mit der Gruppe vereinbart worden war.

Ich finde dazu in unseren Akten einen »Vermerk zum Treffen mit Wolfgang Templin am 11. 3. 1977 im PKW (blauer Wartburg, ID 01–73) des Genossen Wilke – HA XX/5 – auf dem Parkplatz Chaussee-/Invalidenstraße«:

> Templin ging es offensichtlich darum, sich der Zusammenarbeit zu entziehen. Er wurde direkt heftig und erklärte: „Wollt ihr mich denn nicht verstehen! Ihr wisst doch auch, wo es langgeht!"
> Das Anliegen, aus der Zusammenarbeit mit dem MfS entlassen zu werden, zog sich wie ein roter Faden durch den Treff, er wiederholte es mehrmals und versuchte es dabei zu belassen.
> Ihm wurde erklärt, dass wir weitersehen werden, wenn er seine Arbeit in der Akademie aufgenommen hat.
> (BStU, OV „Kreis", Band 4, Bl. 87)

Wölfchen erzählt ausgerechnet Arnold Schölzel über sein Treffen mit den MfS und Arnold meldet an seinen »Chef«:

> Zur Atmosphäre des Treffens schätzte Templin ein, dass es bei ihm bis zur physischen Übelkeit gegangen ist. Insbesondere kam ihm das kumpelhafte Benehmen der Mitarbeiter unerträglich vor. Seiner Meinung nach weiß das MfS nichts über seine feindliche Tätigkeit und scheint auch nichts zu ahnen.
> Die Mitarbeiter des MfS bezeichnete T. als verkrachte Existenzen, die zwar eine berufsspezifische Ausbildung hätten, aber ansonsten Blech redeten und dumm wären. Er äußerte, dass die Mitarbeiter auf die Intelligenz schimpfen, ohne eine Ahnung von theoretischen Problemen zu haben. Die

gesamte Intelligenz wäre dem MfS grundsätzlich verdächtig.
(BStU, OV „Kreis", Band 4, Bl. 101-102)

Sie hatten sich an den Gedanken gewöhnt, abgehört zu werden. Um dritte Personen zu schützen, nennen sie in ihren Diskussionen keine Namen mehr, sondern schreiben sie auf einen Zettel. Auch organisatorische Fragen, Termine und Treffpunkte werden auf Zetteln notiert und dann schweigend zur Kenntnisnahme herumgereicht. Ein wahnwitziges Katz-und-Maus-Spiel, angefeuert und vielleicht sogar erfunden von Arnold Schölzel. Ausgerechnet ihn hatte Klaus zum »Sicherheitsbeauftragten« der Gruppe gemacht.
Bei so viel Umsicht frage ich mich, warum fällt niemandem auf, dass am Ende der Sitzung nur einer die Zettel einsammelt? Weil er der »Sicherheitsbeauftragte« ist? Die Zettel landen in den Akten, pedantisch aufgeklebt und von Oberleutnant Bachmann mit erläuternden Randbemerkungen versehen.
In den Akten ist auch dokumentiert, dass dem IM operative Technik zur Spurensicherung übergeben worden war. Beim nächsten Treffen soll er Fingerabdrücke sammeln. Wie praktisch, die Sitzung findet in Arnolds Wohnung statt. Beim Studium der Akten schaue ich mir die Rillen der Daumen und Zeigefinger an. Die Fingerabdrücke sind sorgfältig abgeheftet.

Auf dem Tisch befand sich ein Zettel, auf den die Namen geschrieben wurden. Dieser Zettel ist gesichert worden und befindet sich in der Kopie bei den Unterlagen. Das Original wurde durch die Abteilung 32 nach latenten Fingerabdrücken untersucht und gesichert.
Bei dieser Zusammenkunft wurden verschiedene Spurenträger durch den IM vorbereitet, um eine Übersicht der Fingerspuren aller Verdächtigen zu erarbeiten. Das Ergebnis wurde von der Abteilung 32

als gut eingeschätzt. Die aufgefundenen Fingerabdrücke konnten nach einer Skizze des IM den einzelnen Verdächtigen zugeordnet werden.
(BStU, OV „Kreis", Band 4, Bl. 142)

Arnold, der »Sicherheitsbeauftragte«, hatte dem MfS seine Qualifikation glänzend unter Beweis gestellt. Er arbeitet in drei Schichten, tagsüber als wissenschaftlicher Assistent an der Humboldt-Universität, abends in der Gruppe, nachts ist er beschäftigt mit Spurensicherung und der Abfassung seiner seitenlangen Berichte.
Und weil das mit den Fingerabdrücken so gut geklappt hat, soll der IM (inoffiziell!) die Wohnungsschlüssel der »Verdächtigen« besorgen, es werden Nachschlüssel gebraucht.
Vielleicht war es unser Freund Kalle, der der Stasi nach einem Besuch bei uns unbewusst einen Tipp gab. Im Bericht über ein Treffen mit dem IM »Kalle Lukasch« notiert sein Führungsoffizier:

Am 27.04.77 besuchte der IM den Klaus Wolfram in dessen Wohnung. Dem IM wurde eine „Siggi" vorgestellt, die nach Angaben des W o l f r a m eine frühere Studienfreundin der Inga Wolfram ist. Zurzeit wohnt sie im Prenzlauer Berg und arbeitet entweder im Rat des Stadtbezirks Mitte oder direkt beim Magistrat, auf jeden Fall in der Abteilung Kultur. Sie hat ständigen Zugang zur Wohnung des W o l f r a m .
(BStU, OV „Kreis", Band 7, Bl. 186)

Wer gibt ihnen die Schlüssel? Weder Klaus noch ich vermissen jemals unsere Schlüssel.
Klaus glaubt nicht an Hausdurchsuchungen. Er will es nicht glauben. Wie oft denke ich, es war jemand hier, ein »Jemand«, der hier nicht hergehört. Jedenfalls denke ich das, wenn ich zwei, drei Tage nicht da war, und erst recht, wenn wir alle nicht da waren.

Der Vater von Klaus hatte uns sein Sommerhaus in der Umgebung von Berlin zur Nutzung überlassen. Ein kleines altes Holzhaus, das wir weiß anstreichen. Es steht auf einem schönen Waldgrundstück und unsere einzigen Nachbarn sind ausgerechnet Stasileute aus Königs Wusterhausen. Der Mann stellt sich direkt so vor: Ich arbeite bei den Organen, sagt er mir eines Tages, oder hatte er »bei den zuständigen Organen« gesagt?
Klaus fährt fast nie auf unsere Datscha. Keine Zeit. Ich liebe dieses Haus. Von der Terrasse aus sieht man in der Ferne den See, die warme Luft riecht nach Kiefern und nur zweimal am Tag nach Autoabgasen, morgens, wenn das zuständige Organ zur Arbeit fährt, und abends noch mal. Oft komme ich mit Max und meiner Freundin Sigrid hierher. Wir fahren mit S-Bahn und Bus und mit großen Taschen, vollgepackt mit Lebensmitteln. Das Angebot im Dorf-Konsum ist nicht gerade üppig und wenn wir als Fremde hier Milch kaufen wollen, müssen wir das vorher anmelden, zwei Tage vorher, telefonisch von Berlin aus, sonst gibt's nichts. Manchmal fahren wir auch nur für ein Wochenende, dann gibt's sowieso nichts, dann ist der Konsum zu.
Einmal, Klaus ist für drei Tage außerhalb von Berlin, spannen Sigrid und ich dünne Fäden innen vor unsere Eingangstür. Man kommt nicht rein, ohne die Fäden zu beschädigen, es sei denn, man weiß, dass sie da liegen. Als wir am Sonntagabend zurückkommen, öffnen wir die Tür vorsichtig. Die Fäden sind zerrissen und liegen unbeachtet auf dem Boden. Ich reiße alle Fenster auf, wir saugen überall Staub, wischen im Bad und in der Küche die Fußböden. Aber es wird nicht besser – es ist ekelhaft, dieses Gefühl des Ausgeliefertseins.
Ein paar Tage später kommt Dieter zu uns nach Hause. Ich bin mit Max allein und Dieter will auf Klaus warten. Wir unterhalten uns über Filme, über Fellinis *8 ½* und Margarethe von Trottas *Schwestern, oder die Balance des Glücks*. Kein Wort über die Gruppe, wie immer. »Wenn du mal einen Film drehst, versprich, dass ich mitspielen darf, als jugendlicher Held. Du darfst also nicht zu lange damit warten.« Er weiß, dass ich schon länger daran denke, selbst Filme zu machen.

Nebenbei nimmt er unser Telefon in die Hand. »Habt ihr einen Werkzeugkasten?« Den haben wir, aber das Telefon ist nicht kaputt. Vor dem Philosophiestudium hat Dieter eine Berufsausbildung als Fernmeldemechaniker gemacht, er kennt sich aus mit Telefonen. Er wühlt sich durch unsere kleine Abstellkammer und findet, was er sucht – einen Schraubenzieher passender Größe. Er schraubt das Telefon auf, schaut in den Apparat, dann zu mir, und ohne auch nur ein Wort zu sagen, holt er ein kleines Metallteil heraus. Er kullert es über unseren weißen Esstisch zu mir und braucht nicht zu sagen, was das wohl ist.

Bei seinem Besuch im April hatte der IM »Kalle Lukasch« auch unseren Freund Kuddel kennengelernt.

> In der Wohnung des Wolfram war außer Wolframs Frau auch ein Freund des Wolfram anwesend, der dem IM nicht namentlich vorgestellt wurde. Er wurde als ehemaliger Studienfreund des Klaus Wolfram von der Humboldt-Universität vorgestellt, der zuzeit im Antiquariat Unter den Linden tätig ist.
> (BStU, OV „Kreis", Band 7, Bl. 186)

Kurt-Günther Hehr, genannt Kuddel. Unsere ehemaligen Mitstudenten lebten in der Mehrzahl ein ganz normales DDR-Leben, sie arbeiteten in Ministerien, an der Uni, in Hochschulen, in Verlagen, eben da, wo junge Philosophen gebraucht wurden. Aber neben den üblichen gab es auch andere Lebenswege.
Kuddel studierte mit uns von Anfang an – er kam aus Rostock, hatte einen trockenen norddeutschen Humor und eine wunderbare Lässigkeit. Er lernte nie und kam dennoch meistens glatt durch die Prüfungen. Weil er reden konnte und ein Grundwissen hatte. Die besten Zensuren hatte er in den politischen Fächern. »Da muss man doch nur ein bisschen dämlich reden«, sagte er. Wir redeten viel über die

DDR, über das Duckmäusertum, über das Grau im Land. Kuddel konnte auch Hosen nähen und kochen und mit nichts Wohnungen einrichten. Und er trank gern. Zum Ende des Studiums hatte ich das Gefühl, dass er nicht wusste, was er machen sollte. Kuddel als marxistischer Propagandist? Undenkbar. Und für die Wissenschaft war er auch nicht geschaffen. Kuddel wurde melancholisch und auf eigentümliche Weise still. Kurz vor dem Diplom schmiss er das Studium hin. Er bekam eine Stelle im Staatlichen Antiquariat Unter den Linden und heiratete Dolly, eine Kunststudentin, die wie ein Engel aussah und auch einer war. Wir besuchten uns häufig. Eines Tages rief er an: »Kannst du heute mal im Antiquariat vorbeikommen?« Als ich kam, gab er mir ein Buch und flüsterte: »Für fünf Tage.« Ich hielt ein Buch in der Hand, das ich freiwillig nie gelesen hätte: Karl Marx, *Der achtzehnte Brumaire des Louis Bonaparte*. Aber was da draufstand, war nicht drin. Es war Wolfgang Leonhard, *Die Revolution entlässt ihre Kinder*. Ich hatte von dem Buch gehört und wusste, dass es in der DDR verboten war. Ich fuhr nach Hause und las. Ich kannte Namen und Schicksale aus den Erzählungen meines Vaters und brauchte keine zwei Tage es auszulesen. Sigrid sah das Buch bei mir und sicher habe ich ihr gesagt, dass es von Kuddel kam.

In den Akten lese ich, dass die Stasi erfährt, was ich gelesen habe. Sie insistieren und wollen wissen, woher ich das Buch habe. Oberleutnant Bachmann beauftragt die Stasi-Dienststelle im Prenzlauer Berg, eine Informantin zu befragen – und die Informantin informiert.

Bald darauf wird Kuddel aus dem Antiquariat entlassen. Er arbeitet als Bühnenarbeiter im Theater und als Friedhofsgärtner. Fünf Jahre später hat er sich das Leben genommen.

—

Im Frühjahr 1977 fährt Klaus zu Wölfchen nach Warschau. Es ist kein Visum nötig, er fährt einfach und die Stasi versucht, ihm auf den Fersen zu bleiben. Sie bitten ihre polnischen Kollegen um Amtshilfe, aber das will vorerst nicht gelingen. Über einen britischen Staatsbürger knüpfen Klaus und Wölfchen in Warschau den Kontakt zum Büro der

IV. Internationale nach London. Und Klaus lernt einige polnische Oppositionelle kennen. Auch in Warschau arbeiten sie an der Lösung des Literaturproblems. Nach Polen lassen sich Bücher aus Westeuropa leichter einführen als nach Ost-Berlin. Der Büchertransport von Warschau über die Oder-Neiße-Grenze in die DDR sollte nicht das Problem sein.

Nach seiner Rückkehr berichtet Klaus der Gruppe über seine polnischen Kontakte, über die jetzt möglich gewordene Verbindungsaufnahme mit den Trotzkisten in England und den Vorschlag des britischen Kontaktmanns, einen Büchertransport von Schweden über Warschau nach Berlin zu organisieren. Und ganz nebenbei sagt er noch, dass er ja nicht allein nach Warschau gefahren ist. Ein Freund sei mitgekommen, einer aus der Studienzeit, und dieser Freund arbeite in einer ähnlichen Gruppe und das MfS hätte keine Ahnung, was da läuft. Klaus verriet keinen Namen, aber was er gesagt hatte, war von Arnold der »zuständigen« Stelle zugetragen worden und sorgte für Aufregung. Das gefällt der Stasi gar nicht, Verbindungen vom »Kreis« zu einer oder mehreren anderen Oppositionsgruppen, das wächst der Stasi über den Kopf, da sind sie nicht drin, da wissen sie nicht, was läuft.

Arnold bekommt Instruktionen, sich überall reinschleusen zu lassen – das gelingt aber nicht. Die Kontakte zu anderen Gruppen hält ausschließlich Klaus und über deren inhaltliche Arbeit spricht er nur beiläufig und ohne Namen zu nennen.

Aber der fleißige IM »André Holzer« hat ja Karriere gemacht in der Gruppe, er wird es schon richten. Oberleutnant Bachmann sieht da Möglichkeiten:

> Die Übernahme der Funktion des Sicherheitsbeauftragten durch den IM wird zwangsläufig zu seiner weiteren strafrechtlichen Belastung führen, eröffnet aber auch die Möglichkeit, umfassende und qualitativ höherwertige Informationen über die Kontakte ins Operationsgebiet, die Kontakte ins

sozialistische Ausland sowie zu den namentlich noch nicht bekannten Gruppen zu erarbeiten.
(BStU, OV „Kreis", Band 4, Bl. 197)

Und er soll auch nicht alles allein machen, es gibt Aussicht auf Unterstützung: Jutta, Deckname: Antje Holzer. Diese Ähnlichkeit der Namen macht Sinn, Jutta ist die Noch-Freundin oder Schon-Ehefrau von Arnold Schölzel. Als besonderen Vertrauensbeweis hat das MfS die beiden sogar voreinander »dekonspiriert«, was heißt, sie können über ihre IM-Tätigkeit miteinander reden, was Arnolds nächtliche Aktivitäten fraglos erleichtert.
Und gelegentlich wird er seiner »Antje« auch den einen oder anderen Tipp geben können, bei seiner Erfahrung.

Nach Rückkehr der Freundin des IM aus der Sowjetunion ist zu erwarten, dass diese in die Beziehungen der eingeweihten Freundinnen und Ehefrauen der Verdächtigen einbezogen wird.
Es ist beabsichtigt, dass der IM „Antje" zielstrebig Kontakt zur Ehefrau des W o l f r a m sucht, ohne sich insbesondere für die Probleme des W o l f r a m zu interessieren, falls die Ehefrau nicht von sich aus darüber spricht. Der IM soll sich bereit erklären, zeitweise die Betreuung des Kindes der Wolframs zu übernehmen. Es soll zu vertraulichen Beziehungen unabhängig von den Ehemännern kommen.
(BStU, OV „Kreis", Band 4, Bl. 145)

Es dauert gar nicht lange und Jutta Schölzel erscheint bei uns. Sie kündigt sich nicht an, sie kommt an einem Sonntag, als ich mit Max auf dem Weg in den Tierpark bin. Jutta versucht mit mir zu plaudern, ganz nett, ganz allgemein. Immer wieder sagt sie: »Oh, der Max ist ja süß!« Mein kleiner Max, sonst zu allen sanft und zutraulich, blickt sie ernst an und lächelt nicht einmal. »Inga, ich kann doch mal auf ihn aufpassen, du hast doch immer so viel zu tun, diese Fahrerei nach Babelsberg …« Ich bin irritiert, aber Jutta ist nicht zu bremsen: »Ich hole ihn auch mal aus dem Kindergarten ab … und gehe mit ihm ins Kino …« Ich lehne dankend ab. Ich kenne die Frau überhaupt nicht.

Im Frühling 1977 habe ich viel in Babelsberg zu tun. Der Film *Ich will Euch sehen* ist noch nicht fertig, die Dreharbeiten sollen jetzt in den Wäldern von Brandenburg zu Ende gebracht werden. Meistens werde ich mit einem Auto um 5.00 Uhr morgens abgeholt, der Drehtag hat sechzehn Stunden und ich werde kurz vor Mitternacht wieder nach Berlin gebracht. Aber das Team ist wunderbar, humorvoll und immer noch motiviert. Die vielen russischen Schauspieler genießen den Aufenthalt in der DDR. Nur der Regisseur ist fantasielos, dumpf und intrigant. Erst probiert er die Szene tot, dann wird gedreht und dann schreit er: »Pa mal auf! Wir machen was ganz anderes.« Sein neuer Einfall ist dümmer als alle vorherigen und die Schauspieler murren. Er versucht, immer einen Schuldigen zu finden. Er schreit die Maskenbildnerin an, wenn sie die Schauspieler vor den Aufnahmen nachschminkt – und wenn sie es dann nicht tut, schreit er, dass alles versaut ist, weil die Maske unfähig ist. Die Nerven der Mitarbeiter liegen blank.
Ganz besonders gern tatscht er die jungen Schauspielerinnen und Mitarbeiterinnen an. Oder sagt anzügliche Dinge. Mir gegenüber hatte er sich bisher immer zurückgehalten, aber irgendwann macht er auch mich an. Ich schaue ihn an, er grinst. Die Wut packt mich – ich trete nah an ihn heran und knalle ihm eine, mit ganzer Kraft. Es herrscht absolute Stille am Drehort. Die sowjetischen Schauspieler lächeln verlegen und ich verlasse den Drehort. Er ruft mir nach: »Pa mal auf! Das wirst du büßen …« Er hatte mir schon tausendmal von seinen Verbindungen nach »ganz oben« erzählt. Er ahnte, was ich von »seinem« Minister hielt. Ich will zurück nach Berlin und diesen Menschen nicht mehr sehen. Zwei Minuten später steht die aufgeregte Produktionsleiterin vor mir:

»Inga! Wie sollen die sich denn verständigen?«
»Nimm Irina«, schlage ich vor.
»Die kann das doch nicht!«
»Ist mir egal!«
Die Produktionsleiterin fleht mich an. Sie ist in einer dummen Situation, die Dreharbeiten sind unterbrochen und auf die Schnelle gibt es keinen Ersatz für mich – so ein Drehtag kostet mehrere zehntausend Mark, das ist nicht aus der Portokasse auszugleichen, selbst für Veiczi nicht, mit seinen Beziehungen nach ganz oben. Und »sein Minister«? – der hätte ihm was gehustet.
»Er soll sich vor allen Anwesenden bei mir entschuldigen«, fordere ich mutig und füge noch hinzu: »Und nie mehr wagen, sich so zu benehmen.«
Der Regisseur entschuldigt sich vor versammeltem Drehstab.
Kurz nach diesem »Vorfall«, das finde ich in meinen Akten, schreibt das MfS aus Berlin an die Bezirksverwaltung in Potsdam:

> Sollte die Möglichkeit bestehen, die Wolfram ohne Dekonspiration generell aus ihrer freiberuflichen Dolmetschertätigkeit bei der DEFA herauszulösen, wäre dies ein operatives Interesse unserer Diensteinheit.
> (BStU, OPK „Radius", Band 1, Bl. 104)

Ich habe bis 1990 für die DEFA in Babelsberg gearbeitet. János Veiczi hat nach *Ich will Euch sehen* keinen Film mehr gedreht.

Bei ihrem Treffen am 30. 4. 1977 werden die »verdächtigen Personen beim Betreten der Wohnung des Nitsche durch das Referat E fotografisch dokumentiert.« An diesem Tag wird die Bücherliste fertiggestellt und an »Stefan« übergeben. Der Büchertransport wird am 22. 6. zwischen 7.00 und 9.00 Uhr an der Transitstrecke zwischen Westberlin und Hamburg stattfinden. Das schlägt »Stefan« vor, er kennt die Strecke, aber den genauen Ort der Übernahme, den muss die Gruppe selbst festgelegen, das muss vor Ort erkundet werden. Aber »Stefan« ist mehr als nur ein Kurier, er will nicht nur Bücher transportieren und in Ostberlin ins Theater gehen – er will wissen, was sich in der DDR bewegt und auf welcher Basis sich die Gruppe gebildet hat.

> Auf die Frage „Stefans", wann der Bruch, der zur Opposition führte, eingetreten ist, erklärte W o l f r a m , dass diese Entwicklung begann, als man die erarbeitete marxistische Theorie auf die Wirklichkeit anwenden wollte, d.h., als sie den Marxismus, so wie er im Philosophiestudium dargeboten wurde, als Ganzes erfasst und begriffen hatten und versuchten, ihn als Handwerkszeug bei der Analyse der Wirklichkeit unserer Gesellschaft anzuwenden.
> Nach seiner Meinung gebe es zwei zentrale Punkte, die in der DDR immer offen blieben:
> 1. Die Parteigeschichte, in der es totale Lücken gebe;
> 2. die soziale Gleichheit; es herrsche eine enorme soziale Diskrepanz zwischen „oben" und „unten".
> „Stefan" stellte die Frage, wie man mit solchen Vorbehalten in die Partei eintreten könnte.
> Darauf antworteten N i t s c h e und K l e i n - s c h m i d t , dass sie mit Begeisterung Mitglieder geworden sind und die Ernüchterung erfolgte, als sie versuchten, ihre marxistischen Kenntnisse anzuwenden.
> (BStU, OV „Kreis", Band 4, Bl. 188)

Arnolds IM-Bericht umfasst siebzehn Seiten. Als »besonderes Vorkommnis« vermerkt die Stasi: »Es war vorgesehen, diese Zusammenkunft auf Tonband aufzunehmen. Die dazu notwendigen Vorbereitungen waren auch getroffen, es ist aber nicht gelungen, den Sender aufzunehmen. Der IM erklärte dazu, dass er den Sender diesmal hinter dem Ofen platziert hatte und die Tasche von Krause vor dem Sender gestanden hat. Den Sender hat er wie immer bedient. Der Ausfall des Senders ist schon einmal vorgekommen. Eine Rücksprache mit dem Referat E ergab, dass dies möglich ist. Der IM hat einen ausführlichen Bericht auf Tonband gesprochen.«

Ende Mai wird »Stefan« zum nächsten Treffen erwartet. Bis dahin muss der Ort der Bücherübergabe feststehen. Arnold erhält diesbezüglich Instruktionen von zuständiger Stelle und sucht das Gespräch mit Klaus:

> Klaus sagte, er habe keine Vorstellung von dieser Strecke, er habe bisher immer angenommen, dass es nur Autobahntransitstrecken gebe. Er hoffe, dass es auf so einer Landstraße leichter sei, denn man könne ja in Wald- oder Feldwege reinfahren. Ich machte ihn darauf aufmerksam, dass nach meiner Erfahrung auf dieser Strecke sehr viele Streifenwagen der Volkspolizei unterwegs wären, eben weil es keine normale Landstraße sei. Ich schlug vor, dass man nach Parkplätzen Ausschau halten sollte, wo unser Auto vielleicht von hinten ranfahren könnte, während die Westberliner ganz normal parken würden.
>
> Klaus sagte, das wäre ja eine gute Idee, die man spätestens bis zum Pfingstsonntag überprüfen würde.
>
> Wir kamen auch darauf zu sprechen, wo dieser Bücherberg eigentlich untergebracht werden sollte, woraufhin Klaus mich bat, ich sollte mir darüber Gedanken machen und dann der Gruppe Vorschläge unterbreiten.
>
> (BStU, OV „Kreis", Band 4, Bl. 138)

Am 25. 5. suchen Sebastian, Klaus und Dieter die Stelle. Fernverkehrsstraße F5, zwischen Kyritz und Friesack, am Kilometer 95, Abzweig Dreetz, rechts fünfzehn Meter Waldweg – eine umgeknickte Kiefer im Wald. Das würde »Stefan« gut finden. Fünf Tage später kommt »Stefan«. Er ist etwas verstört – man hatte ihn an der Grenze gefilzt und ihm das Manuskript seines Vortrags abgenommen, den er der Gruppe über die politischen Entwicklungen in Portugal halten wollte. Er wurde über eine Stunde festgehalten, es wurde telefoniert, ein Vorgesetzter kam, stellte alle Fragen noch mal und ließ ihn dann gehen. Die drei Bücher, die er unterm Hemd versteckt hatte, die haben sie nicht gefunden, oder wollten sie nicht finden. Er findet das Verhalten der Beamten merkwürdig und ist ziemlich verunsichert. »Stefan« sollte eigentlich das Geld für die Bücher heute mitnehmen. Die Gruppe hatte gesammelt und jeder, der konnte, hatte etwas gegeben – Klaus zweihundertachtundvierzig, Sebastian achtzig und Arnold hundertsechzig Westmark!
In den Akten ist dazu vermerkt:

> Der IM konnte sich von der Zahlung dieses Beitrages nicht ausschließen, da in der Gruppe bekannt ist, dass er von seinen Eltern aus der BRD Westgeld erhält.
> (BStU, OV „Kreis", Band 4, Bl. 208)

Aber »Stefan« will das Geld nicht mitnehmen. Er war mit fünfzig Westmark eingereist und kann nicht mit fünfhundert Westmark wieder ausreisen, das ist ihm zu heiß. Es wird verabredet, dass Wolfgang am 9. 6. in der Buchhandlung am Alexanderplatz einen Westberliner Kurier treffen wird, der das Geld für »Stefan« entgegennimmt. Als das geklärt ist, bleibt noch »Stefan« den genauen Ort der Buchübergabe zu erklären und die Details der Vorgehensweise zu diskutieren. Und diesmal funktioniert Arnolds Abhörtechnik einwandfrei, er liefert der Stasi sogar eine Skizze.

Die Übergabe der Bücher erfolgt am 22.6.1977 mit dem VW-Käfer, Farbe orange, in der Zeit zwischen 6.45 - 7.30 Uhr.
Als Ort wurde ein Waldweg zwischen Friesack und Kyritz ausgesucht. Der Weg ist die Fortsetzung der Straße nach Dreetz (siehe dazu Skizze des IM).
Es ist vorgesehen, dass der West-Pkw am Anfang dieses Weges in einer Ausbuchtung parkt. Dass die Verdächtigen zur Übernahme bereit sind, zeigt eine mit dem Hals in den Sand gedrückte Flasche an. Die Bücher werden von der Westwagenbesatzung an einer umgebrochenen Kiefer abgelegt. Von dort holen die Verdächtigen, ohne Kontaktaufnahme mit den Westberlinern, die Bücher ab und transportieren sie mit dem Pkw des K l e i n s c h m i d t (Trabant 601, Farbe weiß, pol. Kennzeichen -geschwärzt-) nach Berlin.
Die Liste der angeforderten Literatur ist durch den IM dem Mitarbeiter übergeben worden.
(BStU, OV „Kreis", Band 5, Bl. 81)

Aus den Informationen seines IM kommt das MfS zu der Feststellung:

Die Gruppe geht gegenwärtig zu feindlichen Aktivitäten über, die die Möglichkeit bieten, sie zu liquidieren.
(BStU, OV „Kreis", Band 5, Bl. 84)

Kaum dass Arnold seine Aufzeichnungen abgegeben hat, meldet sich Wölfchens Frau bei Oberleutnant Bachmann, um eine Mitteilung zu machen:

> Am 1.6.1977 erstattete die Ehefrau des Gruppenmitglieds Templin, Renate Karrer, dem MfS gegenüber eine offizielle Mitteilung, die protokollarisch gesichert wurde. Daraus geht hervor, dass Templin mit den übrigen Personen eine feindliche Gruppierung bildet, in der VR Polen Kontakte zu feindlichen Kräften unterhält und ein sogenanntes Bildungsprogramm in die DDR einschleuste und weiterverbreitete. (Eine von Templin gefertigte Übersetzung dieser Hetzschrift wurde durch den IM „André" bereits konspirativ gesichert.)
> Da die Genannte die Ehescheidung beantragt hat und ihre Eltern über ihre Kenntnisse informierte - ihre Mutter ist die Tochter von Prof. Dr. Jürgen Kuczynski -, ist nicht auszuschließen, dass ihr Vorgehen auch weiteren Personen bzw. den Gruppenmitgliedern bekannt wird.
> (BStU, OV „Kreis", Band 6, Bl. 13)

Wölfchen hatte zu diesem Zeitpunkt keinen Kontakt zur Gruppe, er kam erst Ende Juni aus Polen zurück. Ich weiß auch nicht mehr, ob wir etwas von Renates Verrat erfahren haben, aber wir vermuteten schon lange, dass sie bis zum Äußersten gehen würde. Zu oft hatte sie damit gedroht, und Wölfchens Forschungsstudium in Polen war auch eine Flucht vor Renate.
Hätten wir ihm sagen sollen: »Wölfchen, du hast die falsche Frau!«
Oberleutnant Bachmann legt Renates Protokoll zu den Akten, besieht das Ganze noch mal gründlich und macht den Sack zu. Er hat genug gesammelt, die Gelegenheit scheint günstig und er erarbeitet (zur Kenntnisnahme an den Genossen Minister!) einen detaillierten

Vorschlag zum Abschluss des Operativ-Vorgangs „Kreis"

Es wird vorgeschlagen, den OV „Kreis" abzuschließen mit dem Ziel der Zerschlagung der staatsfeindlichen Gruppe und der Verhinderung weiterer staatsfeindlicher Aktivitäten dieses Personenkreises.

Seit Mai 1975 haben mindestens 37 Zusammenkünfte in den Wohnungen der Gruppenmitglieder sowie weiterer Personen unter immer stärkerer Beachtung konspirativer Regeln stattgefunden. An den Zusammenkünften nahmen überwiegend alle Gruppenmitglieder teil. Während der Zusammenkünfte wurden auf der Grundlage von trotzkistischer und anderer nichtsozialistischer Literatur, verfolgter Sendungen westlicher Rundfunk- und Fernsehstationen sowie von Vorträgen einzelner Gruppenmitglieder in umfangreichem Maße antisozialistische Auffassungen dargelegt und konzeptionelle Vorstellungen zur Veränderung der sozialistischen Staats- und Gesellschaftsordnung erarbeitet.

Seit Ende 1976 stehen die Verdächtigen unter Anwendung konspirativer Regeln mit dem Westberliner Bürger S t e i n k e, Rudolf („Stefan") in Verbindung. Dieser gab sich als Mitglied der trotzkistischen Organisation „Internationale Kommunisten Deutschlands" zu erkennen. Er forderte die Gruppe auf, Artikel zur gesellschaftspolitischen Situation der DDR zu verfassen, die er in geeigneter Form in WB und der BRD zur Veröffentlichung bringen wollte.

Die inoffiziell gesicherten Artikelentwürfe, die teilweise mit „wissenschaftlicher" Terminologie die gesellschaftlichen Verhältnisse und die sozialistische Staats- und Gesellschaftsordnung diskriminieren, sind geeignet, um durch Feindorganisationen im Operationsgebiet als „Ausdruck des Widerstandes" in der DDR verwendet zu werden.

Am 30.4.1977 übernahm der S t e i n k e von der Gruppe eine Liste mit Titeln von 47 Büchern überwiegend trotzkistischen und anderen antisozialistischen Inhalts. Diese Literatur soll von S t e i n k e in die DDR eingeschleust und diese entsprechend getroffener Festlegungen am 22.6.1977 auf konspirative Weise von Gruppenmitgliedern übernommen werden.

Durch den vorliegenden Sachverhalt, der sich im Wesentlichen aus Berichten des IM „André Holzer" sowie aus inoffiziell beschafften Unterlagen ergibt, ist der dringende Verdacht der staatsfeindlichen Gruppenbildung erfüllt. Hinsichtlich der Tatbeteiligten am 22.6.1977 sollte der Abschluss des OV „Kreis" auf der Grundlage des von den Beteiligten erfüllten Tatbestandes der staatsfeindlichen Hetze vorgenommen werden.

Die am 22.6.1977 geplante Aktion wird operativ abgesichert (HA VIII). Nach Dokumentierung der strafbaren Handlungen erfolgt der Zugriff und die getrennte konspirative Zuführung der in Aktion getretenen Westberliner und der DDR-Bürger zum VPKA Kyritz zur Vernehmung durch die HA IX. Die

Vernehmung der DDR-Bürger erfolgt mit dem Ziel der Einleitung eines Ermittlungsverfahrens mit Haft gem. § 106 StGB. Die Zuführung des Westberliner Bürgers erfolgt auf der Grundlage der Verletzung des Transitabkommens.

Durch die Festnahme der Personen Wolfram, Klaus, Krause, Dieter und Nitsche, Wolfgang auf frischer Tat gemäß § 106 StGB und die offiziell geringe Tatbeteiligung an strafbaren Handlungen nach § 106 StGB des IMF „André Holzer" bestehen günstige Voraussetzungen für dessen Herauslösung aus der Vorgangsarbeit.
Um die Konspiration des IM zu wahren, bieten sich zwei prinzipielle Wege:

1. Alle nicht in Haft zu nehmenden Beteiligten der Gruppe „Kreis" einschließlich des IM werden parteilich und disziplinarisch belangt.

Dieser Weg ist dem IM nicht zuzumuten, da er zwangsläufig zur völligen Aufgabe seiner persönlichen Entwicklung als Gesellschaftswissenschaftler in der DDR führen würde.

2. Alle nicht in Haft zu nehmenden Beteiligten der Gruppe „Kreis" einschließlich des IM werden weder parteilich noch disziplinarisch belangt. Ihnen gegenüber wird außerhalb der Untersuchungen gegen die Inhaftierten so verfahren, als seien sie an deren Straftaten nicht beteiligt.

Im Interesse des IM ist nur der zweite Weg realisierbar. Dieser Weg erfordert:

- eine dementsprechende Untersuchungsführung durch die HA IX,
- ferner eine dementsprechende bzw. dem angepasste Prozessführung und
- eine Information an den 1. Sekretär der SED-Bezirksleitung Berlin - Genossen Konrad NAUMANN -, aus der hervorgeht, dass eine der vier nicht zur Verantwortung gezogenen Personen IM ist und das Erfordernis der weiteren Kontrolle dieser Personen eine derartige Verfahrensweise gebietet.

Die Verfahrensweise einer Offenbarung durch den IM als Anzeigeerstatter oder inoffizieller Mitarbeiter wäre dem IM die unangenehmste Variante der Lösung des Vorgangs.

Es kann eingeschätzt werden, dass die Inhaftierung der Hauptbeteiligten den Rest der Gruppe derart verunsichert, dass von ihm keine feindlichen Aktivitäten mehr zu erwarten sind.
(BStU, OV „Kreis", Band 7, Bl. 160-169)

Zwei Tage vor der Aktion treten unerwartete Schwierigkeiten in der Gruppe auf. Es war verabredet, dass Klaus, Dieter und Sebastian an der Transitstrecke die Bücher übernehmen. Dieter aber fühlt sich weiterhin von der Stasi auf Schritt und Tritt beobachtet und sagt seine Teilnahme ab. Er ist der festen Überzeugung, dass er die Aktion in höchstem Maße gefährdet und seine Teilnahme ein unverantwortbares Risiko darstellen würde. Und Sebastian muss absagen, weil er in seinem Institut am 22. 6. bei einer wichtigen Konferenz auftreten soll.
Wäre es nicht vielleicht sogar besser, wenn man nur zu zweit fahren würde? Aber wer könnte der Zweite sein? Arnold zum Beispiel. Sicher

ist Arnold auf diese Situation vorbereitet (worden!), aber noch ehe er seine Teilnahme ablehnen kann, winkt Klaus ab: »Du bist doch unser sicherster Mann, der mit der reinsten Weste, halte du dich mal lieber im Hintergrund.«
Also bleibt nur noch Wolfgang, aber der ist nicht da, der kann nicht gefragt werden. Aber Wolfgang kommt, oder Klaus geht zu ihm, jedenfalls lässt er sich nicht lange bitten, von Klaus schon gar nicht. Selbstverständlich wird er mitfahren. Wann? Um sechs Uhr? Schwer für Wolfgang, aber kein Grund, einen Rückzieher zu machen.
Alles klar, die Aktion kann beginnen.

Am 22. Juni gegen sieben Uhr erreichen die beiden wie geplant und ohne Probleme den »Tatort«. Der nun folgende Ablauf der Ereignisse muss aus unterschiedlichen Perspektiven geschildert werden, denn es gibt drei Gruppen von Akteuren, aus deren Erleben des Tathergangs sich Unterschiede ergeben werden, die im späteren Verlauf der Ereignisse entscheidende Bedeutung erlangen.
Also zunächst und kurz zusammengefasst das, was Klaus und Wolfgang nach ihrer Rückkehr berichteten:
Sie hatten die Bücherpakete schon vom Auto aus an der verabredeten Stelle liegen sehen. Kaum, dass sie ausgestiegen waren, kamen zwei Autos auf dem Waldweg auf sie zu, stoppten in einiger Entfernung, aber niemand stieg aus. Klaus und Wolfgang, keine zehn Schritte von ihren Büchern entfernt, setzten sich an den Waldrand und spielten Frühstückspause. Minutenlang passierte gar nichts. Schließlich stiegen die Leute aus ihren Autos, wiesen sich als Angehörige der DDR-Zollverwaltung aus, kontrollierten Personalausweise und Fahrzeugpapiere und forderten die beiden zur Weiterfahrt auf. Das war alles. Die beiden fuhren nach Berlin zurück, tausend Fragen im Kopf und ein mulmiges Gefühl im Bauch.
Jetzt das Ganze in der Darstellung der Zollverwaltung der DDR. Zolloberkommissar Lange schreibt einen »Feststellungsbericht einer verdächtigen Verhaltensweise am 22. 6. 1977 auf der Fernverkehrsstraße 5«:

Im Rahmen der Kontroll- und Überwachungstätigkeit wurde gegen 7.36 Uhr ein Pkw VW mit dem amtlichen Kennzeichen B-PL 597 beim Befahren des Waldwegs gegenüber der Einfahrt Dreetz aufgenommen. Nach etwa 15 Metern stoppte der Pkw VW und die Insassen verließen das Fahrzeug, um im angrenzenden Waldstück drei Behälter abzulegen. Nachdem sie wieder in ihr Fahrzeug eingestiegen waren, erschien auf dem Waldweg ein DDR-Pkw Trabant, pol. Kennzeichen IS 18-88. Nachdem die beiden Insassen dieses Pkw kurz Kontakt zu den Insassen des Pkw VW aufgenommen hatten, verließ dieser den Waldweg in Richtung Segeletz. Die Insassen des Pkw Trabant wollten die im Wald gelagerten Behälter aufnehmen, ließen aber davon ab, als zwei weitere DDR-Pkw den Waldweg befuhren. Die DDR-Bürger, welche sich durch PA als W o l f r a m , Klaus und N i t s c h e , Wolfgang auswiesen, wurden ersucht, den Standort mit ihrem Pkw zu verlassen. Dieser Aufforderung leisteten sie ohne größeren Widerspruch Folge.
(BStU, OV „Kreis", Band 7, Bl. 197)

So weit Zolloberkommissar Lange.
Und nun, als dritter Akteur, der eigentliche Veranstalter in der Rolle des stillen Beobachters. Für die Abteilung VIII der Bezirksverwaltung des MfS Potsdam sitzt, mit Stoppuhr, Fernglas, Fotoapparat, mit Stift und Notizblock ein »Falke« im Wald. Sieht was, aber schreibt nicht auf, was er sieht, sondern was er sehen soll – befehlsgemäß sozusagen. Er schreibt einen »Beobachtungsbericht zu einem Beobachtungsersuchen, betreffend eine ›Warenübergabe‹ an der F5, Bezirk Potsdam«. Der »Sachverhalt« ist über drei Seiten ausgebreitet, deshalb nur ein kurzer Auszug, der aber den entscheidenden Unterschied in der Darstellung des »Sachverhalts« durch »Falke« erkennen lässt:

07.37 Uhr
Der Pkw VW hielt an vorbezeichneter Stelle, der Beifahrer entnahm vom Rücksitz des Fahrzeugs einen Beutel sowie zwei Pakete, lief etwa 15 Meter in den Wald und legte dann das Material ab. Zeitgleich erschien eine Person (mit Brille) am Pkw VW, begrüßte den Fahrer mit Handschlag und wechselte ein paar Worte mit ihm.
Danach lief die Person (mit Brille) sofort zum abgelegten Material und übernahm dieses, ohne unmittelbaren Kontakt zum Beifahrer des Pkw VW aufzunehmen, der im selben Moment aus dem Wald zurückkam und sich zum Fahrzeug begab. Dann verließ der Pkw VW den genannten Standort in Richtung Horst.
Unmittelbar nach der Abfahrt des VW kam der Pkw Trabant, der Fahrer stieg aus und ging der zweiten Person entgegen, die sich mit dem aufgenommenen Material noch im Wald befand. In dieser Situation wurden beide DDR-Personen gestellt. Laut Weisung wurde das Material sichergestellt, die Personalien der Personen festgestellt und diese anschließend vom genannten Ort verwiesen.
Der Pkw VW wurde am km 96,8 gestoppt und entsprechend der Weisung überführt.
(BStU, OV „Kreis", Band 7, Bl. 181-182)

Viele Köche verderben den Brei. Alles war so gelaufen, wie die Gruppe es geplant, Arnold es weitergeleitet und Oberleutnant Bachmann es in seinen Maßnahmeplänen beschrieben hatte, aber im entscheidenden Moment passiert eben doch ein Fehler. Im Eifer des Gefechts waren die Kollegen vom Zoll nur Sekunden zu früh am Tatort erschienen und hatten damit den strafrechtlich verwertbaren Nachweis einer frischen Tat verhindert – und die ganze Angelegenheit gründlich verdorben. Dass dort Bücher im Wald lagen, wer kann das wissen? Und dass die »Verdächtigen« beabsichtigt hatten – das wäre eine Unterstellung und hatte strafrechtlich keinen Wert. Keine Warenübernahme, kein Zugriff, keine Zuführung. Ende einer Dienstfahrt.

Und was nun? Zwar »dokumentiert« der Beobachtungsbericht des Stasi-Kollegen »Falke« die Kontaktaufnahme zwischen einem DDR-Bürger (mit Brille) und einem der Überbringer (sie kennen sich also!), er »sieht« sogar, wie die im Wald abgelegten Pakete aufgenommen und die Personen dabei gestellt werden, aber über die geplante Verhaftung kann er dann doch nicht berichten, sie findet nicht statt, weil die »Tat« nicht stattgefunden hatte.

Ärgerlich, sehr ärgerlich, das hätte nicht passieren dürfen, die Mühen und Erfolge von zwei Jahren Aufklärung sind möglicherweise zunichtegemacht. Da gab es sicherlich einigen Klärungsbedarf, aber Fehler bleibt Fehler und Zolloberkommissar Lange wird Gelegenheit gegeben worden sein, sich in der Produktion zu bewähren, am Band vielleicht, bei der Kontrolle der Westpakete.

Sollten Klaus und Wolfgang einfach Glück gehabt haben? Wir sitzen wie auf glühenden Kohlen, aber in Berlin passiert zunächst nichts, gar nichts. Wir denken, das kann nur die Ruhe vor dem Sturm sein. Alles, was noch an belastendem Material vorhanden ist, wird verbrannt. Nicht zerrissen, man könnte sich ja für den Inhalt der Mülltonnen interessieren, es wird verbrannt. Bücher müssten noch versteckt werden, aber ein Blick aus unserem Fenster genügt und wir wissen, hier lässt sich nichts mehr unbeobachtet heraustragen. Wir warten und warten, den ganzen Tag, die halbe Nacht, nichts, kein Anruf, kein »Besuch«, nichts.

Sollten wir noch mal davongekommen sein? Nicht vorstellbar. Klaus will der Stasi zuvorkommen, Wind aus den Segeln nehmen, und ergreift von sich aus die Initiative. Er geht zum Parteisekretär seines Instituts und beichtet die Sache. Ja, er hatte über einen Bekannten im Westen Bücher bestellt, die er braucht und an die er in der DDR nicht rankommt, und die sollten – ja, ein Verstoß gegen geltende Gesetze (wie denn sonst?) – auf illegalem Wege überbracht werden, gestern, an der Transitstrecke nach Hamburg wollte er mit einem Freund, konnte aber nicht, weil ja der Zoll aufgetaucht war, und nein, keine Verhaftung, sie hatten ja nicht … aber es würde schon noch was kommen, die Personalien waren festgestellt worden und er fühlte sich verpflichtet, zuallererst seine Partei von dieser Sache in Kenntnis zu setzen.

Damit hatte Klaus einen Stein ins Rollen gebracht, der sonst vielleicht liegen geblieben wäre. Aber nun ist es raus und erzwingt geradezu eine gewisse Öffentlichkeit. Zwar ist die Parteiöffentlichkeit eine interne Angelegenheit und nach außen sollte nur dringen, was dafür bestimmt ist, aber in diesem Fall sieht der Parteisekretär Gefahr im Verzug. Er informiert den Stasibeauftragten seines Instituts, der wird die Bezirksverwaltung des MfS anrufen und der zuständige Oberleutnant Bachmann wird sich – als ob er das nicht wüsste, wird er gedacht, aber nicht gesagt haben – bedanken für die schnelle Information.

Die wachsamen Genossen, auch das noch! Und wie nun weiter?

Einbestellen kann er die »Verdächtigen« nicht, nicht auf Grund der Fakten und schon gar nicht auf Grund einer internen Parteiinformation. Zwar sitzen die beiden Westberliner Kuriere in Untersuchungshaft und hatten zugegeben die Bücher im Wald abgelegt zu haben, aber viel mehr war aus denen nicht rauszuholen gewesen. Für wen die Bücher bestimmt waren, das wussten sie nicht. Ja, man hatte sich hin und wieder mal mit ein paar Leuten in Ostberlin getroffen, in irgendwelchen Wohnungen in irgendwelchen Stadtbezirken, und stimmt, über Politik hatte man auch geredet, aber Namen? Ja, die beiden auf dem Foto, waren das nicht Norbert und Willy? Oder Hinz und Kunz? Mit den Aussagen von »Stefan« und seinem Freund kann die Stasi nicht viel anfangen, eine Ordnungsstrafe wegen Verletzung des Transitabkommens und ein unbefristetes Einreiseverbot in die DDR, mehr wird da nicht zu machen sein. Aber so schnell gibt Oberleutnant Bachmann nicht auf. Er zieht sich mit seinen Genossen zur Beratung zurück und es dauert nicht lange, da steigt weißer Rauch aus seiner Hütte. Sie haben es. Sie werden einen Köder auswerfen, mal sehen, was passiert. Am nächsten Tag wird im SED-Parteiblatt *Neues Deutschland* eine Pressemitteilung zu lesen sein:

> Am Mittwoch, dem 22. Juni 1977 wurden der Bürger der Bundesrepublik Rudolf Steinke und der Einwohner von Westberlin Manuel Frank auf frischer Tat gestellt, als sie mit dem von ihnen benutzten Pkw von der Transitstrecke zur BRD abwichen. Sie versteckten mehrere Behältnisse in einem Waldstück. Von den zuständigen Organen der DDR wurde wegen des begründeten Verdachts geheimdienstlicher Tätigkeit ein Ermittlungsverfahren eingeleitet. (BStU, OV „Kreis", Band 7, Bl. 266)

Und es passiert was! Nach zwei Tagen ist der Köder bereits geschluckt. Klaus und Wolfgang fühlen sich verpflichtet »Stefan« zu schützen, indem sie über ihre Beziehungen zu ihm aussagen. Sie stellen sich am 27. 6. der Stasi freiwillig zum Verhör. Und obwohl sie nicht an einen »begründeten Verdacht geheimdienstlicher Tätigkeit« glauben, können sie ihn auch nicht gänzlich ausschließen und glauben durch die Erklärung, die Tätigkeit westlicher Geheimdienste in keiner Weise begünstigen zu wollen, sich und die anderen Gruppenmitglieder schützen zu müssen.

Aber einmal begonnen, nehmen die Verhöre ihre ganz eigene Richtung. Bald geht es nicht mehr nur um die Bücher im Wald, nicht nur um »Stefan« und die geschriebenen und dann doch nicht veröffentlichten Artikel, sondern um mehr, als sie von »Stefan« haben erfahren können. Es geht um die Gruppe selbst. Und da fallen die beiden aus allen Wolken, die Stasi weiß alles: Ort, Tag und Stunde aller Gruppentreffen von Mai 1975 bis Juni 1977. Jedes Thema, jede Diskussion, jedes Buch, alle schriftlichen Ausarbeitungen, das Biermann-Papier, die Kontakte in Polen und zum Büro der IV. Internationale in London – sie wissen einfach alles. Die Verhöre sind letztlich darauf gerichtet, die von der Stasi über zwei Jahre durch Arnold Schölzel und Kalle Brie inoffiziell »aufgeklärten« Sachverhalte bei der Vernehmensführung offiziell in den Aussagen der Gruppenmitglieder bestätigt zu bekommen. Die protokollierten Aussagen sind unterschrieben und wären strafrechtlich verwertbar. Und noch eine Überraschung erleben die beiden. Die Vernehmungen enden nicht mit der Einleitung von Ermittlungsverfahren und Untersuchungshaft, sondern mit guten Wünschen für den Nachhauseweg und der Aufforderung, sich für weitere Vernehmungen zur Verfügung zu halten. Parallel zu den folgenden Vernehmungen von Klaus und Wolfgang werden auch Dieter und Sebastian zum Verhör geholt, nach seiner Rückkehr aus Polen dann Wölfchen Templin und Monate später auch noch Jan Lautenbach. Und natürlich Arnold Schölzel, dessen Vernehmungen wegen der notwendigen Aufrechterhaltung seiner Konspiration gegenüber den anderen Gruppenmitgliedern von der Stasi besonders sorgfältig geplant werden.

> Gemeinsam mit dem eingesetzten Vernehmer der HA IX soll in den Räumen, in denen die Befragungen von N i t s c h e und T e m p l i n stattfanden, eine Instruktion des IMF „André Holzer" stattfinden. In dieser Instruktion sollen alle die Punkte dem IMF mitgeteilt werden, in denen er von N i t s c h e und T e m p l i n belastet wurde und die er gegen sie im Gespräch mit W o l f r a m verwenden kann. Gleichzeitig ist der Verlauf seiner eigenen Vernehmung festzulegen.
> (BStU, OV „Kreis", Band 8, Bl. 172)

Nach all dem, was die Stasi wusste und in den Verhören gegen die Gruppenmitglieder verwendet hatte, war klar: Diese Informationen stammten aus der Gruppe selbst. Das Detailwissen der Stasi über Gesprächsinhalte von Gruppentreffen, wie dem in der Schorfheide, wo zwischen Himmel und Erde und auf zwölf Kilometern Wegstrecke

beim besten Willen keine Abhöranlagen installiert gewesen sein konnten, ließ keinen anderen Schluss zu: Der Verräter war dabei.
Die Gewissheit, dass es einer von uns war, verbunden mit der Notwendigkeit, diesen *einen* zu entdecken, machte jegliche inhaltliche Weiterarbeit unmöglich. Die Gruppe war paralysiert, das Vertrauen untereinander erschüttert, Misstrauen gesät und Freundschaften in Frage gestellt. Es begann ein Prozess, den die Stasi in ihren Maßnahmeplänen als Differenzierung und Zersetzung bezeichnete. Man traf sich nur noch zu Zweiergesprächen und auch da ging es ausschließlich darum herauszufinden, wer in welchem Verhör was gesagt hatte und wie man sich bei weiteren Verhören verhalten müsse, um so wenig wie möglich zuzugeben. Aber wie man es auch drehte und wendete, man landete immer wieder bei der Frage: Wer war es?
Der Personenkreis war zwar übersichtlich, aber das machte die Antwort nicht leichter. Klaus, Wolfgang und Dieter schieden von vornherein aus, ihre Integrität war durch nichts und niemanden in Frage gestellt. Es blieben: Sebastian Kleinschmidt, Wölfchen Templin, Jan Lautenbach und Arnold Schölzel.
Sebastian war so etwas wie der Bohemien der Gruppe, eine Künstlerseele. Er verfügte über einen weiten, kaum zu überschauenden Bekanntenkreis, war verbindlich und gelegentlich etwas zu mitteilsam, aber sogar wenn man so weit ging und ihm, wie Dieter es gesagt hatte, ein lyrisches Verhältnis zur Disziplin unterstellte – ein Verräter war Sebastian nicht, nie und nimmer.
Wölfchen Templin? Er hatte eine Frau, die sich der Gruppe gegenüber ablehnend, wenn nicht feindlich verhielt, er hatte mit der Stasi zusammengearbeitet, ja, aber er war auch ein Mensch, dem seinem Wesen nach nicht zu misstrauen war. Außerdem nahm er seit über einem Jahr nur noch sporadisch und im Zusammenhang mit seinen Verbindungen zur polnischen Opposition an den Gruppentreffen teil. Bei den bisherigen Vernehmungen hatten gerade diese Sachen keine Rolle gespielt. Weder war er in die Vorbereitungen des Büchertransports noch in die Treffen mit »Stefan« einbezogen gewesen. Also Wölfchen schied auch aus.

Und Jan Lautenbach? Jan hatte der Gruppe gegenüber seine Verbindungen zur Stasi offenbart, als sie schon nicht mehr bestanden. Er schien aus familiären Gründen für eine konspirative Arbeit wenig geeignet und vor allem Arnold hatte es verstanden, ihn der Gruppe als potentiell unsicheren Kandidaten erscheinen zu lassen. Jan war von der Gruppe isoliert worden. Er kannte zwar die Anfänge und hätte der Stasi auch über Inhalte und Ziele der Gruppenarbeit Auskunft geben können, aber mehr auch nicht. In die konkreten Zusammenhänge, wie sie in den Verhören eine Rolle spielten, war er nicht eingeweiht.
Blieb Arnold Schölzel. Ich misstraute ihm und seiner Frau schon damals und ich kann bis heute nicht verstehen, warum außer mir niemand auch nur den geringsten Verdacht gegen ihn hegte. Er war und blieb unangefochten der »sicherste« Mann der Gruppe.

Das Schlimmste vielleicht war das Gefühl der Scham, den Verräter in den eigenen Reihen zu wissen. Die Ohnmacht und das Ausgeliefertsein einem Zustand gegenüber, der nicht zu beenden war. Die Erfahrung, bestohlen und betrogen worden zu sein, war ein so ungeheuerlicher Einbruch des Fremden in die Intimität eines geistigen Zusammenlebens, dass er weder sachlich noch emotional zu verarbeiten war. Man wollte es wissen und wehrte sich es zu wissen, weil das Gefühl sagte, ist doch egal – es ist aus.

—

Vier Wochen später waren die Ermittlungen im Wesentlichen abgeschlossen.
Man hatte gesammelt, was zu kriegen war, die Vernehmungen waren ausgewertet, aber zur Anwendung strafrechtlicher Mittel hatte es ganz offensichtlich nicht gereicht – oder war das alles nur als Warnung zu verstehen, sollte die Stasi nur die Instrumente gezeigt haben?

Im August 1977 hatte meine Freundin Sigrid über die Gewerkschaft für sich, Max und mich einen Urlaubsplatz auf Rügen ergattert – zwölf Tage Ostsee.

Am Morgen unserer Abreise flirrte die Luft vor Hitze. Wir fuhren in einem geliehenen Auto in den Norden, es war dasselbe, mit dem der Büchertransport stattfinden sollte. Zwei Tage zuvor war Klaus in der Normannenstraße gewesen, um sich zu erkundigen, ob er Berlin verlassen könnte, um seine Familie an die Ostsee zu bringen. Nach den Verhören war ihm das ausdrücklich untersagt worden, aber jetzt gab man sich verständnisvoll und erteilte ihm eine Ausnahme-Genehmigung, für einen Tag.
Kurz vor Rügen fängt es an zu regnen. Ein paar Stunden später fährt Klaus nach Berlin zurück und nimmt den Regen auch gleich wieder mit. Am nächsten Tag und an allen Tagen danach scheint die Sonne. Das Meer ist warm. Wir fahren jeden Morgen mit den Fahrrädern zum weißen Ostseestrand, Max sitzt bei Sigrid im Kindersitz vor dem Lenker. An den Abenden fahren wir an den Bodden – da ist niemand, wir baden nackt und Max bemalt einen riesengroßen grauen Stein am Wasser. Er hatte von meinem Onkel aus Schweden bunte Fingerfarben geschenkt bekommen. Der kleine Max muss sich auf Zehenspitzen stellen, um mit seinen Fingerchen die Spitze des Steins zu erreichen, denn da kommt die Sonne hin. Sie ist gelb und ein bisschen rot, in der Mitte des Steins ist ein Haus mit drei Fenstern und einer Tür. Daneben wachsen bunte Blumen. Jeden Tag bekommt der Stein ein paar neue Blumen oder blauen Himmel und weiße Wolken dazu. Vor dem Haus stehen Max, Mama und Sigrid. Sein Papa schaut aus einem Fenster. Momentaufnahme jener seltenen Normalität in diesem Sommer. Hätte uns damals jemand gesagt: Zwölf Jahre noch, dann gibt es eure DDR nicht mehr, wir hätten ihn ausgelacht. Klaus hätte gesagt: »Ach was, man muss da in historischen Zeiträumen denken, und die sind lang.«

Die Wochen nach den Verhören, als alles gesagt und doch niemand verhaftet worden war, erlebte ich mit merkwürdiger Leichtigkeit in der Hoffnung auf ein bisschen Normalität. Diese ewige Konspiration – ich habe sie verstanden, als notwendigen Schutz akzeptiert und mitgetragen. Aber ich habe sie auch gehasst, diese Entfernung zwischen Klaus und mir, und uns. Ganz gegen unseren Willen hatte sich »die Sache« zwischen uns gestellt. Die Gruppe war unser Alltag und gleichzeitig ein Stück Niemandsland, unberührt von unserer Beziehung. Das sollte vorbei sein. War es aber nicht.

Während wir noch am Ostseestrand in der Sonne liegen und ich mir in meinen Gedanken das Leben danach ausmale, wird bei der Stasi in Berlin heftig am »Abschlussbericht der Liquidierung der staatsfeindlichen Gruppe ›Kreis‹« gefeilt, denn folgenlos darf die Sache nicht bleiben:

> Die Zerschlagung und Auflösung der staatsfeindlichen Gruppe „Kreis" erfolgt ohne die Anwendung strafrechtlicher Konsequenzen. Es wird in keiner Phase der weiteren Bearbeitung offenbart, dass das MfS Kenntnis von der Existenz der staatsfeindlichen Gruppe hat.
>
> Aus rechtspolitischen Erwägungen sowie unter Berücksichtigung des erreichten Standes der Bearbeitung und der offenbar gewordenen Grenzen, in denen gegen die bearbeiteten Personen mit den Mitteln des Strafrechts gehandelt werden kann, werden die Momente der staatsfeindlichen Gruppenbildung und staatsfeindlichen Hetze nicht herausgearbeitet.
>
> Gründe für das weitere Vorgehen ohne Einleitung strafrechtlicher Maßnahmen sind, dass verhindert werden soll, dem Feind Möglichkeiten zu bieten, propagandistisch gegen die DDR vorzugehen, und eine politische Aufwertung der Gruppe zu vermeiden ist.

Die Mitglieder der staatsfeindlichen Gruppe werden verwarnt.

Die staatsfeindliche Gruppe wird in mehreren Phasen mit politisch-operativen, parteierzieherischen und disziplinarischen sowie vernehmungstaktischen Mitteln zersetzt.
Der Schwerpunkt für weitere Maßnahmen gegen den Personenkreis liegt auf Unterbindung der Gruppentätigkeit im bereits eingeleiteten Prozess der Differenzierung und Zersetzung.

Zu den Einzelpersonen werden folgende Wege eingeschlagen:

1. W o l f r a m , Klaus
Angestrebt werden sein Parteiausschluss sowie die fristlose Kündigung seines Arbeitsverhältnisses durch die Leitung des IPW. Es wird versucht, ihm einen Arbeitsplatz außerhalb Berlins zu vermitteln, um ihn seinem bisherigen Umgangskreis zu entziehen.
W. bleibt derjenige, auf den sich die operative Nachkontrolle durch den IM konzentrieren wird, wenn die Gruppentätigkeit zum Erliegen kommt.

2. N i t s c h e , Wolfgang
Angestrebt werden im Ausgang eines durchzuführenden Parteiverfahrens eine strenge Rüge sowie die Überprüfung der bisherigen wissenschaftlichen Ergebnisse seines Forschungsstudiums an der HU.

3. K r a u s e , Dieter
Dem K. sind eindeutige Auflagen zu erteilen, dass

er künftig staatsfeindliche Handlungen zu unterlassen hat. Gesprächsweise ist mit ihm zu erörtern, wie er denn in seinem eigentlichen Beruf als Fernmeldemechaniker zurechtkäme, wenn er angesichts seiner ideologischen Vorbehalte als Parteimitglied und Redakteur nicht mehr arbeiten würde.

4. K l e i n s c h m i d t , Sebastian

Gegen den Kl. sind keine parteierzieherischen oder disziplinarischen Maßnahmen am Arbeitsplatz vorgesehen.

Es ist beabsichtigt, den Kl. für eine inoffizielle Zusammenarbeit zu gewinnen. Ziel seiner Werbung wäre neben der Nachkontrolle zu „Kreis" das Nutzen seiner interessanten Kontakte zu Kunst- und Kulturschaffenden.

5. T e m p l i n , Wolfgang

Gegen den T. wird wegen Zollvergehens im Zusammenhang mit der illegalen Einfuhr von Schriften antisozialistischen Inhalts aus der VR Polen ermittelt. Nach Abschluss der Ermittlungen werden die Unterlagen dem 1. Sekretär der SED-Kreisleitung Humboldt-Universität zur parteimäßigen Auswertung zur Verfügung gestellt.

Der T. ist hinsichtlich seiner Kontakte zu Personen der trotzkistischen IV. Internationale durch den IMF „André Holzer" weiter zu bearbeiten.

Zusammenfassend ist festzustellen, dass sich der Einsatz des IM „André Holzer" konzentrieren wird auf:

- das Erfassen und gegebenenfalls Ablenken aller Aktivitäten zum Erhalt der Gruppe mit dem Ziel, eine erneute Gruppentätigkeit nicht aufkommen zu lassen, ohne jedoch sein Vertrauensverhältnis zu W o l f r a m , Klaus dabei aufs Spiel zu setzen,
- den persönlichen Kontakt zu W o l f r a m , Klaus und T e m p l i n , Wolfgang einzeln zu erhalten und zu festigen,
- das Verstärken von Misstrauensmomenten, die sich durch die differenzierten Maßnahmen gegen die einzelnen Mitglieder der Gruppe „Kreis" ergeben.

(BStU, OV „Kreis", Band 8, Bl. 6-28)

—

Der Plan der Stasi – die Zersetzung der Gruppe – wird aufgehen. Es wird genau das eintreten, was Klaus mir einmal als seine eigentliche Angst beschrieben hatte, nämlich aufzufliegen in einer Phase der Arbeit, wo noch nichts geschafft war, alles nur Vorbereitung geblieben ist.
Klaus wird fristlos gekündigt und aus der Partei ausgeschlossen. Er geht als Arbeiter in einen Produktionsbetrieb. So normal hatte ich mir die Normalität nicht vorgestellt. Aber Klaus war komischerweise ganz zufrieden. Er hatte gefunden, was er so unbedingt suchte, die Verbindung zu den Arbeitern. Hier wollte er sie endlich richtig verstehen lernen, diese geheimnisvolle DDR.
Wolfgang Nitsche wird von seiner Parteiorganisation streng gerügt, bleibt aber Mitglied der Partei. Die Leitung seines Fachbereichs an der Humboldt-Universität jedoch kommt nach Prüfung seiner wissenschaftlichen Arbeitsergebnisse zu dem Ergebnis, dass eine Fortführung des Forschungsstudiums nicht gerechtfertigt ist. Wolfgang sucht sich eine Arbeit als Lektor in einem Verlag.
Dieter muss keine parteierzieherischen Maßnahmen über sich erge-

hen lassen, wird aber von seinem Chefredakteur zu einem Aufhebungsvertrag mit der *Berliner Zeitung* gezwungen. Er inseriert in der *Berliner Zeitung* – »Philosoph sucht neuen Wirkungskreis« – und findet da eine Stelle, wo Wolfgang Nitsche eben rausgeschmissen wurde, an der Humboldt-Universität, Institut für Hochschulbildung.
Sebastian Kleinschmidt passiert gar nichts. Er bleibt straflos Parteimitglied, führt seine begonnene Dissertation zum erfolgreichen Abschluss und geht als wissenschaftlicher Mitarbeiter an das Zentralinstitut für Literaturgeschichte.
Wölfchen Templin kommt zunächst mit einer Parteistrafe davon, bleibt aber wegen seiner Verbindungen zur Opposition in Polen im Visier der Stasi, und nachdem er im oppositionellen Untergrund der Friedensbewegung in der DDR aktiv wird, muss er erleben, wozu die Stasi fähig ist. Er ist schwersten Repressionen ausgesetzt und wird noch 1988 aus der DDR ausgewiesen.
Jan Lautenbach wird erst in die zweite Phase der Liquidierung der Gruppe »Kreis« einbezogen. Im Dezember 1977 wird er von der Stasi zum Verhör geholt. Aber Jan hält sich tapfer und auch bei einer an sein Verhör anschließenden Durchsuchung seiner Wohnung kann die Stasi nichts finden, was ihn oder die Gruppe gefährden könnte.
Arnold Schölzel bleibt weiter als IM »André Holzer« im Einsatz an der unsichtbaren Front. Er berichtet der Stasi von seinen gelegentlichen Treffen mit Klaus, hält auftragsgemäß die Verbindung zu Wölfchen und stillt mit seinen Berichten über andere Menschen und andere Zusammenhänge den Wissensdurst der Stasi … und wenn sie nicht gestorben wär, dann spitzelte er noch heute. Seine wissenschaftliche Karriere an der Humboldt-Universität läuft reibungslos, er promoviert, forscht und lehrt an der philosophischen Fakultät. Erst 1991, als sein Fachbereich evaluiert wird, fliegt er auf und raus.

Nachtrag (1)

In unseren Akten finde ich neben den unendlichen Geschichten über die Gruppe immer wieder auch einzelne Berichte über mich selbst. Es

sind nicht die Charakteristiken und auch nicht die IM-Berichte, die mir etwas bedeuten.
Bedeutend werden mir Einzelheiten, die Geheimnisse, die man nur mit seiner besten Freundin teilen kann. Alles finde ich wieder. Auch, dass ich die Methoden der Stasi »faschistisch« nenne. Das hatte ich nur einmal im Leben zu einer einzigen Person gesagt. Ich suche nicht nach dem Namen der Informantin, ich kenne ihn. Nie hatte ich gedacht, dass Sigrid unsere Beziehung der Stasi zur Besichtigung ausliefern würde. Keine großen Geheimnisse, kleine Geheimnisse, nur die Wahrheit. Sie erzählte, was sie wusste, und vielleicht hatte sie ja eines Tages zufällig unseren Wohnungsschlüssel dabei. Sie hatte es mir doch gleich am Anfang unserer Freundschaft gesagt und ich hatte es nicht vergessen: »Wenn ich damals in Deutschland gelebt hätte, wäre ich nicht im Widerstand gewesen. Ich hätte viel zu viel Angst gehabt.« Während der Nazizeit war Widerstand lebensgefährlich. In der DDR der Stasi die Zusammenarbeit zu verweigern war möglich und hätte ihr kaum Nachteile gebracht.
Woher kam nur ihre Mitteilsamkeit? War da ein Schmerz zu stillen? Erfüllte das Informationsbedürfnis der Stasi unerfüllte Sehnsüchte nach kleiner Teilhabe an großen Zusammenhängen, von denen sie sich ausgeschlossen fühlte? Plötzlich interessierte sich jemand auch für sie, hörte ihr zu, gab ihrem Wissen einen Wert. Sie bekam einen Auftritt, eine Rolle in einem Stück auf einer Bühne, und die Aufmerksamkeit und der Applaus ihrer Zuschauer gaben ihr für einen Moment das berauschende Gefühl der Macht über Menschen, denen sie sich im *richtigen* Leben unterlegen fühlte. Niemals habe ich sie als unterlegen betrachtet oder daran gedacht, dass sie sich vielleicht so fühlen könnte. Alles war aufregend und fragil um uns herum und Sigrid war ein Teil von dem, was mir immer bleiben sollte – ich für sie, sie für mich.
Aber statt in neuen Zeiten über die alten zu reden, zieht sie in die kleine Provinzstadt im Westen. Wen sollte da interessieren, was gewesen war in dem verschwundnen Land. So waren wir Freundinnen auf Zeit.

Nachtrag (2)

Oberleutnant Bachmann wird am 25. 7. 1977 mit dem »Kampforden für Verdienste um Volk und Vaterland« ausgezeichnet. Das Datum verweist auf einen Zusammenhang mit seinem erfolgreichen Abschluss des OV »Kreis«.
Im Oktober wird er die Beförderung zum Hauptmann entgegennehmen und sagen: »Ich diene der Deutschen Demokratischen Republik« (das hat er sich nicht ausgedacht, das sagen sie alle und immer zu solchen Anlässen). Als Zugabe, und vielleicht auch weil die Gehaltserhöhung so spärlich ausgefallen war, gibt's zum Jahresende noch ein Geschenk obendrauf – eine Reise in die Sowjetunion, mit Ehepartner, versteht sich, und »in Anerkennung« und so weiter.
Bevor Hauptmann Bachmann die Akten OV »Kreis« endgültig schließt, fallen ihm noch ein paar Sätze zur Ehefrau des W. ein:

> Die W o l f r a m arbeitet weiterhin als freiberufliche Dolmetscherin bei der DEFA. Ihre feindliche Haltung zum real existierenden Sozialismus in der DDR bringt sie im Arbeitsbereich offen zum Ausdruck. Diese gründet sich sowohl auf den Einfluss ihres Ehemannes als auch auf politisch-erzieherische Einflüsse ihres Elternhauses. Der Vater der W., Dr. Ernst N o f f k e , wurde durch die HA XX/2 wegen staatsfeindlicher Hetze bis zu seinem Tode 1973 operativ bearbeitet. Er vertrat vor 1945 in der Emigration in der Sowjetunion und auch nach 1945 in der DDR trotzkistische Positionen. Hier scheinen die Wurzeln für die feindliche Haltung der W o l f r a m zu liegen.
> Gegenwärtig bestehen für unsere Diensteinheit keine weiteren Möglichkeiten für eine operative Einflussnahme auf die W o l f r a m .
> (BStU, OV „Kreis", Band 9, Bl. 222)

Mein armer Vater. Aber es stimmt, alles hängt mit allem zusammen und auch wir waren Fleisch vom Fleische. Die Ideale und Utopien der Väter, ihre Enttäuschungen und Verzweiflungen waren Teil unseres Lebens. Wir waren die Erben ihrer zerbrochenen Träume, ob wir das wollten oder nicht, sie waren in allem, was sie erlebt und erlitten hatten, unsere Erzieher und wir ihre Hoffnung. Die Überzeugung aber, dass der wahre Sozialismus noch gemacht werden könnte, die richtigen Konsequenzen aus den Erfahrungen im real existierenden Sozialismus gezogen werden müssten, indem man nur die Scheuklappen ablegte, sah, was zu sehen war, und der Natur der Sache nach handelte, war mehr als die Summe der Erfahrungen der Väter. Es war das Bewusstsein einer historischen Chance, die nach 1945 für unsere Generation in dieser DDR entstanden und zu teuer erkauft war, als dass wir sie ohne einen Rettungsversuch preisgeben durften. Aber waren die Gäule nicht blind, auch ohne Scheuklappen blind? War nicht die Bedingung für all unser Denken und Tun die Aufrechterhaltung einer Gewalt im Ganzen, Mauer und Schießbebefehl inklusive?
Irgendwie, wenn auch unausgesprochen, war uns klar, ohne die Mauer gäbe es die DDR nicht. Sie gehörte zur DDR wie die politische Opposition zum real existierenden Sozialismus, und wir haben sie akzeptiert als etwas, was nicht zu ändern war, jedenfalls nicht in absehbarer Zeit. Wir haben, was uns möglich war, getan und nichts wäre heute, wie es ist, wenn es damals nicht gewesen wäre, wie es war.
Wie oft haben wir uns gefragt, was passiert wäre, wenn es den Verrat nicht gegeben hätte. Wie anders wäre unser Leben verlaufen, was wäre aus uns geworden, wenn der Büchertransport geklappt und die Gruppe weitergearbeitet hätte? Sicher wären wir irgendwann zu Aktionen übergegangen und hätten uns auf andere Weise und in anderen Zusammenhängen selbst ins Visier der Stasi gestellt. Und dann hätte es vielleicht gereicht für die Anwendung strafrechtlicher Mittel. Wir wären in den Westen gegangen, oder gegangen worden, und wahrscheinlich hätten wir im Fernsehen gesehen, wie alles den Bach runtergeht in der DDR, und hätten wie Wölfchen Templin in Westberlin auf gepackten Koffern gesessen, gewartet und gehofft, dass sie

uns fragen würden, brauchen würden in diesem hellen Augenblick, wo alles möglich schien, worauf wir jahrelang hingearbeitet hatten. Als im Sommer 1989 tausende DDR-Bürger mit ihren klapprigen Autos über Ungarn nach Österreich fahren, jubelnd und schwarz-rot-goldene Fahnen schwenkend, aus denen das DDR-Staatsemblem herausgeschnitten war, tut mir das weh und bringt mich in eine Distanz, wie ich sie zuvor noch nie empfunden hatte. In der Wendezeit zeigte sich dann, wie wenig von dem, was die politische Opposition und später die Bürgerrechtsbewegung erdacht und erhofft hatten, in die neue Zeit mitgenommen werden konnte. Nur uns selbst haben wir mitgenommen und unser Land in unsere Geistes-Gegenwart.

—

9. November 1989. Die unglaubliche Geschwindigkeit, mit der das ablief, das Unerwartete, Unvorstellbare, so schnell, so leicht, so fröhlich. Ich hatte nichts gehört, nichts gesehen, kein Fernsehen, keine Nachrichten. Nur eine Beobachtung hatte mich stutzig gemacht. Es waren plötzlich so viele Leute auf der Straße, wie nach einer Mai-Demonstration, alle Parkplätze um unser Haus waren besetzt, bald standen Autos im Halteverbot und sogar auf Gehwegen. Mein Staunen hielt nicht lange, denn bald kam ein Anruf nach dem anderen: »Mach schnell den Fernseher an, hast du denn überhaupt nichts mitgekriegt, die Grenze wird aufgemacht, auf dem Ku'damm fahren schon die Trabbis – der reine Wahnsinn.« Die Mauer ist nicht weit von unserem Haus entfernt, ich lasse alles stehen und liegen und gehe hin, wo alle hingehen. Am Grenzübergang Invalidenstraße sind die Grenzposten völlig überfordert mit der Situation. Von einer Minute zur anderen waren sie zu Zaungästen des Geschehens geworden. »Kann man jetzt rüber? Mit dem Personalausweis?« Einsilbig und mit verschlossenen Gesichtern beantworten sie die Fragen der Ungläubigen. Ich rede mit Menschen, die mir völlig fremd sind. Aber bald sehe ich auch bekannte Gesichter – Micha Gwisdek und die Leute von Heiner Carows Film *Coming out*, Freunde, Kollegen aus der DEFA, die ihre Premierenfeier aus dem Kino »International« an die Mauer verlegt haben.

Wahnsinn!!! Plötzlich, für einen kurzen Moment und auch nur aus dem Augenwinkel heraus, glaube ich Arnold Schölzel zu erkennen, mit einem Gesichtsausdruck, als würde er dem eigenen Begräbnis zuschauen. Ich habe ihn seit zwölf Jahren nicht gesehen, aber diese besondere Kopfbewegung ..., noch ehe ich genauer hinschauen kann, sind Kopf und Mensch im Gedränge verschwunden.
Ich will mich ja freuen, ich freue mich auch, aber ich wehre mich trotzdem. Irgendwie fühle mich fremd zwischen all den weinenden, lachenden, neugierigen Menschen. Die Welle der Emotionen rollt über mich hinweg, sie erfasst mich nicht. Ich beobachte, suche, nein, nicht *ich* suche, es sucht in mir und erst nach und nach wird mir bewusst, in allen Gesichtern suche ich *ein* Gesicht. Ich suche sie, Claudia, die einmal meine beste Freundin gewesen war und am 13. August 1961 so plötzlich aus meinem Leben verschwand.
Und dann, und obwohl ich eigentlich keine Lust auf Westen habe, schwimme ich doch mit im Strom der Menschen über die Grenze, vorbei am Hamburger Bahnhof zur S-Bahn, mit der S-Bahn zum Bahnhof Zoo und zurück – eine Weltreise in dreißig Minuten.
Eine ganze Epoche dröhnt da aus den Lautsprechern – »Lehrter Stadtbahnhof, letzter Halt in Westberlin, nächste Station: Bahnhof Friedrichstraße, Grenzübergang nach Ostberlin«. Kein Traum – ich bleibe sitzen, der Zug fährt an – und ich bleibe sitzen. Mauer und Todesstreifen rauschen an mir vorbei und Sekunden später stehe ich am Grenzübergang im »Tränenpalast«. Passkontrolle, ein flüchtiger Blick auf meinen Personalausweis, ein Lächeln, ich kann gehen.
Neunzehn Jahre nach diesem 9. November 1989 fahre ich wieder hier entlang, diesmal mit dem Zug, aber auf der alten S-Bahn-Strecke, über Bahnhof Zoo, Tiergarten, Bellevue zum Lehrter Stadtbahnhof, der jetzt Hauptbahnhof heißt und auch so aussieht. Reichstag, Kanzleramt, Regierungsviertel, neue Straßen und Brücken; selbst mir fällt es schwer zu erinnern, wo da die Mauer gestanden hat. Ich komme aus Schweden, mein Onkel ist gestorben, kurz vor seinem hundertsten Geburtstag. Nach 1989 hatte ich ihn jedes Jahr an seinem Geburtstag besucht. Sein Gedächtnis war ziemlich schwach geworden, aber

bei meinem letzten Besuch erinnerte er sich plötzlich, dass irgendwann ein Brief für mich angekommen war. Ich glaube, wir haben uns beide ein bisschen geschämt, mein Onkel, weil der Brief schon vor achtzehn Jahren angekommen war und er ihn vergessen hatte – und ich, weil ich meine Verärgerung nicht verbergen konnte.
Der Brief war von meiner Freundin Claudia, abgeschickt am 7. Dezember 1989 in Sierra Leone, Westafrika. Er war an unsere alte Adresse in Berlin-Karlshorst adressiert und als unzustellbar nach Afrika zurückgegangen. Sie hatte sich an meinen Onkel in Schweden erinnert und da lag der Brief nun, seit achtzehn Jahren. Sie schrieb, dass sie die Fernsehbilder vom 9. November aus Berlin gesehen hatte, freute sich, gratulierte mir und bedauerte, mich doch nicht treffen zu können. Sie schrieb über ihr Leben seit der Zeit, als unser Kontakt abgebrochen war. Sie war Lehrerin geworden, war als Entwicklungshelferin nach Afrika gegangen, hatte einen Israeli geheiratet und in Haifa im Zweitstudium Medizin studiert. Seit 1985 lebte und arbeitete sie als Kinderärztin in Afrika. Sie wollte mich unbedingt treffen, käme aus der Klinik nicht weg, aber jetzt wäre es doch auch möglich, dass ich sie besuchen könnte … Noch aus Schweden hatte ich ihr einen langen Brief nach Afrika geschrieben. Ich berichtete über mein Leben vor und nach der Wende, über Karlshorst, unsere Glaskugel und auch über die Ginkgos vor der Humboldt-Universität, die sie aus den Jahren unserer Kindheit kannte. Sie standen immer noch am selben Ort, waren auch gewachsen, aber nicht so aufeinander zu, wie mein Vater es vermutet hatte. Deshalb war der weibliche Ginkgo auf andere Weise verheiratet worden, mit einem fremden Mann, dessen Zweige extra aus Japan eingeflogen und ihren Zweigen aufgepfropft worden waren. So sollte sie klappen, die Fortpflanzung im Zeitalter der Globalisierung. Ich schrieb und schrieb, aber was waren schon ein paar Seiten, wo doch so viel passiert war in all den Jahren. Es sollte nicht beim Briefeschreiben bleiben, das versprach ich ihr. Ich wollte sie in Afrika besuchen, wir würden Löwen und Elefanten beobachten, im Ozean schwimmen, stundenlang auf Terrassen sitzen und den Geräuschen des Urwalds lauschen. Und uns alles, alles erzählen.

Nach drei Monaten kam mein Brief zurück, ungeöffnet in einem neuen Kuvert und mit einem kurzen Anschreiben in englischer Sprache. Madame Louisa, eine Verwaltungsangestellte des Krankenhauses in Sierra Leone schrieb, dass sie dem unbekannten Absender des Briefes eine traurige Mitteilung machen müsse. Die deutsche Frau Doktor sei schon im Dezember 1991 bei einem Rebellenangriff auf das Krankenhaus ums Leben gekommen. Ihr Leichnam wäre damals auf Wunsch des Ehemannes verbrannt und die Asche, ihrer Erinnerung nach, im Meer versenkt worden.
Über den jetzigen Aufenthaltsort des Ehemannes habe sie nichts in Erfahrung bringen können.

Vom Balkon unserer Wohnung sehe ich den Mauerpark in der Bernauer Straße. Ein letztes Stück des ehemaligen Grenzstreifens, ein paar Meter graue Betonmauer. Auf einem Mauerrest steht unsere Glaskugel.
Ich habe sie da hingestellt.

Bei den folgenden Gesprächen handelt es sich um die leicht gekürzte Wiedergabe von Interviews, die ich mit den Gruppenmitgliedern für meinen Film *Verraten – Sechs Freunde und ein Spitzel* geführt habe.
Die Absicht, einzelne Interviewteile im Film miteinander zu montieren, bestimmte die Gesprächsführung insoweit, als jedem der Beteiligten die etwa gleichen Fragen gestellt wurden.
Außer Arnold Schölzel.
Während der Arbeit an diesem Buch habe ich die Bänder erneut abgehört und fand die Sichtweisen der ehemaligen Gruppenmitglieder in ihrer Übereinstimmung und ihren Unterschieden so interessant und wichtig für das, was ich über unsere gemeinsame Zeit berichten wollte, dass ich mich entschlossen habe, sie hier zu veröffentlichen.

Klaus Wolfram
Verleger, BasisDruck Verlag, Berlin

Klaus, warum hast du in der DDR Philosophie studiert?
Weil mich das Allgemeine angezogen hat, außerdem dachte ich damals, ich kann nichts Praktisches. Aber dass mich die Philosophie dann ganz ausfüllte, das habe ich erst nach dem ersten Studienjahr gemerkt.

Du warst im ersten Studienjahr schon Mitglied der SED. Hast du an die Veränderbarkeit dieser Partei geglaubt?
Ja, am Anfang hatte ich diese Vorstellung.

Aus welchem Elternhaus kamst du?
Es war ein kommunistisches Elternhaus. Mein Vater war ein Theaternarr; er war Dramaturg und später Intendant. Er kam aus dem Dresdner Kleinbürgertum und hat den Aufbau der DDR als seine Sache begriffen, als eine Grundwende in der deutschen Geschichte. Das war immer zu spüren.
Meine Stiefmutter kam aus Westberlin, war aber von den Überzeugungen meines Vaters sehr angezogen und wurde auch Mitglied der SED.

Du hast mir von einer Situation erzählt, in der du ein bestimmtes Buch nicht lesen durftest. Worum ging es da?
Das war mitten im Studium. Die Abarbeitung des Schulmarxismus setzte sich ja aus vielen Bestandteilen zusammen und ich wollte mir die Kongressprotokolle der Kommunistischen Internationale von 1921 ansehen, wie sie damals gedruckt worden waren. Ein dicker Band von über tausend Seiten, der nur auf Giftschein in der Staatsbibliothek zu kriegen war. Spätestens da merkte ich, dass hier etwas nicht stimmen konnte.

Was bedeutete dir die DDR?

Damals war die DDR ein großes Rätsel und eine große Herausforderung für mich. Wir wussten schon, dass sie ein Ergebnis der Arbeiterbewegung ist, aber dass sie wie eine Missgestalt, eine unklare, unlebbare Figur ist, das wussten wir auch. Das zu durchdringen, aufzuklären und zu verändern war unser Ansatz, der sich schon während des Studiums, aber besonders danach dann ergeben hatte. Wenn es in einem Wort sein soll, dann war die DDR unglückliche Gleichheit. Sie war am Anfang ein großer Versuch, die Konsequenzen aus der Geschichte zu ziehen. Das war mit sehr viel persönlichem Engagement verbunden, aber auch mit sehr viel Repression, und daraus wurde eine große Stagnation der Gesellschaft. Das waren die siebziger und auch noch die achtziger Jahre – und aus dieser Stagnation, die sehr tief ging, bis auf den Grund der Gesellschaft, wurde dann die Bewegung von 1989, die im Ansatz eine sehr große war und die man mit Recht als einzige erfolgreiche, friedliche und demokratische Revolution der deutschen Geschichte bezeichnet hat. Nach meiner Ansicht ist der eigentliche Held der DDR-Geschichte der Durchschnitt, der ganz normale DDR-Bürger, der sogenannte Kleine Mann. Er hat im Grunde den Ansatz der Kommunisten übernommen und schließlich die ganze Gesellschaft den Stalinisten aus der Hand genommen. 1989 ist er selber losgelaufen, mit all den Naivitäten und konservativen Utopien, aber er ist selbst losgelaufen.

In dieser Bewegung sehe ich das Erbe der DDR. Nach meiner Ansicht ist diese Revolution selbst die Erbschaft der DDR und nicht nur die kaputten Fabriken und die Stasi.

Und was war für dich gut an diesem Staat?

Gut war das, wovon wir uns herausgefordert fühlten. Der Ansatz sozialer Gleichheit in gesamtgesellschaftlichem Maßstab und das Volkseigentum, die verstaatlichten Produktionsmittel. Allerdings hätten die nicht, wie in der DDR, über staatlich diktatorische Prozesse, sondern über demokratische Prozesse gesteuert werden müssen.

Hat dich der Begriff »Diktatur des Proletariats« nicht gestört?
Nein, das hat mir eingeleuchtet. Und zwar so, wie von Marx und Lenin entwickelt: Eine Diktatur der wirklichen Mehrheit über eine Minderheit früherer oder noch aktiver Produktionsmittelbesitzer – das kann nichts Falsches sein. Es sollte doch dazu führen, dass alle Mitglieder der Gesellschaft den Produktionsmitteln in gleicher Weise gegenüberstehen, in gleicher Abhängigkeit und Unabhängigkeit.

Was war der Auslöser für die Gründung eurer Gruppe?
Das war die Lebenskonsequenz aus dem Studium. Philosophie hat ja die Tendenz, den ganzen Menschen anzusprechen, und sie hat eine politische Dimension, ein inneres politisches Ziel. Nimmt man das ernst, dann geht es gar nicht anders, dann muss man sich der ganzen Herausforderung stellen. Wir kannten sie doch, die kleinen und großen Verbrechen der Vergangenheit, und dass es uns Karriere, Freiheit und vielleicht sogar das Leben kosten kann, wenn wir alles wissen wollen. Aber das musste dann sein, es wäre mir lumpig vorgekommen, da nicht bis ans Ende zu gehen.

Seid ihr denn bis ans Ende gekommen?
Wir sind an *ein* Ende gekommen. Die Gruppe selbst hat sich ja sehr ernst genommen, das war eine sehr anstrengende, aber auch eine wunderbare Zeit. Und das Ende bestand darin, dass wir so nicht in weitere Kreise der Gesellschaft hineinkamen. Als die Stasi unsere Gruppe zerschlug und sich zu unserer Überraschung recht milde verhielt, war das nicht die private Katastrophe, sondern das soziale Ende unseres Weges. Ich jedenfalls konnte einem Arbeiter mit drei Kindern nicht vorschlagen, bei Unternehmungen wie der unseren mitzutun, das hätte sein Leben zerstört, wenn so gut aufgepasst wird wie in der DDR. Ich hatte zwar immer gehofft, dass dem nicht so sei, weil ich es für zu teuer, für unökonomisch hielt, jeder oppositionellen Regung mit diesem enormen Aufwand nachzusteigen. Aber als wir merkten, es ist doch an dem, da waren die etwas zurückhaltenderen, schweigsameren DDR-Bürger doch die Klügeren.

Wie habt ihr euch konkret gefunden?
Ich glaube, die Gemeinsamkeit ist aus einem gewissen Überlegenheitsgefühl entstanden. Wir hatten eben diese Erfahrungen aus den letzten beiden Studienjahren und wussten langsam besser, was Marx meinte und inwiefern das überhaupt nicht zur DDR passte. Wir wollten verantwortlich handeln für die DDR, für unser Vaterland.

Wie kam Arnold Schölzel in die Gruppe?
Arnold war in unserem Seminar eine besondere Erscheinung, weil er aus Westdeutschland kam, ein paar Jahre älter war und einen breiteren Bildungshintergrund hatte. Also seinen Thomas Mann, seinen Brecht und auch die alten Griechen, die kannte er in einem weit größeren Umfang und besser als wir. Ich fand ihn sympathisch, sehr interessant und war der Meinung, er sollte unbedingt dazugehören, weil es doch gut sei, wenn wir nicht alle aus demselben Stall kommen. Das Spektrum der Gruppe sollte möglichst weit sein und seine Erfahrungen, sein Temperament und sein damals so offenes Lachen, das sollte zu uns gehören. Ich habe ihn eingeladen. Die anderen misstrauten ihm etwas, weil er manchmal so hart und kantig war. Aber ich wollte ihn und konnte die anderen überzeugen. Und, er hat ja auch gerne mitgemacht.

Hat es dich überrascht, dass Arnold der Verräter war?
Das war mehr als eine Überraschung. Ich hatte ja den Verdacht immer abgestritten, die Vermutungen weit von mir gewiesen, ich hatte einen ganz anderen Eindruck von ihm. 1977, als alles aufflog, fiel mir seine panische Angst auf, und ich dachte, der ist ja doch feige, mit ihm kann man nicht weitermachen. Aber es war eine ganz andere Angst: die Angst als Spitzel, als Verräter enttarnt zu werden. Als wir das später herausgefunden hatten, war es mir nicht mehr wichtig. Ich habe damals auch nicht mit ihm gesprochen, ich wollte mich damit nicht befassen. Mir tat er eigentlich leid, er hat sich doch seine schönste Zeit kaputt gemacht, seine Jugend, auch diese drei Jahre intensiver Zusammenarbeit.

Arnold sah das nicht so. Ihm waren die Gespräche mit seinem Führungsoffizier wichtiger als die in der Gruppe.
Das kann ich nicht recht glauben. Es sind dreißig Jahre vergangen und, was ich glaube, ist, dass er sich immer mehr verhärtet hat. Ich glaube meinen damaligen Eindrücken mehr, als seinen heutigen Behauptungen.

Kannst du dich an das erste Treffen der Gruppe erinnern?
In meiner Erinnerung fängt alles an mit einem Gespräch mit Wölfchen Templin. Das war um die Jahreswende 1974/75, also schon nach dem Studium. Wölfchen war ja von seinem Charakter her ein grundehrlicher Genosse, der einen sehr moralischen und persönlichen Zugang zu allen politischen Problemen hatte. Ich wusste, dass er in dieselbe Richtung denkt, in die ich auch dachte. Es schien mir aber nötig, die Konsequenz, die in diesem Denken steckte, deutlich auszusprechen, und das habe ich ihm gegenüber getan. Die Konsequenz war zu sagen, wenn wir alles wissen wollen – und wir müssen alles wissen, um richtig handeln zu können –, dann muss man auch alles riskieren. Also: Mindestens auf die Karriere zu verzichten, dann nicht nur sich, sondern die Familie zu gefährden; es konnte bedeuten, die Freiheit zu verlieren und im schlimmsten Fall – wir wussten damals noch nicht, wie alt und wie müde der Stalinismus inzwischen war – kann es das Leben kosten. Diese vier Fragen habe ich ihm gestellt, ob er diese Risiken eingehen will. Und sein »Ja« war auch mein »Ja«.

Wolfgang Nitsche war als einziges Gruppenmitglied nicht aus unserem Studienjahr. Wie kam er zu euch?
Wolfgang war eine typische Empfehlung von Wölfchen Templin. Das war bei Wölfchen immer so, er kannte viele Leute und versuchte die irgendwie zusammenzubringen. Beim zweiten Gruppentreffen sprach er über Wolfgang, dass der gerne mitmachen würde und dass er sogar Arbeiter kennt. Das hatte bei Wölfchen sicher den Hintergedanken, der Nitsche steckt tiefer im Leben als wir Akademiker.

Nach welchen Prinzipien hat die Gruppe gearbeitet?
Da könnte ich keine Liste aufstellen, das ergab sich zwingend aus dem, was wir vorhatten. Wir mussten konspirativ arbeiten, wir mussten uns mit unseren damaligen Frauen verständigen, ob sie zu uns standen oder nicht. Wir wollten Sozialisten sein, wir konnten also nicht mit den Westmedien en gros kooperieren, sondern wenn überhaupt, dann nur mit Linken im Westen. Wir brauchten Verbindungen in die Welt hinaus, nach Osteuropa, Warschau, Prag, Budapest, das war das Minimum. Aber wir brauchten auch Verbindungen in den Westen, unserem politischen Ansatz nach also Verbindungen zu den Trotzkisten in Westeuropa, die wir dann über Warschau knüpfen konnten. Der Warschauer Untergrund war sehr viel lebendiger als der kleine DDR-Untergrund. Alles andere ergab sich aus der täglichen Arbeit.

Bei euren Treffen gab es nie Alkohol, Zu-spät-Kommen war verpönt …
Das waren doch keine Clubtreffen, wir wollten schließlich die Regierung stürzen. Das war eine ziemlich ernste Angelegenheit. Aber meiner Erinnerung nach hat die Arbeit auch sehr viel Spaß gemacht und war durchaus mit Humor verbunden. Wir haben uns in dieser Gruppenarbeit, bei allen Vorsichts- und Sicherheitsmaßnahmen, inmitten dieser Enge sehr frei gefühlt, weil wir endlich taten, was getan werden musste – und da waren wir ganz bei uns selbst.

Hattest du manchmal Angst?
Ja, ich hatte auch Angst. Dazu ist zweierlei zu sagen. Zunächst war es die einfache Angst vor der Staatssicherheit. Wir wohnten damals in der Frankfurter Allee, ziemlich direkt gegenüber war die Stasi-Zentrale, und die hatten sich ein neues Hochhaus gebaut, mit hunderten Fenstern. Meine Angst bündelte sich darin, dass die uns nun gleichsam in die Fenster gucken, uns ständig beobachten, theoretisch alles sehen oder erschließen konnten, was man gerade tat oder vorhatte. Meine Übung gegen diese Angst war, jeden Tag, wenn ich das Haus verließ oder nach Hause zurückkam, mir diese Stasifenster anzu-

gucken und den Blicken aus diesen Fenstern standzuhalten. Dafür habe ich einige Monate gebraucht, dann war die Angst weg und ich fühlte mich mit denen auf gleicher Augenhöhe.

Aber es gab auch eine andere Angst, die uns in der Gruppe beschäftigte, nämlich die Schrittfolge falsch zu wählen, so dass man vorzeitig auffliegen könnte, ohne etwas erreicht zu haben, dass wir nicht einmal die Analyse zu Ende bekämen, geschweige denn die Veröffentlichung oder die politische Tat. Die Angst also, etwas falsch zu machen, etwas, das einen nur wirkungslos im Knast verschwinden lässt, oder in der späteren Variante, aus der DDR ausgewiesen zu werden. Was hätte man in der westdeutschen Emigrantenszene schon machen können? Nicht viel.

Ihr seid mit eurer oppositionellen Arbeit nicht allzu weit gekommen. Ist es für dich eine Befriedigung, wenigstens einen Anfang gemacht zu haben?

Je größer der Abstand zu den damaligen Ereignissen wird, umso stimmiger erscheint mir das, was wir gemacht haben. Man muss den ganzen Weg sehen.

Nach dem Ende unserer Art Opposition haben wir in den achtziger Jahren in der Bürgerrechtsbewegung mitgearbeitet, die ihre Stärken und Schwächen hatte. 1989 wusste ich ganz gut, was die DDR war und was sie in diesem Aufbruch der Mehrheiten sein konnte. Wir wollten die Wirklichkeit kennen lernen und wir haben sie kennen gelernt – mit aller politischen und moralischen Kraft, die in unserem Leben war. Wir waren schon ein Stück vom besten Stoff.

Hast du daran gedacht, dass wir möglicherweise unseren Sohn Max gefährden?

Ja, oft. Ich glaubte aber, dass unsere Freunde noch soviel Einfluss haben würden, ihn zu schützen. Dass ihm sein Vater und auch seine Mutter für längere Zeit entzogen werden könnten, damit mussten wir rechnen. So habe ich damals gedacht.

Glaubst du, dass das politische Gewicht unserer Väter uns vor dem Schlimmsten bewahrt hätte, dein Vater als Kandidat des ZK der SED, mein Vater als antifaschistischer Widerstandskämpfer?
Ja, daran habe ich auch gedacht, obwohl mein Vater mir meinen Weg eher übel nahm und dein Vater schon gestorben war. Unsere Eltern gehörten zu dem, was uns mit der DDR verband.

Was für eine DDR wolltet ihr?
Das kann man ganz kurz sagen: Wir wollten Demokratie mit Volkseigentum. Ein demokratisches Mehrparteiensystem auf der Grundlage vorwiegenden Gemeineigentums. Wir waren der Grundansicht, dass das Volkseigentum der richtige Ansatz war, dass aber die politische Praxis der SED die Mehrheiten in der DDR um den Sinn dieser Vergesellschaftung betrügt und wenn das so weiterginge, irgendwann der Sozialismus kaputtgehen würde. Die Frage in der Gruppe war, wie muss man handeln, um jene Demokratisierung zu befördern. Wo kann man Verbündete finden? In den Mehrheiten, bei einfachen Leuten? Oder nur innerhalb der Partei, gar bei den Funktionären?

Hattet ihr wirklich vor, die DDR-Regierung zu stürzen?
Auf die kürzeste Formel gebracht, war das so. Aber das konnten wir nicht allein machen, wir sieben Leute. Die Aufgabe lautete also etwas genauer: Wo, an welcher Stelle entsteht eine Volksbewegung und was kann man dafür tun? Welches sind die Konflikte, die, wenn sie zusammentreffen, die Linke in der DDR-Bevölkerung mobilisieren? So etwa.

Saht ihr euch als geistige Elite?
Ich fürchte schon, dass ein gewisses Elitebewusstsein mit im Spiel war. Ich hatte mich in unserem Studienjahr umgeschaut, wir hatten eben unsere Abschlüsse gemacht, und da habe ich die Besten und Klügsten zusammengebracht. Bald darauf bemerkte ich, dass es an unserer Universität noch eine Gruppenbildung gegeben hatte, mit ähnlichen Ideen, aber einem anderen Charakter. Diese war wesentlich aus

Freundschaften entstanden. Unsere Gruppe ist eine geistige Gründung gewesen, vielleicht deshalb auch immer etwas trockener. Und nachdem die Gruppe aufgeflogen war, fanden wir nur noch in Zweierbeziehungen zusammen, als Freunde.

Seid ihr denn Freunde geworden?
Die Arbeit hat die menschlichen Beziehungen vertieft, jeder für sich und alle zusammen sind wir erst durch diese Arbeit bei uns selbst angekommen. Die Summe aus dem Studium in der Gruppe ziehen zu können, das war der Schritt aus der Theorie ins Leben. Ich denke, die Gruppe hat jeden von uns erst richtig lebendig gemacht.

Wie liefen eure Treffen konkret ab?
Es gab immer mindestens drei Teile. Am Anfang immer irgendwelche Sicherheitsprobleme; wer hatte etwas mitbekommen, was man vielleicht der Stasi zuordnen musste. Dann war immer die Frage, wer hat neue Leute kennen gelernt, die für uns interessant sein könnten. Und drittens gab es immer ein Arbeitsthema: Das war eine soziologische oder ökonomische Frage oder eine Frage zur osteuropäischen Geschichte, Strukturfragen osteuropäischer Gesellschaften einschließlich der DDR. Und natürlich ging es immer auch um neue Bücher, die auszuwerten waren. So lief das ab.

Hat Arnold auch theoretische Ausarbeitungen gemacht?
Ja, da hielt er sich aber zurück. Einmal hatte *er* den Vortrag zu halten und das war sehr merkwürdig, das fiel mir damals richtig auf. Es war etwa so, als wenn jemand in der Schule das Alphabet hersagt anstatt einen selbst gedachten Text. Mir war das peinlich für ihn, und meiner Erinnerung nach habe ich das auch irgendwie vertuscht, so in dem Sinne, dass er eben eine politische Arbeit mit theoretischer Tiefe für die Gruppe nicht leisten kann. Dass das andere Gründe hatte, dass sich da zwangsläufig sein ganz anderer Standpunkt äußerte, darauf kam ich nicht.

Aber weshalb hast du ihn zum »Sicherheitsbeauftragten« gemacht?
Vielleicht gerade deshalb. Erstens hatte er das angeboten, und zweitens könnte es eben gerade diese flache theoretische Ausstrahlung gewesen sein, dass ich dachte, es soll jeder das machen, was er am besten kann. – Na ja, das konnte er ja auch.

Aus den Akten weiß ich, dass Arnold von der Stasi mit einem Abhörgerät ausgestattet wurde. Ist dir aufgefallen, dass er eines Tages eine neue Aktentasche hatte?
Ich war viel zu sehr auf Inhalte aus, diese ganzen Nebensachen, die haben mich nicht interessiert. Ich wundere mich heute, was ich mir damals alles merken konnte, diese konspirativen Vorschriften, wie man sich trifft, wie man telefoniert, mit welchen Schlüsselworten usw. Das konnte ich damals, heute würde ich es nicht mehr können. Mein Interesse war nur auf das politische Ziel gerichtet, auf die Enträtselung dieser unbekannten DDR-Gesellschaft.

Wie kam es zu dem Büchertransport?
Auf Grund unseres unersättlichen Wissensdrangs und eines gewissen Übermuts. Wir hatten unseren Verbindungsmann in Westberlin gefunden und unser ganzes Westgeld zusammengekratzt, um etwa hundertzwanzig Titel auf einen Ruck zu beschaffen, damit sich das nicht mehr so elend lange Buch für Buch hinzog. Mehr steckte nicht dahinter. Und die Variante mit der Transitstrecke hätte ja klappen können, diese zwei Minuten für die Übergabe. Wenn eben Arnold die Stasi nicht informiert hätte.

Das war am 22. Juni 1977?
Ja, dieser Tag hatte viele Facetten. Ich hatte mir das Auto von einer Freundin geborgt, die natürlich nicht wusste, was ich mit ihrem Auto vorhatte und die ich durch diese Aktion ebenso gefährdete.
Wir waren gegen 6.30 Uhr an der verabredeten Stelle und sahen den Büchersack auch schon. Kaum dass wir aus dem Auto ausgestiegen waren, schossen zwei Ladas aus dem Wald auf uns zu, besetzt mit je

vier Leuten, die aber eigenartiger Weise nicht ausstiegen. Das war eine völlig groteske Situation. Wolfgang und ich standen an der Waldschneise und, da keine der beiden Seiten etwas tat – wir gingen nicht an die Bücher ran und die stiegen nicht aus – setzten wir uns erst mal in den Straßengraben und packten unsere Stullen aus. Das dauerte mindestens zehn Minuten. Wir hatten schon verstanden, dass das nicht die Förster waren, die in den Autos saßen. Wahrscheinlich wollten die, dass wir das Bücherpaket an uns nehmen; jedenfalls stiegen die irgendwann aus und stellten sich uns als Zollfahndung vor. Und dann kam als weitere Überraschung, dass die lediglich unsere Personalien aufnahmen und uns dann abfahren ließen.
Als wir zu Hause ankamen, fing es eigentlich erst an; Bücher verstecken, Schriftstücke verbrennen, das hat uns die nächsten Tage voll beschäftigt.

Und dann?
Dann kamen die Verhöre, so etwa eine Woche später, in der Magdalenenstraße. Ich dachte, dass ich da für ein paar Jahre nicht mehr herauskomme. Aber dem war nicht so.

Wie liefen die Verhöre ab?
Die schreckliche Überraschung war, dass sie alles wussten. Ich hatte mit einer ganz harmlosen Variante angefangen, ich wollte die anderen raushalten, aber der Vernehmer hakte immer an der richtigen Stelle ein und wusste alles besser, alles, und so, wie es wirklich gewesen war. Nach meiner dritten oder vierten Variante ging er so weit, dass er mir die Namen aller Beteiligten vorlas. Ich wollte das nicht bestätigen und verweigerte jede weitere Aussage. Der letzte Name war der von Arnold Schölzel, auch den habe ich abgestritten, weil ich auch ihn schützen wollte.
Was mich dabei innerlich bewegte, war: Ich sah immer unseren Sohn Max vor mir und dachte, wenn ich hier in drei oder fünf Jahren wieder herauskomme, dann wird er mich nicht wiedererkennen. Das war meine Art von Angst. Die letzte Überraschung war, dass ich spätabends

einfach gehen durfte. Ich habe mich gleich nachts noch mit Wolfgang Nitsche getroffen, um aus seinem und meinem Verhör zu begreifen, was da los war, wieso die alles wussten, was wir den anderen sagen müssten, wie man sich verhalten könnte usw.

Wie erklärst du dir, dass euch so wenig passiert ist?
Insgesamt dadurch, aber das wusste ich damals noch nicht, dass der Fall Rudi Bahro im Hintergrund lauerte. Bahro hatte ja im Grundriss ein Buch geschrieben, wie wir es damals in etwa auch geschrieben hätten. Als im September/Oktober 1977 sein Buch erschien und seine Verhaftung geschah, dachte ich, das wird der Grund sein, sie wollten nicht noch mehr Opposition öffentlich zugeben müssen. Das wäre das Eingeständnis, dass es grummelte in der DDR. Es gab ja drei solche Gruppen wie unsere in Berlin und die wurden alle im Sommer 1977 hochgezogen. Es war wohl so, aber das ist nachträgliches Wissen, dass es bei der Stasi auch andere Pläne gegeben hatte. Wenn sie uns den Prozess gemacht hätten, dann wäre auch Arnold mitverurteilt worden oder als Spitzel enttarnt worden, aber den brauchten sie noch. Da hatten sie sich einen Knoten ins Bein gemacht.

Hat man dir in den Verhören mit strafrechtlichen Konsequenzen gedroht?
Das weiß ich nicht mehr. Die Paragrafen, die in Frage kamen, hatten wir uns alle selbst herausgesucht in den Jahren zuvor. Aus denen folgte eben ein Freiheitsentzug zwischen drei und sechs Jahren.

Wie lief das mit deinem Rausschmiss aus dem Institut?
Der war ja nun schwerlich zu vermeiden. Das Institut für Politik und Wirtschaft, kurz IPW, war in Wahrheit ein Parteiinstitut, zuständig für die Westinformation der zentralen Parteiinstanzen; es wurde vom Westen immer als Agentenzentrum apostrophiert. Es war aber viel harmloser und verstaubter. Doch wenn dort ein Mitarbeiter »staatsfeindlich« gegen die DDR auftrat, dann musste er rausfliegen. Das war schon eine sehr unangenehme Situation, weil mindestens die alten

Genossen spätestens bei der Erwähnung des Namens »Trotzki« den ideologischen Koller kriegten und das mit Faschismus gleichsetzten. Dagegen habe ich mich gewehrt, bis hin zur Parteikontrollkommission. Ich sah, wie real die Emotion war bei den älteren Genossen, die die Nazizeit in Deutschland erlebt hatten. Die sahen bei solchen Anliegen, wie ich sie vertrat, nichts Sozialistisches mehr, die sahen plötzlich wieder SA-Leute vor sich, die Kommunisten aus dem Fenster werfen – und so haben sie mich auch angeschrien. Dem war zwar standzuhalten, aber es war nicht zu korrigieren.
Also: Parteiausschluss, fristlose Kündigung plus Berufsverbot, »wissenschaftliche Arbeit in der DDR« wurde mir verboten. Das Ersatzangebot lautete: Magazinarbeit in der Staatsbibliothek. Das wollte ich nicht. Ich bin in eine Fabrik gegangen, um die Mehrheiten der DDR, den Durchschnitt kennen zu lernen, der mich so interessierte.

Du bist in die Fabrik gegangen, um Arbeiter kennen zu lernen?
Ja, das fand ich ausgesprochen zwingend. Wir waren durch unser Elternhaus, durch die akademische Ausbildung und durch die anschließenden Tätigkeiten doch in der Oberschicht der DDR angesiedelt. Daher stammten unsere Erfahrungen, unsere Blickwinkel, unsere Bekanntschaften. Und da es nicht vorrangig um die Verbesserung der Lage der Intellektuellen ging, sondern um die ganze Gesellschaft, war das nächste Feld der politischen Arbeit, ins Volk zu gehen. Und das wurde großartig für mich. Ich hatte mir das eher als Dornenweg vorgestellt, es war aber überhaupt nicht so. Die vier Jahre in der Fabrik waren für mich wie eine Befreiung, ein Lebenselixier. Da habe ich die DDR erst wirklich verstanden.

Kannst du dieses großartige Gefühl etwas näher beschreiben?
Die Überraschung war, dass ich dort in einen Freiraum kam. Die Arbeiter redeten nach kurzer Zeit völlig offen mit mir, die wussten alles, hatten eine Sympathie für die Grundidee der DDR. Privatisierung der Betriebe und Rückkehr der Kapitalisten, dafür waren sie durchaus nicht. Sie litten nur unter der Unordnung, hassten die Verschwen-

dung, dass nichts klappte, dass man sich auf nichts verlassen konnte, diese Stagnation im Sinne der Zersetzung von Produktion und Konsumtion, aber die Grundidee, die verstanden sie recht gut.
Ich begriff, die Ängstlichkeit, wie ich sie aus den Angestelltenetagen, unter Wissenschaftlern und Funktionären kannte, gab es hier nicht. Die Arbeiter diskutierten offen, hatten eine Meinung und ließen sich auch vom Parteisekretär nichts sagen, sie saßen buchstäblich am längeren Hebel, auch gegenüber der Werksleitung, das waren hoch qualifizierte Facharbeiter. Da war eine reale Selbstbestimmung zu spüren. Das ging so weit, dass manche von mir das Buch von Bahro haben wollten und dass darüber diskutiert wurde. Das war eine andere DDR, als ich sie bisher erlebt hatte. Mir fiel allerdings damals auch auf, dass von verwandten oppositionellen Seelen niemand in einer Fabrik zu finden war, dass ich unter Oppositionellen ziemlich allein stand mit diesen Erfahrungen.

Als in den späten achtziger Jahren auch in der DDR spürbar wurde, dass es so nicht weitergehen wird, hast du dich da gefragt, was mit dieser Masse von Stasimitarbeitern werden würde?
Noch zu Zeiten unserer Gruppe, also Mitte der siebziger Jahre habe ich mich gefragt, was macht man mit den Spitzeln, wenn es einmal anders kommt, wenn zum Beispiel *wir* das Sagen haben würden? Die Hilflosigkeit gegenüber den Methoden der Stasi, die gesellschaftliche Selbstzensur, die davon ausging, erbitterte uns. Da war mein Schluss, man kann den Spieß nicht einfach umdrehen, es muss ihnen nichts passieren, es muss aber einmal ausgesprochen und aufgeschrieben werden, wie in einer Art Telefonbuch der überwundenen Epoche. Etwas Ähnliches hat sich nach 1989 ergeben, als wir in der Zeitung *die andere* eine Liste veröffentlichten. Wir haben lange überlegt, welche Wirkungen so etwas haben würde. Wir haben zwar nicht die Namen von inoffiziellen Mitarbeitern veröffentlicht, sondern die Namen der hauptamtlichen Mitarbeiter und von denen nur die Oberen Zehntausend, also diejenigen, denen man Verantwortlichkeit für ihre Taten zurechnen konnte. Mein Zugang war, man muss die systematische

Hinterhältigkeit einmal in die Hände der Opfer zurückgeben, daraus sollte keine Selbstjustiz werden, aber es musste zu ihnen zurück, nur dann war der Kreis aufgelöst.

Hast du im Zusammenhang mit dieser Veröffentlichung Drohungen erhalten?
Ja, die gab es. So im Sinne: Wir werden Ihre Frau und Ihre Kinder schon kriegen, nicht jetzt, aber später. Das war nicht fein.

Wie beurteilst du den Umgang mit den Stasi-Akten grundsätzlich?
Die Aktenöffnung ist ein notwendiger Prozess, das kann man sicherlich nicht bestreiten. Das Problem liegt nicht an den Akten und nicht an der Behörde, sondern an der Überformung der ganzen Aufarbeitung durch altbundesdeutsche Sehgewohnheiten und die Auslese dazu passender einstiger Oppositioneller. Es besteht darin, dass hinter der Stasi die Gesellschaft der DDR verschwindet, das Leben der Mehrheiten.

Du hast mir erzählt, dass es in der DDR nur etwa dreitausend Oppositionelle gegeben hätte …
Diese dreitausend Leute waren in den achtziger Jahren über das ganze Land verteilt und mit denen verstanden wir, die Oppositionellen der siebziger Jahre, uns ganz gut, weil ein reformsozialistischer Ansatz damals noch nicht abgelehnt wurde, sondern wie selbstverständlich zu jeder Art von Veränderungswillen dazugehörte. Der Umbruch von 1989/90 hat allerdings ganz erhebliche Veränderungen im Denken der alten Oppositionellen bewirkt. Er hat gezeigt, wie weit sie wirklich denken konnten, besonders die Wortführer. Dazu muss man sagen, der Blick der Opposition der achtziger Jahre auf die DDR-Gesellschaft war fast genauso blind wie der Blick der Westdeutschen, die bei uns nur die grauen Häuser und die Grenzwächter wahrnahmen. Die späte Opposition sah den Alltagswiderstand und die Basissolidarität in der Bevölkerung gar nicht. Es gab bis zum Herbst 1989 so gut wie keine Kommunikation zwischen Opposition und Mehrheit. Die meisten

Oppositionellen von damals sind heute fast ebenso isoliert, wie sie es in der DDR waren. Nur dass jetzt nicht mehr die Stasi die Kreise trennt, sondern eine nachträgliche und nachtragende Ideologie.

Das Schlimmste an dem heute üblichen Rückblick auf die DDR ist dieses leichtfertige Gerede von den »zwei deutschen Diktaturen«. Die Oppositionellen sind nicht nur Zeugen des Widerstands und der Repression, wir sind auch Zeugen des großen und tiefen Unterschieds zwischen Nazizeit und DDR-Zeit. Unter den Nazis hat es keine Oppositionsgruppen gegeben, die sich zehn Jahre lang mit eigenen Zeitungen und öffentlichen Veranstaltungen betätigen konnten. Das war eine ganz andere Art von Unterdrückung, eine ganz andere Art von Mehrheitsgesellschaft, auch eine andere Isolation des Widerstands in ihr. Und der großartige Zusammenschluss von 1989, als die moralische Autorität der Opposition und die Mehrheiten als politisch Handelnde zusammentrafen, wird dadurch entweder ausgeblendet oder verfälscht.

Die meisten aus der alten Opposition stehen weder zur DDR vor 1989 noch zu deren Mehrheiten, wie sie doch 1989 plötzlich demokratisch – sogar basisdemokratisch – und gewaltlos handelnd hervortraten. Wo und wann und von wem hatten sie denn das gelernt? Nicht von der Opposition, sondern in ihrem Alltag und durch die soziale Gleichheit, die ihn prägte. Das waren längst andere Mehrheiten geworden als jene, auf die sich die Nazis stützen konnten.

So zeigt sich auch, dass unser Ansatz aus den siebziger Jahren sinnvoll war, dass die Wurzeln tiefer liegen, als sie von der Bürgerrechts-Opposition in den achtziger Jahren begriffen worden sind und heute zu Protokoll gegeben werden.

Hast du heute noch den Traum von einer gerechteren Gesellschaft?

Das ist kein Traum, eher ein Gebot der Selbstachtung. Solange die Selbstbestimmung des Einzelnen sich aus dem Leben der Mehrheiten herleitet, wird es immer wieder sozialistische Ansätze geben.

Ich verstand die naive Utopie vieler DDR-Bürger durchaus – als könnte man jetzt einfach und besser als Bürger der Bundesrepublik weiterleben. Aber mindestens sozialpolitisch hat dieses vergrößerte Deutschland seit 1990 den Rückwärtsgang eingelegt. Warum wohl? Weil die andere Hälfte der Welt fehlt, der Gegenentwurf. Dieser Gegenentwurf wird immer neu entstehen, man kann nicht anders leben.

Wie erinnerst du den November 1989 und die Zeit, als klar wurde, dass es die DDR nicht mehr lange geben wird?
Dass die DDR zugrunde gehen würde, war am Abend des 9. November 1989 klar. Das Furchtbare an dem Ereignis Maueröffnung war die Größe und die Kleinlichkeit zugleich. Dass die Mauer weg sollte, gehörte schon zu den Zielen unserer Gruppe in den siebziger Jahren – dass sie jetzt aufging, war ein historisches Ereignis von Jahrhundertbedeutung. Aber wie sah das aus? Wie ein Betriebsunfall, ein historisches Ereignis in der Form eines Betriebsunfalls. Die Mauer war nicht aufgetan worden von der halben Million Menschen, die am 4. November auf dem Berliner Alexanderplatz demonstriert hatten, und auch nicht von denen, die die ersten Montagsdemonstrationen in Leipzig gemacht hatten, sondern sie war offen auf Staatsanordnung. Es fehlte die revolutionäre Dynamik, die auch nach der Grenzöffnung etwas hätte aufbauen können – es war nur wie das Auslaufen eines Fasses.
Als DDR-Oppositioneller konnte man wissen, dass nun statt Demokratisierung die nationale Karte gezogen werden würde, also, dass sich ganz andere Tendenzen durchsetzen werden, als sie bis dahin, bis Schlag 9. November 18.00 Uhr noch auf der Tagesordnung gestanden hatten – diese Doppelspannung war furchtbar.

Du hattest Berufsverbot in der DDR und jetzt ein Recht auf Entschädigung. Wie gehst du damit um?
Ich habe nicht das Gefühl, dass ich mich von der Bundesrepublik Deutschland dafür entschädigen lassen sollte, weil ich den Sozialismus in der DDR demokratisieren wollte. Das passt nicht zusammen. Es kommt vielleicht auch die Erinnerung an die DDR selbst dazu, wo es diese Sonderrenten für Antifaschisten gab. Das hatte seinen Sinn

und ich habe das verteidigt. In der Tat war die DDR über dieses Nazi-Kapitel in der deutschen Geschichte hinausgekommen.

Aber heute handelt es sich nicht um ein Hinauskommen über die DDR. Die Demokratie haben die Menschen sich selbst erobert, das waren weder Helmut Kohl noch unsere dreitausend Oppositionellen, es waren die Mehrheiten selbst. Und die sitzen heute in einer Falle, im alltäglichen Rückschritt sozialer Selbstbestimmung, zwischen dem Totalumbau ihrer Lebensform und der Totalenteignung der ostdeutschen Wirtschaft, den langfristigen Auswirkungen der Deindustrialisierung. Das ist keine höhere Stufe. Da kann ich mich nicht belohnen lassen für diesen halben Sieg und die halbe Sackgasse, in der wir jetzt stecken.

Wolfgang Nitsche
Wissenschaftlicher Mitarbeiter an der Hans-Böckler-Stiftung, Düsseldorf

Wolfgang, du hattest schon ein abgeschlossenes Psychologiestudium hinter dir und bist danach zur Philosophie gewechselt. Wie kam das?
Das war ein bisschen anders. Mein Forschungsstudium hatte ein Psychologie-historisches Thema: Es ging um Wilhelm Wundt und das sollte an der Sektion Psychologie nicht behandelt werden, die wollten nur streng naturwissenschaftliche Themen. Deshalb musste ich zur Philosophie wechseln, da gab es einen Bereich für philosophische Probleme in den Naturwissenschaften. Ich habe also nicht Philosophie studiert, sondern mich an der Sektion Philosophie um meinen Wilhelm Wundt gekümmert.

Wann hast du Klaus und die anderen kennen gelernt?
Das war so Anfang 1975. Wolfgang Templin hat mich mitgeschleppt. Er war Gasthörer bei den Psychologen, und weil ich immer mit Nietzsches *Zarathustra* in der Tasche rumlief, haben mich die Mädels der Seminargruppe auf den Philosophiestudenten Wolfgang Templin aufmerksam gemacht.

Warst du schon als Student Mitglied der SED?
Nein, das war später, nach dem Studium.

Hast du an die Veränderbarkeit dieser Partei geglaubt?
Ja, ich habe schon geglaubt, dass man etwas machen kann. Mein Bürge war lustigerweise eben der Philosophiestudent Wolfgang Templin. Wir haben damals geglaubt, man müsste drin sein, in dieser Partei, um wirklich etwas verändern zu können.
Man kannte ja auch ein paar Leute in der Partei, denen man das durchaus zutraute.

Wann kamen dir die Zweifel?
Also Zweifel hatte ich schon mit vierzehn, dann mit sechzehn und mit achtzehn, die sind aber immer wieder beschwichtigt worden. Es musste ja auf diesem Weg irgendwie weitergehen. Man dachte eben so, dass alles, was einem nicht gefällt, eine Weile dauert und vergeht, dafür gab es ja auch immer wieder einmal eine Bestätigung. Das nach diesem Sozialismus nichts mehr kommen würde, auf diesen Trichter bin ich erst sehr spät gekommen, nach 1986.

Aus welchem Elternhaus stammst du? Mit welchem Gedankengut bist du groß geworden?
Meine Eltern waren, wie meine Großmutter sagte, Kommunisten. Meine Mutter war eine junge Frau als der Krieg zu Ende war, und ist Anfang der fünfziger Jahre in die Partei eingetreten. Mein Vater kam aus einer SPD-Familie und ist gleich 1946 SED-Mitglied geworden. Er war Neulehrer, dann Schuldirektor und danach im Ministerium für Volksbildung. Meine Mutter war auch Lehrerin. Wir haben zu Hause über alles gesprochen.
Es kam nie vor, dass wir in der Schule etwas anderes sagen sollten als zu Hause, das gab's nicht. Das war schon ein Unterschied zu vielen DDR-Familien.

Was gefiel dir an der DDR? Was erschien dir damals richtig und wichtig an diesem Staat?
Ich habe ernst genommen, dass sich die DDR für den Frieden einsetzt, das fand ich richtig und wichtig. Auch hatte ich nichts dagegen einzuwenden, dass man die Ausbeutergesellschaft abgeschafft hatte. Und ich war auch nicht unglücklich darüber, dass es in der DDR keine Bettler gab. Ich denke, das war's schon in etwa.

Wir haben in einem politischen System gelebt, das sich als Diktatur des Proletariats verstand. War das für dich erlebbar?
Als Diktatur des Proletariats habe ich die DDR nicht empfunden. Dass das einen bestimmten, anderen Sinn haben könnte mit dieser

Diktatur des Proletariats, das wurde mir später klar, als ich mir die Führung unseres Landes genauer angeschaut hatte und auch kritischer war. Die hatte schon etwas Proletarisches, aber im negativen Sinn. Da konnte man ironisch von einer Diktatur des Proletariats sprechen. Ich habe nie geglaubt, dass ich in einer Demokratie lebe. Das war doch ein Witz, ein Wahlergebnis von 99,8 Prozent für diese Regierung. Das war Quark. – Bei dem Begriff Diktatur habe ich weniger an die DDR als an die Nazizeit gedacht.

War die Berliner Mauer für dich präsent?
Ja, logisch. Ich bin in einem Berliner Arbeiterviertel groß geworden, mit offener Grenze und mit vielen sogenannten Grenzgängern, die bei uns gewohnt und in Westberlin gearbeitet haben. Als die Mauer gebaut wurde, waren wir gerade im Harz im Urlaub. Ich weiß noch, dass meine Mutter einen hysterischen Anfall bekam und sofort nach Berlin zurückfuhr. Die Mauer war da, wegschaffen konnte ich sie nicht, und dass es keinen Krieg gegeben hatte, fand ich natürlich gut. Ab da gehörte die Mauer dazu.

Kannst du dich an deinen Schritt in die Gruppe erinnern?
Daran kann ich mich gut erinnern. Ich hatte lange nach so etwas gesucht, war vorher schon mal in einer anderen Gruppe, einem Kreis von Psychologiestudenten … Die hatten gute Beziehungen in den Westen, sie konnten Bücher beschaffen, alles so Sachen, die mir völlig verschlossen waren. Das war kurz nach Studienbeginn, da bin ich wach geworden, habe mir die ersten Lenin-Bände geholt. Aber die Atmosphäre in dieser Gruppe war mir nicht ernsthaft genug. Wenn schon, dann sollte es richtig zur Sache gehen und da kamen mir Wolfgang Templin und die Gruppe gerade recht. Das war ein großes Glück für mich.

Kennst du den Namen André Holzer?
Nein, sollte ich den kennen?

Solltest du. Das war der Deckname von Arnold Schölzel.
Ach ja, das habe ich wieder vergessen. Das ist wohl eine »aktive Leistung«, diesen Namen schnell wieder zu vergessen.

Wie hast du Arnold in Erinnerung?
Zu Anfang ist er mir nur dadurch aufgefallen, dass er sehr geschwitzt hat. Richtig aufgefallen ist er mir etwas später dadurch, dass er nicht nur wie ein FDJ-Funktionär redete, sondern es ernst meinte mit diesen Reden. Das passte nicht mehr zu dem Stand, den wir erreicht hatten. Aber er hatte einige Besonderheiten: Da er aus dem Westen gekommen war, hatte er noch gute Kontakte, seine Eltern schickten ihm Bücher, und was die ganze Westdiskussion betraf, kannte er sich bestens aus. Wir hatten uns natürlich Meinungen übereinander gebildet, nach den jeweiligen Diskussionsbeiträgen der einzelnen Gruppenmitglieder, ob man damit etwas anfangen konnte oder nicht. Mit den Sachen, die Arnold vortrug, konnte ich sehr wenig anfangen.

Würdest du sagen, dass ihr damals den Marxismus als ein Werkzeug zur Veränderung der Gesellschaft verstanden habt?
Wir haben versucht rauszukriegen, was die Klassiker eigentlich gemeint hatten; wir haben dabei keine Unterschiede gemacht zwischen Marx, Lenin und Luxemburg. Es ging erst einmal darum, den Ursprung zu finden, das Echte zu erkennen. Was uns an der Uni als Marxismus-Leninismus verkauft worden war, dass das nicht das Echte sein konnte, davon waren wir überzeugt.
Und unsere Partei berief sich ja ständig auf Marx, Engels und Lenin – diese Legitimation war nicht nur zu hinterfragen, sondern als Lügengebäude zu entlarven und zu demontieren. Das war das Erste und Wichtigste, worum es ging. Marxismus und Stalinismus, das hatte wesentlich nichts, gar nichts miteinander zu tun.

Was wolltet ihr eigentlich?
Wir haben es für unsere Pflicht gehalten, auch und gerade weil wir alle Mitglieder dieser Partei waren, uns auf die Seite der Leute zu

schlagen, die mit den Verhältnissen in der DDR unzufrieden waren. Man kann sagen, wir haben versucht, uns auf die Seite der eigentlichen Arbeiterbewegung zu stellen. Wir hatten doch ein paar Jahre vorher, bei dem was 1968 in der ČSSR passiert war, gesehen, dass es um Selbstverwaltung und Rätesystem ging, also um mögliche demokratische Ausformungen auf einer sozialistischen Grundlage. Etwas, was wir uns für die DDR auch wünschten und wovon so gar nichts zu erkennen war.
Es gibt dieses schöne, dunkle Wort von Marx, dass die Freiheit des Einzelnen die Vorbedingung für die Freiheit aller ist. Darum ging es uns.

Habt ihr euch als eine Art geistige Elite verstanden?
Nein. So etwas wie Elitebewusstsein spielte keine Rolle. Man hat sich von anderen unterschieden, ja, man wollte nicht zu den Anpassern gehören, die sich für nichts interessierten und nur zusahen, wie sie mit dem Arsch an die Wand kamen – das konnte man in der DDR gut hinkriegen. Man musste nicht den Kopf herausstrecken, die meisten haben es auch nicht gemacht.

Hast du den Rückzug vieler DDR-Bürger ins Private verachtet?
Meine Einstellung dazu hat sich mit der Zeit ein bisschen gewandelt. Als junger Bursche war ich rigoroser, da wollte ich mit solchen Leuten nichts zu tun haben. Später habe ich in solchen Rückzugsstrategien auch so etwas wie Lebensklugheit gesehen, weil ich mitkriegte, was diese Leute auch gut gemacht hatten, für ihre Kinder zum Beispiel, indem sie sich einen eigenen Raum geschaffen und den auch geschützt haben.

Wie habt ihr euch eure Stellung in einer neu zu schaffenden DDR-Gesellschaft vorgestellt?
Ich habe da nicht an mich gedacht. Ich wollte, dass alle etwas zu sagen haben – und ich natürlich auch. Wir hatten ja in der DDR nichts zu sagen und wir wollten gern etwas sagen. Es entstand ein Gefühl dafür,

dass es auf dem einen oder anderen Wege nötig werden würde, auch nach außen zu gehen.

War die Verständigung in der Gruppe, die Möglichkeit zu erkennen, was man wollte?
Das war unser Reich der Freiheit, so würde ich es nennen. Wir hatten doch auch viel krudes Zeug im Kopf, das konnte man in der Gruppe einer Gegenmeinung aussetzen, korrigieren und neu denken.

Habt ihr Gleichgesinnte gesucht und intellektuelle Vorbilder, unter Lehrern und Professoren zum Beispiel?
Ich habe das nicht gemacht, ich hatte wenig Kontakt zu Professoren. Man hätte sich sicher gefreut, wenn etwas zu erkennen gewesen wäre, was in unsere Richtung ging. Aber selbst wenn es solche Leute gegeben hätte, wären sie doch schwer für uns erkennbar gewesen, sie hätten sich doch genauso nach außen abschotten müssen, wie wir das mussten.
Es gab ein paar mutige Schriftsteller und auch auf Biermann hat man geguckt, ohne ihn sich als Vorbild zu nehmen. Robert Havemann war so jemand, auf den wir mit großem Respekt geschaut haben.
Leute, zu denen ich wirklich aufschaute und bis heute aufschaue, das sind die, die unter den Nazis den Kopf hingehalten haben. Vor denen ziehe ich den Hut, bis auf den Boden, auch vor deren Frauen.

War die DDR für dich eine antifaschistische Gesellschaft?
Ja, das war sie. Nachdem es mit der DDR vorbei war, bin ich an diesem Punkt aber noch mal ins Grübeln gekommen. Ich glaube, dass dieser fürchterliche Faschismus so tief in den Leuten gesteckt hat, dass auch die DDR da nicht so richtig herangekommen ist. Das steckte sogar in der Arbeiterbewegung drin, da bin ich mir sicher. Der Habitus mancher Funktionäre hätte genauso gut ins Dritte Reich gepasst, in diesem Sinne ist der Antifaschismus nie tief genug gegangen. Auch wenn die beiden Systeme nicht vergleichbar sind, im diktatorischen Selbst der DDR steckte eine gewisse Affinität zur Vergangenheit.

Und was war das andere, der Unterschied?
Die Ideologie, die Ideen, die diesen Herrschaftssystemen zu Grunde lagen. In der DDR gab es keine Herrenmenschen-Ideologie, die in anderen Völkern Untermenschen sah, die ausgerottet werden mussten. Die DDR hat keine anderen Völker überfallen.

War euch klar, dass ihr nur im Untergrund arbeiten konntet?
Ja, von Anfang an. Konspiration war von Beginn an die Bedingung der Existenz der Gruppe.

Hattet ihr noch andere Maximen?
Disziplin natürlich. Das ist doch etwas Verbindliches gewesen, wir haben ernsthaft gearbeitet.

Alkohol war tabu?
Es gab Tee, nur Tee.

Habt ihr den Umsturz geplant, die Revolution?
Das wäre vermessen. Nicht einmal Marx hat die Revolution geplant, die sollte kommen, als das Ergebnis bestimmter gesellschaftlicher Entwicklungen. An die Möglichkeit eines anderen, eines besseren Sozialismus in der DDR habe ich seit Mitte der achtziger Jahre nicht mehr geglaubt.

Was war da passiert?
Irgendwann in dieser Zeit habe ich ein Buch gelesen, das alles, was mir bis dahin selbst durch den Kopf gegangen war, bestätigt hat. Das war ein Buch von Joachim Ritter aus den fünfziger Jahren, *Hegel und die französische Revolution*, da geht es um die bürgerliche Gesellschaft. Ich habe aus diesem Buch herausgelesen, dass es einseitige Auswege aus der bürgerlichen Gesellschaft gibt: den Faschismus, als einen Ausbruch nach rechts, der die Freiheit vernichtete, und einen Ausbruch nach links, den Sozialismus. Das passte so genau in mein Wahrnehmungsbild, dass es nur eine Alternative gab, den Weg zurück in die

bürgerliche Gesellschaft – und es passte so gar nicht zu dem, woran man so lange geglaubt und wofür man so lange gearbeitet hatte. Mit der Verteidigung der bürgerlichen Gesellschaft war ich natürlich isoliert von meinen Freunden, ich verteidigte damit doch auch den Kapitalismus, und zwar nicht in dem Sinne, wie es der Marxismus tat, als die Entwicklungsbedingung der Produktivkräfte, sondern die Eigentumsgarantie als die Basis bürgerlicher Freiheit. Das war ziemlich ungeheuer und ich stand damit allein unter meinen Freunden.

Kam die Wende für dich weniger überraschend?
Die hat mich völlig überrascht. Man weiß ja, was historische Zeiträume sind, die dauern in aller Regel sehr lange. Und hier ging nun alles so schnell. Ein bisschen habe ich schon triumphiert, aber wie das alles werden sollte, war mir überhaupt nicht klar. Ich hatte keine Vorbehalte dem Westen gegenüber, das hat es mir leicht gemacht, mich zu freuen.

Hattet ihr vor, die Arbeiter in der DDR für eure Ideen zu gewinnen?
Ja, die Arbeiter zu gewinnen, das war immer die Frage. Aber es war unter den Bedingungen der DDR irgendwie abstrus, sich das vorzustellen.
Trotzki hatte ja, nachdem die *III. Internationale* in seinen Augen gescheitert war, die *IV. Internationale* gegründet. Das waren nur ein paar hundert Leute, aber so hätte man das in der DDR auch machen müssen; die Partei der Arbeiterklasse ist nicht mehr die Partei der Arbeiterklasse, also muss man eine richtige Arbeiterpartei gründen usw. Das war so was von abstrus. Nein, es half schließlich nur, sich auf die Geschichte zu verlassen, darauf, dass kommt, was kommen muss.

Auf die Geschichte verlassen?
Ja, die Arbeiter hatten sich ja bewegt, es war ja passiert: Es gab nicht nur 1953 in der DDR, es gab 1956 in Ungarn, es gab den »Prager Frühling«, das Jahr 1968 in der ČSSR, und auch in Polen war durch Arbeiter immer wieder etwas in Bewegung geraten. Es gab alle mög-

lichen Unruhen, von denen man kaum etwas erfahren hat, auch in der Sowjetunion soll es Streiks gegeben haben. Auf solche Zeichen haben wir auch für die DDR gehofft, dass da etwas zu erkennen ist. Aber in der DDR war da nichts zu erkennen, da war Ruhe.

Die Risiken einer politischen Opposition in der DDR hattet ihr für euch in vier Punkten zusammengefasst: die Familie zu gefährden, den Beruf zu verlieren, die Freiheit und möglicherweise das Leben.
Das Leben verlieren? Das haben wir uns auch ausgedacht? Na ja … Also es stimmt, aufs Ganze gesehen, war das nicht ohne, was wir veranstaltet haben. Wenn man sich die Freiheit nahm, die wir uns in der DDR genommen haben, dann musste man damit rechnen, dass man dafür auch einen Preis zu zahlen hat. Das war klar. Aber das Leben zu verlieren? Nein, das war in der DDR der siebziger Jahre zum Glück vorbei, dafür gab es kein Beispiel.

Hat euch jemand vor Arnold Schölzel gewarnt?
Ich kann mich an Warnungen in Bezug auf Arnold nicht erinnern.

Und du selbst hast ihn auch nicht verdächtigt?
Nein, ich kann mich überhaupt nicht daran erinnern, dass wir in der Gruppe darüber gesprochen oder nur darüber nachgedacht hätten, dass einer von uns bei der Stasi sein könnte. Es gab mal eine Aussprache in der Gruppe wegen Stasi-Angelegenheiten. Sie hatten ja Wölfchen Templin angeworben und auch bei mir haben sie es versucht, wir haben darüber geredet und damit war das Thema erledigt. Arnold ist mit durchgerutscht, wir haben ihm geglaubt.

Arnold hatte gesagt, er sei nicht angesprochen worden, weil er aus dem Westen gekommen war …
… und Klaus war nicht angesprochen worden, weil sein Vater im ZK der SED saß. Ob sie es außer bei Wölfchen und mir noch bei den anderen aus der Gruppe versucht hatten, weiß ich nicht mehr.

Wie haben sie es bei dir versucht und wann?
Das muss Anfang 1975 gewesen sein. Da stand so ein Bursche vor meiner Wohnungstür und sagte, dass er mich mal sprechen wollte. Es stellte sich schnell heraus, worum es ging, und ich wusste nicht so recht, wie ich mich verhalten sollte. Meine damalige Frau hatte gesagt, »schick den weg, du machst das nicht und fertig«. Aber ich war mir nicht sicher, ob das klug wäre. Ich war gerade in die SED eingetreten, hatte mein Forschungsstudium aufgenommen. Jedenfalls versuchte ich ein bisschen zu tricksen, hab mich dumm gestellt und auf die Frage nach Wölfchen Templin erklärt, dass es einen besseren Genossen als ihn nicht gäbe. Irgendwie haben die recht schnell gemerkt, dass ich nicht wollte und damit war die Sache dann auch erledigt, sie sind nie wieder gekommen. Erst nach der Wende ist mir so richtig klar geworden, was da abgelaufen war: Es war ein richtiger Anwerbungsversuch.

In den Stasi-Akten ist öfter die Rede von euren illegalen Verbindungen ins »Operationsgebiet«, das meint Westberlin und die BRD. Was waren das für Verbindungen?
Illegale Verbindungen? Ich hatte so was nicht. Wölfchen Templin hatte Verbindungen nach Polen, Sebastian nach Ungarn, Klaus hatte Kontakte nach Westberlin. Aber solche Sachen sind geschützt worden, da hat auch innerhalb der Gruppe nicht jeder alles gewusst.

Das »Ergebnis« eurer Kontakte nach Westberlin war die geplatzte Bücher-Übergabe an der Transitstrecke zwischen Westberlin und der Bundesrepublik. Hattet ihr nicht damit gerechnet, dass diese Transitstrecke in jedem Fall überwacht werden würde?
Nee, daran haben wir nicht im Traum gedacht. Da war dieser Westberliner, bei dem wir Bücher für uns und auch zur Verteilung an andere bestellt hatten. Das war ein richtig großer Batzen und wir hatten die Sachen sogar bezahlt, jeder von uns, der auch nur ein bisschen Westgeld hatte, hat es abgeliefert für diese Bücher.
Jedenfalls sollten zwei von uns die Sachen an der verabredeten Stelle

übernehmen. Einer war Klaus, der andere konnte an diesem Tag nicht und deshalb bin ich mitgefahren. Eine wunderbare Aktion war das. Nicht an irgendeinem Autobahnparkplatz, das war ein Waldweg an einer Straße irgendwo in der Uckermark. Nach menschlichem Ermessen konnte das keiner wissen, aber sie haben's doch gewusst.

Wie ist das genau abgelaufen?
Klaus hatte von jemandem ein Auto besorgt und wir sind hingefahren. Ich hatte zwei wunderbare Leinentaschen mitgenommen, die hatte meine damalige Frau genäht, wunderbare Dinger, die hätte ich gern wieder. Der Bursche aus Westberlin sollte kurz vor uns da gewesen sein, die Sachen in den Wald werfen und weiterfahren. Das hatte er auch gemacht, die Sachen lagen da und wir sind da rein gefahren, in diesen Waldweg. Ich habe das als einen großen blauen Sack in Erinnerung, wie ein Müllsack voller Bücher. Wir sind ein paar Meter in den Wald reingegangen und plötzlich fuhren aus verschiedenen Richtungen mehrere Autos auf uns zu. Wir hatten den Sack noch gar nicht angefasst, so schnell haben die uns gestellt. Wir dachten, das war's dann, wir werden verhaftet. Aber es war ganz komisch, nichts dergleichen geschah. Meine beiden Taschen haben sie mir abgenommen und nach Feststellung der Personalien, wie das hieß, haben die uns nach Hause fahren lassen. Keine Verhaftung. Es war dann wie bei *Hase und Igel*, als wir zu Hause ankamen, waren die schon da. Sie haben uns beobachtet, sind uns auf Schritt und Tritt gefolgt. Das war schon gespenstisch. In der Wohnung haben wir versucht, ein paar Papiere zu verbrennen und Bücher beiseitezuschaffen, von denen ich wusste, dass deren Besitz für eine Strafanzeige ausreichen würde. Ich bin stundenlang mit Bücherbeuteln durch die Stadt marschiert und habe versucht, die Jungs irgendwie auszutricksen. So ging das, glaube ich, ein paar Tage lang. Ich war auch bei meiner Mutter, sie wusste nichts von der Existenz der Gruppe, ich habe ihr ein bisschen erzählt, und dass die Stasi hinter mir herläuft. Der Mann meiner Mutter hat sich dann bei der Stasi erkundigt, und wenn ich mich richtig erinnere, haben Klaus und ich über ihn die Aufforderung erhalten, uns zu ei-

nem bestimmten Termin in der Magdalenenstraße zum Verhör einzufinden. Das war ziemlich grauenhaft. Wir wollten ja überhaupt nichts sagen, aber es war eine völlig absurde Situation, weil die alles wussten. Wenn man anfing, irgendwas zu erzählen, dann kannten die schon immer die Fortsetzung. Die wussten alles, woher, war mir völlig unerklärlich. Wenn ich nicht sagen wollte oder konnte, wann wo welches Gruppentreffen mit welchen Leuten stattgefunden hatte, dann haben sie es mir vorgesagt.

Wie war die Atmosphäre bei den Verhören?
Freundlich waren die nicht. Sie waren auch nicht brutal, wobei die Sache an sich natürlich brutal war, dass man denen so ausgeliefert war und man nicht wusste, worauf das alles hinauslief. Also, das war ein ziemlich blödes Gefühl, vor allem hinterher, dass man da so vollkommen hilflos war und die Hundesöhne wirklich alles gewusst haben.

Und auch da ist dir nicht der Verdacht gekommen, dass es einer von euch gewesen sein muss?
Nein, wir sind danach tagelang durch die Straßen gewandert und haben überlegt, was das gewesen war und bedeuten könnte. Wir haben mit Abhörmaßnahmen gerechnet, vor allem damit. Die nächste Etappe war dann, dass es an der Uni losging, da wurde ich vorgeladen. Ich hatte ja fest damit gerechnet ein Gerichtsverfahren zu kriegen und in den Knast zu kommen, aber diese »Genossen« hatten einen anderen Plan. Es ging dann in der Partei los, es ging um ein Parteiverfahren. Mein Verhalten war doch eindeutig gewesen, aber sie machten erst mal nur ein Parteiverfahren mit einer ganz unangenehmen Vorladung vor die Kreispartei-Kontrollkommission der Uni. Deren Vorsitzender gab sich als ehemaliger Spanienkämpfer zu erkennen, ein Mensch also, vor dem ich einigermaßen Respekt hatte. Der teilte mir mit, dass man so einen wie mich in Spanien erschossen hätte – das habe ich ihm ohne Weiteres geglaubt. Ich hatte aber auch das Gefühl, sie suchen nach einer Lösung, die mich nicht völlig rausfliegen lässt, denn dann hätte ich mich wieder frei bewegen können. Nein, ich

sollte irgendwie gebunden bleiben, unter Kontrolle. Bei Klaus ging die Sache ziemlich schnell, er wurde ausgeschlossen und das hätte ich mir auch für mich gewünscht. Ich habe mit ihm darüber geredet, dass ich das Gefühl hatte, den Ausgang der Sache in der Hand zu haben. Klaus war der Meinung, dass, wenn es die Möglichkeit gibt nicht rausgeschmissen zu werden, man das unbedingt machen sollte. Ich wäre gern rausgeschmissen worden, da habe ich Klaus ein bisschen beneidet, aber ich habe auch eingesehen, dass man es der Partei nicht noch leichter machen sollte. Wir haben die Partei ja als etwas betrachtet, wo man schon allein deshalb drin sein sollte, um das ganze Klima in diesem Apparat mitzukriegen, um zu sehen, ob sich da was verändert, das hätte man ja sonst nicht mitgekriegt. Wir haben immer darauf gehofft, dass die Diskussion in der Partei irgendwann losgeht. Deshalb sollte man drinbleiben, um in einem solchen Moment dabei zu sein und die Richtung der Diskussion mitzubestimmen.
Mein Parteiverfahren endete mit einer strengen Rüge, eigentlich lächerlich. Ich bin also in diesem Verein geblieben, aber aus der Universität bin ich sofort rausgeflogen, vorbei mit dem Forschungsstudium.

Und wie ging es weiter für dich?
In der DDR bestand ja die Verpflichtung, mir eine andere Stelle anzubieten. Es dauerte eine Weile, bis man mir schließlich eine Stelle als Essenkartenverkäufer an der Uni anbot. Das war keine sehr gute Idee, ich habe natürlich nicht angenommen und so hatte ich gar nichts. Ich hatte kein Geld und keine Ahnung, wie es weitergehen sollte. Arbeitslosigkeit gab es in der DDR nicht, wer keine Arbeit hatte, kriegte kein Geld, basta. Zum Glück baute der Vater eines Freundes gerade ein Haus, da habe ich für ein halbes Jahr als Bauarbeiter schwarzgearbeitet und bei der Gelegenheit Mauern gelernt. Über ein paar Ecken habe ich dann erfahren, dass ein Verlag, der sich *Deutscher Verlag der Wissenschaften* nannte, für sein Lektorat Psychologie dringend jemanden suchte. Ich hatte ja Psychologie studiert und wollte mich ganz gerne in der Nähe von Büchern aufhalten, irgendwie hatte ich Angst, als Arbeiter in einen Produktionsbetrieb zu gehen. Nach einigem Hin

und Her und schließlich einer Bürgschaft des Parteisekretärs habe ich die Stelle bekommen. Ich wurde Verlagslektor und bin da bis zur Wende nicht mehr weggekommen.

Wie erklärst du dir, dass die DDR bis 1989 überlebt hat?
Es ist schwer, ein Maß dafür festzulegen, was lang, was kurz ist. Es ist vielleicht trivial zu sagen, die DDR hat genau ihre Zeit gehabt, bis sie sich ans Ende gewirtschaftet hatte. Es hätte vielleicht auch länger dauern können, die Sowjetunion hat von 1917 bis 1987 so existiert, siebzig Jahre auf diesen Grundlagen. Die DDR hat das nicht geschafft, weil um sie herum so viel passiert ist. Es war aber immer schon klar, wenn es in der SU losgeht, dann geht es auch in der DDR los. Was mit Gorbatschow anfing, klang nach Reform, wie man sich das auch für die DDR gewünscht hatte. Aber es gab natürlich diesen ernormen Druck vom Westen auf die DDR. Sie ist nicht erpresst oder militärisch bedroht worden, aber die DDR-Bürger haben das, was sie sich in den sechziger Jahren noch hatten gefallen lassen, zum Ende der achtziger Jahre nicht mehr akzeptiert, es war einfach zu viel passiert in der Welt.

Wie würdest du reagieren, wenn du Arnold Schölzel heute zufällig treffen würdest?
Mit Arnold will ich nichts mehr zu tun haben, ich würde an ihm vorbeigehen. Er ist ein anderer als der, den ich damals zu kennen glaubte. Ich habe kein Verständnis für ihn, weder für das, was er damals getan hat, noch dafür, was er heute macht mit seiner *jungen Welt*, furchtbar, ein Hetzblatt.

Hast du den Traum von einer gerechteren Welt auch heute noch?
Nein, nicht in dem Sinne, dass die Schafe bei den Löwen friedlich weiden werden, so etwas sehe ich nicht mehr. Ich war damals, als ich den Westen kennen lernte, ziemlich entsetzt, erleben zu müssen, dass Menschen auf der Straße lebten und bettelten. Das ist eine wirkliche Schande, das sehe ich auch heute so. Damit darf man sich nicht abfinden, nicht einen Tag.

Bist du eigentlich froh darüber, in der Gruppe mitgemacht zu haben, von heute aus gesehen?

Ja, sehr froh. Wir haben zwar überhaupt nichts bewirkt, aber ich habe das gemacht, was ich für richtig hielt und ich bin froh darüber, dass sie mich nicht kleingekriegt haben.

Dieter Krause
Redakteur beim *stern,* Berlin

Dieter, warum hast du in der DDR Philosophie studiert?
Ich wollte Journalist werden, aber das Journalistikstudium in der DDR war weder Fisch noch Fleisch.
Man war doch damals hoch politisiert, nach 1968, Prag und den Studentenrevolten. Deshalb die Philosophie, um vom Grunde her zu verstehen.

Aus was für einem Elternhaus kommst du?
Mein Vater war Sportfunktionär, er hatte vor allem mit der Radrenn-Friedensfahrt zu tun. Meine Mutter war zu Hause. Nach damaligen Begriffen waren meine Eltern westlich eingestellt. Hätten sie gewusst, dass am 13. August 1961 die Mauer gebaut werden würde, dann wären sie wahrscheinlich noch am 12. August in den Westen gegangen. Aber wenn wir Besuch aus dem Westen bekamen, änderten sich die Dinge. Da hat mein Vater dann auch Sachen verteidigt, die er normalerweise gehasst hat.

Und doch bist du letztlich Sozialist geworden?
Ja, aber schon während der Schulzeit haben wir mit Freunden zusammen gesessen, im Atlas geblättert und mit Lineal und Bleistift versucht auszurechnen, wie breit die Lübecker Bucht eigentlich ist und ob wir es schaffen könnten, herüberzuschwimmen. Weil wir um keinen Preis zur Armee wollten.
Und als ich nach 1968 anfing, die Klassiker zu lesen, fand ich das sehr überzeugend und fesselnd, und das Studium der Philosophie war dann die logische Konsequenz. Es waren meine politischen Interessen, die Zuneigung zu einer Idee und nicht ein leidenschaftliches Liebesverhältnis zu dem, was mich in der DDR umgab.

Wie kamst du mit der Theorie und Praxis der Diktatur des Proletariats zurecht?
Das war eine ideologische Hülse, die eben da war. Aber in dem Moment, als ich begann, mich theoretisch damit auseinanderzusetzen, ist mir die Lügenhaftigkeit der Sache schnell klar geworden. Das reduzierte sich schnell auf die Erkenntnis, dass es sich in der DDR um die Diktatur einer politischen Bürokratie handelte, ums Proletariat ging es überhaupt nicht. Von der Losung »Arbeite mit, plane mit, regiere mit«, galt für die Arbeiter immer nur der erste Teil.

Du bist mir zu Beginn unseres Studiums zum ersten Mal dadurch aufgefallen, dass man bei dir eine Ausgabe des Spiegel *entdeckte …*
Den hatte ich von einem Schweizer bekommen, mit dem war ich von Rostock nach Berlin getrampt. Und als ich den *Spiegel* in die Seminargruppe mitgebracht und Klaus zu lesen gegeben habe, hing das mit der offenen Atmosphäre bei uns zusammen. Das Philosophiestudium war lebendiger, lockerer und auch unterhaltsamer als man sich das vorstellen mag. Das war keine ideologisch verhärtete Angelegenheit. Als Klaus diesen *Spiegel* in einer Vorlesungspause herausholte, wurde das allerdings durch irgendjemanden dazu. Es wurde gleich so eine Art Untersuchungskommission gebildet, die wissen wollte, woher stammt das, gibt es vielleicht Kontakte usw.

Wie hast du die Atmosphäre in unserem Seminar erlebt?
Als lebendig, offen, streitbar, debattierfreudig und als sehr kameradschaftlichen Umgang miteinander.

Wie habt ihr euch als Gruppe zusammengefunden?
Das begann erst am Ende des Studiums. Wir waren so an diese offene, tolle Atmosphäre gewöhnt und dann kam plötzlich der Sprung ins kalte Wasser der Betriebe und Institutionen, und die geistig-politische Atmosphäre dort war erschreckend, lähmend. In diese Situation hinein kam Sebastian mit Freunden aus Ungarn, die hatten ein Praktikum absolviert, und lud mich zu einem Abschiedsfest ein.

Klaus war eingeladen, Wölfchen Templin war dabei und es wurde ein sehr offener Abend, mit sehr viel Rotwein. Das war ein solches Erlebnis, dass ich spontan gesagt habe, das müssen wir jetzt öfter machen. Das führte dazu, dass wir uns in bestimmter Zusammensetzung wieder trafen und sich so langsam der Kreis von Leuten bildete, der dann unsere Gruppe war. Es erschien auch Arnold Schölzel und ich weiß bis heute nicht genau, wer von uns ihn eingeladen hatte. Ich erinnere mich, dass wir bei einem unserer ersten Treffen über Katyn sprachen, über die Ermordung tausender polnischer Offiziere durch den sowjetischen Geheimdienst und dass es Arnold Schölzel war, der in dieser Diskussion genau die offizielle politische Lesart dieser Sache herbetete. Er fiel damit so völlig heraus aus dem Zusammenhang und der Art, in der wir uns zu verständigen suchten.

Nachdem wir verabredet hatten, unsere Diskussion in dieser Weise fortzusetzen, war es Klaus, der sagte, die Sache muss eine Richtung bekommen, und vorschlug, erst bestimmte Sachen zu lesen und dann darüber zu sprechen. Es begann mit Leo Trotzki und der *Permanenten Revolution*. Ich glaube, wir hatten nur ein Exemplar dieses Werkes, wir haben es nächtelang jeder für sich und nacheinander gelesen – und dann war alles anders. Als wir uns wieder trafen, war plötzlich völlig klar, dass wir jetzt tun müssen, was wir denken. Rotwein wurde abgesetzt und absolutes Stillschweigen nach außen vereinbart. Im Grunde schon nach unserem zweiten Treffen haben wir damit begonnen, uns nach konspirativen Regeln zu verhalten. Darauf gründete sich dann auch unsere Überzeugung, dass die Stasi nichts wissen kann. Wir wollten erst mal selber vorankommen, soweit und so tief wie möglich. Klarheit im Kopf, damit sollte es beginnen.

Wie kam dir Arnold Schölzel damals vor?

Auf belesene Weise orthodox, während alle anderen viel mehr im Aufbruch waren, wesentlich kritischer. Und dann, bei unserem zweiten Treffen, war er völlig anders. Er war nicht mehr von den anderen zu unterscheiden, er zog voll mit, plötzlich ein sehr kritischer Geist. Diesen Bruch fand ich so erstaunlich, dass ich nach diesem Abend

Klaus anrief, um ihm mein ungutes Gefühl mitzuteilen. Ich habe ihm gesagt, dass ich mir nicht sicher wäre, was das zu bedeuten hätte und ich diese Kehrtwende von Arnold irgendwie verdächtig fände. Klaus war in seiner Reaktion sehr moralisch, so in dem Sinn, wir hätten doch gerade erst angefangen mit der Gruppe und da könnten wir nicht gleich mit einer Ausgrenzung beginnen. Ja, das war's, Arnold war durchgewunken und mein Argwohn Arnold gegenüber wurde auch durch die Überlegung gemildert, dass es Arnold so gegangen sein konnte wie uns anderen auch, die wir alle durch Trotzki eine faszinierende Entdeckung gemacht hatten. Das war sehr idealistisch.

Wie würdest du das Ziel der Gruppe beschreiben?
Unser Ziel war, die DDR zu verbessern. Das klingt jetzt etwas hochtrabend, aber unser Ziel war, die DDR umzustülpen. Unser Ziel war, mit der Idee des Sozialismus, die wir im Alltag ständig pervertiert fanden, ernster umzugehen. Die Verhältnisse aufzubrechen, demokratische Verkehrsformen zu ermöglichen, Pressefreiheit, Redefreiheit, Versammlungsfreiheit, das trieb uns an, der große Idealismus, es besser machen zu wollen.

Ich kann mich gut erinnern, dass euch auch Freundschaft verband. Wie passte Arnold da rein, besonders nach deinem Anfangsverdacht?
Arnold ist mir immer etwas fremd geblieben, aber das hatte nicht mehr die Bedeutung für mich. Mich haben andere Sachen interessiert und umgetrieben, man hatte so viel zu lesen, zu denken, zu streiten und Arnold war einer von uns. Ich habe einfach keine so große Aufmerksamkeit auf seine Person gelenkt, aber Arnold in den Arm zu nehmen, das wäre ein schwieriger Vorgang gewesen. Er war auf gewisse Weise immer anders. Alle anderen waren sinnlicher, das war er nicht. Immer abstrakt, ein Fleisch gewordenes Prinzip, sehr belesen, aber um es im Rückblick auf eine Formel zu bringen: Er ist für mich ein Beispiel dafür gewesen, wie man auf intellektuelle Weise verbohrt sein konnte.

Jeder von euch hatte zu bestimmten Themen Ausarbeitungen gemacht und sie der Gruppe vorgetragen.
Wie fandest du Arnolds Beiträge zu euren Diskussionen? War da ein Unterschied?
Für mich nicht. Wenn das der Fall gewesen wäre, hätte mein ursprünglicher Verdacht wieder neue Nahrung bekommen. Arnold war ein sehr emsiger, sehr fleißiger, belesener Mensch und so hat er sich auch eingebracht. Ich denke, so hat er sich auch bei der Stasi eingebracht. Da war er genauso fleißig und hat dafür gesorgt, dass die viel zu lesen hatten.
Er war kein besonders origineller oder treibender Geist, aber als Betonkopf gab er sich nicht mehr, das war ihm nur an diesem ersten Abend passiert.

Gab es Regeln, nach denen ihr verfahren seid?
Die Grundregel hieß, keinem Dritten gegenüber erkennbar werden zu lassen, dass man sich mit bestimmten Absichten trifft, dass man verbotene Bücher liest, verbotenen Gedanken nachhängt, also mit verbotenen Absichten verbotene Ziele verfolgt.
Und ich denke, daran haben wir uns auch weitgehend gehalten. Es war doch gefährlich, das Strafgesetzbuch der DDR kannte rigide Strafen für solcherlei Tun.

Die möglichen Konsequenzen eurer Tätigkeit habt ihr in vier Punkten formuliert: den Beruf zu riskieren, die Familie zu gefährden, die Freiheit und möglicherweise das Leben aufs Spiel zu setzen.
Darüber musste eigentlich gar nicht gesprochen werden, das war so. Die Aufzählung dieser Ungeheuerlichkeiten, die da drohten, war nur aus dem Grunde erträglich, dass wir sehr früh begonnen hatten, die Schotten dicht zu machen. Die Risiken waren von Anfang an einkalkuliert, so dass sie uns als konkrete Gefahren nicht lähmen konnten. Das Ganze hatte auch etwas intellektuell Spielerisches. So denke ich heute darüber.

Du bist gleich nach dem Studium zur Berliner Zeitung *gegangen. Wie war das für dich zu trennen, die Arbeit für die Parteipresse und die Diskussionen in der Gruppe?*
Das war schwierig. Ich hatte gelegentlich auch Artikel zu Themen zu verfassen, über die ich grundsätzlich anders dachte. Ich habe versucht, das so unbeschadet wie möglich durchzuschreiben. Auf der anderen Seite habe ich in der Redaktion der *Berliner* Informationen erhalten, die man so in keiner DDR-Zeitung lesen konnte. Wir hatten Westzeitungen in der Redaktion, manchmal nur Ausschnitte aus der *FAZ* oder der *Süddeutschen*, aber immerhin, die waren ganz offiziell bei uns im Umlauf. Solche Informationen habe ich natürlich in die Gruppe getragen. Außerdem hieß die stellvertretende Leiterin unserer Kulturredaktion Gisela Herrmann, sie war die Ehefrau des Politbürokraten Joachim Herrmann. Da hat man hin und wieder Interna erfahren, bis zu dem Zeitpunkt, als sie gewarnt wurde.

Wurde sie vor dir gewarnt?
Ja, ich denke, sie hat vom MfS den Hinweis bekommen, sich mir gegenüber nicht so offen zu äußern, wie sie es bis dahin getan hatte.

Du hast einmal in der Berliner Zeitung *einen Artikel besonderen Inhalts veröffentlicht. Worum ging es?*
Es ging um eine Buchrezension, Lenin-Briefe Band 9. Da habe ich mir erlaubt, mehrere Passagen von Trotzki in meinen Text einzumontieren, einfach um den Spaß zu haben, dass man in der DDR Trotzki druckt. Es hat natürlich keiner gemerkt, außer den Leuten in der Gruppe, denen hatte ich es ja erzählt.

Wann habt ihr gemerkt, dass ihr beobachtet werdet?
Das muss im Spätsommer 1976 gewesen sein. Wir hatten uns in meiner Wohnung getroffen und die Wohnung über mir war gerade leer geworden, da konnte keiner sein. Während des Treffens waren von oben Schritte zu hören, die Dielen knarrten. Wir besprachen gerade die Vorbereitung eines Treffens mit unserem Westberliner Kontakt-

mann Rudi Steinke und immerfort knarrte es über uns. Wir haben das Treffen deutlich früher als beabsichtigt beendet, einer nach dem anderen hat meine Wohnung verlassen und eine halbe Stunde, nachdem alle weg waren, höre ich Schritte auf der Treppe. Ich habe vorsichtig durch ein Fenster auf die Straße geschaut und sehe zwei Herren, bepackt mit großen Taschen, in der Dunkelheit verschwinden. Da war klar, was los war, das waren Leute vom MfS und wir waren sozusagen auf dem Schirm. Es war kurioserweise Arnold Schölzel, der mir am nächsten wohnte. Ich bin gleich mit dem Fahrrad zu ihm, habe ihn nachts um halb zwei rausgeklingelt und ihm gesagt, dass wir ab jetzt davon ausgehen müssen, dass die Stasi an uns dran ist. Wir sind beide gleich zu Klaus gefahren, haben ihn aus dem Bett geholt und besprochen, wie wir uns weiter zu verhalten hätten. Die erste Konsequenz bestand darin, das nächste Treffen auszusetzen und unsere Umgebung sehr aufmerksam zu beobachten.

Und wie hat Arnold reagiert?
Er hielt das für unmöglich. Ansonsten unauffällig.

Es war dann Klaus, der durchgesetzt hat, dass Arnold euer »Sicherheitsbeauftragter« wurde.
Ja, da hat er den Bock zum Gärtner gemacht. Die Stasi in Person von Arnold verantwortlich für unsere Sicherheit. Absurd. Wahrscheinlich war Klaus' Überlegung, dass Arnold, als ein so prinzipienorientierter Mensch, der Geeignetste von uns für eine solche Funktion war.

In den Akten geht es immer um eure illegalen Verbindungen. Worin bestanden die?
Das waren in der Frühphase Kontakte zu anderen Gruppen, streng konspirativ natürlich. Es gab immer nur einen von uns, der einen solchen Kontakt unterhielt.
Und in der Spätphase, als die Gruppe schon aufgerieben war, intensivierte sich ein Kontakt, der schon vorher geknüpft worden war, zum Vereinigten Sekretariat der *IV. Internationalen* in London. Und über

Rudi Steinke hatten wir den Kontakt zur Redaktion des Europakomitees und zu Peter Brandt, dem Sohn von Willy Brandt. Und wenn ich mich richtig erinnere, gab es auch einen Kontakt zur IKP.

Nachdem ihr euch beobachtet fühltet, habt ihr auch innerhalb der Gruppe nach einer undichten Stelle gesucht. Jan Lautenbach und seine Ehefrau gerieten in Verdacht. Erinnerst du dich daran?

Ja, es gab Überlegungen, dass möglicherweise die Ehefrauen oder Freundinnen nicht dichthalten würden. Es war zwar vereinbart, dass sie nichts wissen sollten, aber sie waren nicht eingebunden in diese besondere Disziplin der Gruppe. Und es gab in den Familien auch Kontakte bis hinein in die alten DDR-Eliten, die ein hohes Maß von Zustimmung mit den Verhältnissen repräsentierten, die wir kritisierten und ändern wollten. Dieses Verdachtsmoment spielte immer eine Rolle und das erklärt auch unseren teilweise zurückhaltenden Umgang mit Wölfchen Templin und Jan Lautenbach. Das ging soweit, dass die beiden ab einem bestimmten Zeitpunkt nicht mehr so richtig dabei waren. Das war kein Argwohn gegen die beiden, sondern gegenüber ihren familiären Bindungen.

Wie erinnerst du den Abend, an dem euch Wölfchen Templin seine Stasi-Kontakte offenbarte?

Das war in der Wohnung von Arnold Schölzel, wir waren gegen halb zwei Uhr nachts am Ende unserer Diskussionen angelangt, da sagte Wölfchen, er müsse uns jetzt etwas sagen, was er nicht länger mit sich herumtragen kann. Also der Ernstfall war da. Wölfchen hat uns erzählt, dass er während des Studiums angeworben worden war und seither Kontakt mit dem MfS hatte, aber von der Gruppe und allem, was unter Schweigegebot stand, nichts gesagt hatte. Wir haben ihm geglaubt, an seiner Integrität haben wir keinen Augenblick gezweifelt. Aber jetzt ging es um die Frage, wie wir mit diesem Problem umzugehen hatten. Also einfach weiter so, Informant der Stasi und gleichzeitig Mitglied der Gruppe zu sein, das ging irgendwie nicht. Trotzdem musste ein Ausweg für Wölfchen gefunden werden und das war sein bevorstehender Aufenthalt in Polen, er sollte als Forschungsstudent nach Warschau gehen. Er sollte seine Stasi-Kontakte nicht abrupt beenden, aber durch den Aufenthalt in Warschau sollte es gelingen, ihn aus dem System zu lösen. Die Sache ging schneller als wir uns das ausgedacht hatten. Arnold hat wohl noch am gleichen Tag die Stasi informiert und aus Wölfchen, dem IM Peter wurde der OV Verräter. Das wussten wir damals natürlich nicht.

Was bedeuteten die verschärften Sicherheitsmaßnahmen, die ihr unter Arnolds Anleitung beschlossen hattet, für dich? Was hast du gemacht?
Es war ja nicht so, dass wir die Bücher, die wir gelesen und über die wir gestritten haben, in opulenter Fülle hatten. In den meisten Fällen gab es nur ein Exemplar eines solchen Buches und wir mussten Konspekte anfertigen, bergeweise wurden Bücher quasi abgeschrieben. Es gab natürlich auch Bücher und Schriften, die man auf irgendwelchen Wegen persönlich aus dem Westen bekommen hatte. Meine Mutter hatte bei ihren Besuchen im Westen so einiges für mich gekauft und in die DDR geschmuggelt. Diese Sachen mussten natürlich schnell weg. Manuskripte habe ich verbrannt und Bücher bei Freunden versteckt. Es gab aber eine etwa fünfzigseitige Ausarbeitung von mir, die war mir so wichtig, dass ich sie nicht verbrennen wollte. Die habe ich hinter Dachsparren unseres Wochenendhäuschens, getarnt von drei Vogelnestern, versteckt. Die lag bis zur Wende dort.

Aus den Akten weiß ich, dass in unserer Abwesenheit unsere Wohnungen durchsucht worden sind. Hast du das bemerkt?
Es gab immer Beobachtungen oder Wahrnehmungen, die darauf schließen ließen, aber es war nie so offensichtlich dilettantisch gemacht, dass man sich sicher sein konnte. Ich habe versucht, auch mal zu Zeiten in meiner Wohnung zu sein, in denen ich üblicher Weise abwesend war. Ich habe Steckdosen abgeschraubt und Telefone auseinandergenommen, um nachzuschauen, ob vielleicht eine Wanze installiert war.

Wie ist es zu der Idee mit dem Büchertransport gekommen und was hast du davon gehalten?
Ich habe viel davon gehalten. Das ist ja von uns organisiert worden als wir schon das Gefühl hatten, die Stasi ist an uns dran. Wir hatten eine Zeitlang jegliche Treffen eingestellt, aber als nichts passierte, haben wir sie auf noch vorsichtigere Weise fortgesetzt. Das war die Phase der Kontaktaufnahme zu Rudi Steinke und der Versuch, unsere Auffassungen in Artikel einfließen zu lassen, die wir in dieser Zeitschrift *Osteuropa-Komitee* veröffentlichen wollten. Der dritte Vorgang war dann der große Büchertransport, wo wir alles, was an Westgeld zu greifen war, zusammengekratzt haben, um uns auf einen Schlag endlich mit der Literatur auszustatten, die wir für unser Weiterdenken dringend benötigten. Wir hatten die Sache vorher gründlich ausgekundschaftet, Klaus, Sebastian und ich. Auf dieser Fahrt ging auch noch Sebastians Auto kaputt. Wir haben die Stelle ausgesucht und beobachtet, wie stark die Straße befahren war, ob und wie da kontrolliert würde usw. Wir waren uns sicher, eine Stelle gefunden zu haben, die unauffällig genug und schwer zu kontrollieren war.

Wie hast du erfahren, dass die Sache doch schiefgegangen war?
Es war so verabredet, dass ich einen Anruf bekommen sollte in der Redaktion, dass alles in Ordnung ist. Das sollte um die Mittagszeit herum sein, aber als um 14.00 Uhr immer noch kein Anruf gekommen war, schwante es mir, dass da was passiert war. Also bin ich mit der U-Bahn zu Wolfgang Nitsche gefahren. Dazu muss man wissen, dass die U-Bahn in der Schönhauser eine Hochbahn ist und ich so den Eingang von Wolfgangs Haus sehen konnte. Ich hatte kein gutes Gefühl und als ich auf das Haus zuging, diesen Gedanken werde ich nie vergessen, da war in meinem Kopf, du machst jetzt einen Fehler, hier stimmt was nicht, dass du jetzt da reingehst, ist falsch.
Trotz dieser unguten Ahnungen bin ich da rein, ich wollte doch unbedingt wissen, was mit dem Freund passiert ist, und bin mit affenartiger Geschwindigkeit die vier Treppen zu Wolfgangs Wohnung hochgejagt. Wolfgang öffnete die Tür und sagte bloß: »Alles schief-

gegangen, sie haben uns hochgenommen, hau bloß schnell ab, hau ab!« Wieder unten angekommen habe ich sie dann auch gesehen. Das war so der neu ausgestattete Stasi-Typ im Jeans-Look, der überall herumstand. Auf dem Rückweg in die Redaktion hatte ich zwar nicht das Gefühl verfolgt zu werden, aber es war klar, dass sie uns hatten.

Und was passierte weiter?
Merkwürdigerweise gar nichts. Das war es ja, was mich so ungeheuer aufgeregt hat. Eigentlich war Arnold von Klaus beauftragt worden, mir mitzuteilen, dass die Sache schiefgegangen war. Das wusste der schon stundenlang, als er mich gegen Abend endlich anrief. Ich fand diese Verzögerung ziemlich merkwürdig, war aber viel zu aufgeregt, um länger darüber nachzudenken. Noch merkwürdiger aber war, dass wir nicht versucht haben, uns heimlich zu treffen, uns abzusprechen, wie wir uns weiter verhalten sollten. Es ist nicht passiert. Von Sebastian wusste ich, dass er sich häufiger im Garten seiner Frau aufhielt, da bin ich dann irgendwann hin und habe ihn auch angetroffen. Wir sind stundenlang nachts durch die Gartenanlage gelaufen und ich hab mich so gewundert, dass nur wir beide da waren, dass es kein Bestreben gab, zusammenzukommen und nach Lösungen zu suchen für diese Situation. Aber es passierte nichts. Nun kannte man ja die Gewohnheiten seiner Freunde und ich wusste, dass Klaus morgens um neun Uhr am Alex aus der U-Bahn in den Bus umstieg, um ins IPW zu kommen. Und da habe ich ihn abgepasst, das war drei oder vier Tage nach der geplatzten Bücherübergabe. Klaus hat nur gesagt, dass die Stasi alles weiß.
Ich bin dann noch in ein Café gegangen mit dem Gefühl, dass das für längere Zeit der letzte Kaffee sein könnte, den ich hier trank. Nachdem ich in der Redaktion zurück war, kam nach ein paar Minuten die Kaderleiterin, begleitet von drei unauffällig gekleideten Herren, und sagte nur: Das ist Dieter Krause. Die Herren stellten sich mir als Mitarbeiter des Innenministeriums vor und sagten ansonsten nur, dass sie mich auf Grundlage des Paragrafen soundso zu einer Befragung mit-

nehmen wollen. Und dann haben sie mich abgeführt zum Verhör, so habe ich es empfunden. Ich saß auf diesem Stuhl und hatte immer im Kopf, bei meinen Antworten nicht mehr zu sagen, als sie schon wussten, alles ein bisschen tiefer zu hängen, aber auch mit Bekennermut dafür einzustehen, was ich dachte. Eine Frage war zum Beispiel, was ich von Isaak Deutscher hielte und es wäre mir wie eine Lästerung vorgekommen, hätte ich da gesagt: »Ach, nicht sehr viel.« Ich habe gesagt, dass Isaak Deutscher für mich der bedeutendste marxistische Historiker des 20. Jahrhunderts ist. Es gab Vernehmer, die sich nachdenklich und verständnisvoll gaben, und es gab die Rumbrüller, die Drohungen ausstießen in dem Sinne, dass man hier ungeschoren nicht rauskäme. Es war sehr bedrückend, ausweglos, eine absolut ohnmächtige Situation. Es gab ja nicht die Möglichkeit nach Wien zu emigrieren, um im Café Central die europäischen Zeitungen zu lesen. Siebzig Jahre früher war das vielleicht so. Wir mussten durchhalten und schauen, was dabei herauskommen würde.
Sebastian saß übrigens, das haben wir später rekonstruieren können, zur gleichen Zeit, am gleichen Ort, zwei Türen weiter. Er hat mir dann erzählt, dass er auf die Eingangsfrage »Wissen Sie, weshalb Sie hier sind?«, geantwortet hat: »Nein, das frage ich mich schon die ganze Zeit«, und auf die nächste Frage, ob er denn keine Zeitungen lese, so im Plauderton geantwortet hatte: »Ach wissen Sie, es passiert ja so viel …« Dazu muss man sagen, dass am Tag nach dem gescheiterten Büchertransport im *Neuen Deutschland* die Meldung stand: »Zwei Westberliner Bürger unter dem Verdacht der Militärspionage an der Transitstrecke zur BRD festgenommen.« Das definierte für uns so etwa die Fallhöhe und damit das zu erwartende Strafmaß: Spionage! Militärspionage!

Hattest du Angst?
Es war ja nicht nur so, dass ich beim ersten Verhör mehr als neun Stunden durch die Mangel gedreht worden war, es war auch so, dass die ganzen Nächte hindurch immer ein Lada mit zwei MfS-Leuten vor meinem Haus stand. Man saß wie das Kaninchen vor der Schlange,

man kam nicht unbeobachtet aus dem Haus, man musste aushalten und irgendwie durchkommen. Seit dieser Zeit weiß ich, was Angst ist. Es ging um mindestens fünf Jahre Knast.

In den Akten habe ich gelesen, dass nach Möglichkeiten gesucht werden sollte, Klaus Wolfram und Dieter Krause strafrechtlich relevantes Vergehen nachzuweisen.

Dabei, dass man mit uns nicht so umging, wie man es eigentlich vorgehabt hatte, spielten verschiedene Momente eine Rolle. Es war die Zeit, als über das Helsinki-Abkommen verhandelt wurde, über den berühmten Korb III und das Recht auf freie Meinungsäußerung. Da konnte man keinen Trotzkisten-Prozess in der DDR gebrauchen. Außerdem hatten wir ja auch »Königskinder« in der Gruppe, Jan Lautenbachs Vater hatte zusammen mit Erich Honecker gegen die Nazis gekämpft, Sebastians Vater war Domprediger in Schwerin und gleichzeitig Mitglied der SED, Klaus' Vater war Intendant des Deutschen Theaters, dem Vorzeigetheater der DDR, außerdem noch Kandidat des ZK der SED.

Das war eine Gemengelage, die es nicht erlaubte, die Sache gegen uns so einfach strafrechtlich durchzuexerzieren.

Wie ging es danach bei dir weiter, bist du bei der Berliner Zeitung *geblieben?*

Das ging nur noch ein paar Tage. Dann kam der stellvertretende Chefredakteur und meinte, mit diabolischem Augenaufschlag, über diesen Vorgang mit meiner vorübergehenden Festnahme müsse man ja wohl noch mal reden. Bevor es dazu kam, hatte ich noch ein zweites Verhör beim MfS und danach einen Termin bei meinem Chefredakteur. Der eierte eine ganze Weile mit Überlegungen herum, dass mir die wissenschaftliche Arbeit doch näher läge als der Journalismus und forderte mich auf, darüber nachzudenken. Ich bekam also Order, mich nach einer anderen Beschäftigung umzusehen, und habe daraufhin im eigenen Blatt inseriert: »Diplomphilosoph sucht neuen Wirkungskreis.« Der fand sich dann in einem Institut für Hochschulbildung, wo ich über die Organisation und Verwaltung von Universitäten und Hochschulen nachzudenken hatte.

Wie erklärst du dir das höchst unterschiedliche Maß der Bestrafung, dem die einzelnen Gruppenmitglieder unterzogen wurden?
Dahinter stand Absicht und Strategie. Man wollte durch die Ungleichbehandlung Verdachtsmomente in die Gruppe tragen. Es war der Versuch, eine Atmosphäre des Misstrauens zu schaffen, die uns eine Weiterarbeit erschweren oder unmöglich machen und unser gegenseitiges Vertrauen zerbrechen sollte. Einer flog aus der Partei und verlor seinen Arbeitsplatz, ein anderer von der Uni und blieb in der Partei, ich wurde aus der Redaktion gedrängt und bei anderen gab es eben keine Konsequenzen dieser Art. Diese Strategie hieß im Stasi-Jargon »Zersetzung«.

Das Auffliegen und die nachfolgende »Zersetzung« der Gruppe war das Ergebnis von Arnolds Verrat. Wie denkst du heute über ihn?
Arnold ist für mich ein Überzeugungstäter. Er hat diese Verratshandlungen aus politischer Überzeugung begangen. Während wir uns unausgesprochen darüber geeinigt hatten, zu tun, was wir denken, war sein Handeln darauf gerichtet, zu verhindern, dass wir taten, was wir dachten. Darüber hinaus war Arnold in einer merkwürdigen Lage. Die Familie war im Westen, hier hatte er eigentlich nur uns und wir hatten uns von ihm politisch entfremdet, weil wir unterwegs waren zu neuen Ufern und er an seinen Glaubensartikeln festhielt. Und in dieser Situation waren vielleicht die Stasi und ihre Führungsoffiziere seine neue Familie und seine neue Heimat – es war sonst keiner da für ihn.
Was ich ihm immer vorwerfen werde, ist, dass er wusste, was er tat. Dass er auf eine ebenso emsige wie unanständige und brutale Weise seine damaligen Freunde dem MfS ans Messer geliefert hat. Es muss ihm klar gewesen sein, dass es nicht nur um den Verlust des Arbeitsplatzes ging, sondern um mehrere Jahre Zuchthaus. Und er hat es getan, obwohl wir alle Familien hatten, Frauen und Kinder.

Hast du jemals versucht, mit ihm darüber zu sprechen?
Nein, dieses Verlangen habe ich nie verspürt. Nach der Wende hatte ich noch zwei Begegnungen mit ihm. Die eine war ein bisschen kurios, wir trafen eines Morgens in einer weitläufigen Parklandschaft aufeinander. Im Abstand von zwanzig Metern war klar, wer sich da begegnen wird: Arnold Schölzel und ich. Die Begegnung zweier Spaziergänger auf einem Parkweg. Ich habe ihn keines Blickes gewürdigt, ich habe ihn meine ganze Verachtung spüren lassen.
Die andere Begegnung fand während eines PDS-Parteitages statt, ich sollte darüber schreiben. Arnold stand da mit jemandem, den ich noch von der Uni her kannte. Und wie ich auf den zusteuere, verabschiedet der sich von Arnold und plötzlich war ich mit Arnold allein. Und da musste es irgendwie raus: »Arnold, ich habe nur eine Frage – warum hast du uns verraten?« Daraufhin wurde er blass und sagte gar nichts. Erst als ich meine Frage wiederholte, hauchte er mit bleichen Lippen: »Ich habe eben damals so gedacht.« Das war's, und wenn es nach mir geht, wird es dabei bleiben.

Rückblickend und aufs Ganze gesehen, war es trotzdem eine wichtige Zeit für dich?
Unbedingt. Es war die interessanteste Zeit in meinem Leben. Jeder von uns hatte ja tagsüber einen Beruf, eine Arbeit – und dann wurde bis tief in die Nacht hinein gelesen, diskutiert, gestritten, Artikel geschrieben. Wir waren angetrieben von einem heiligen Ernst und es hatte etwas ungeheuer Faszinierendes, zu begreifen, wie die Dinge wirklich sind und mittun zu wollen, sie zu verändern. Das habe ich als etwas ungeheuer Schönes empfunden.

Hast du noch heute den Traum von einer gerechteren Gesellschaft?
Ja, ich weiß bloß in der Zwischenzeit, dass es viel länger dauern wird, als ich damals glaubte. Trotz aller gegenteiliger Erfahrungen, man ist doch geprägt vom Geist der europäischen Aufklärung – durch Nacht zum Licht. Ich glaube an die Vernunft.

Wolfgang Templin
Freier Autor und Publizist, Berlin

Wolfgang, warum hast du in der DDR Philosophie studiert?
Das war lange mein Wunsch, seit den Lehrlingsjahren in Jena, wo ich schon in der Uni-Bibliothek saß. Ab 1968 war ich dann in Berlin, zunächst an einer Fachschule für Bibliothekare, aber ob nun Geschichte, Germanistik oder Philosophie – ich wollte mir die Frage beantworten, was heißt unter den Bedingungen der DDR »Gesellschaft«. Natürlich war mir klar, dass in der DDR all diese Fächer in einem ideologischen Kontext standen, aber das war für mich damals positiv besetzt.
Ich hatte eine ziemlich frühe und lange Zeit der Auseinandersetzung hinter mir, wo ich mir selbst die Fragen, die in meiner kleinen Familie kaum oder gar nicht gestellt wurden, auf eigene Weise zu beantworten suchte, durch Mitschüler, Lehrer, aber vor allem durch Literatur. Seit ich lesen kann, habe ich Bücher verschlungen, die es bei uns zu Hause nicht gab. Ich rannte zweimal die Woche in die Ernst Abbe-Bücherei in Jena, las dort historische Literatur und auch sowjetische Kinderliteratur, die ich zum Teil bis heute liebe, mit einer Fantasiewelt, die weit über die engen Nachkriegsverhältnisse hinausging, in denen ich aufwuchs.
Meine Mutter und Großmutter gaben mir alles, was an Liebe und starken Gefühlen wichtig war, aber was Bildung betraf, fehlte nahezu alles. Ich musste mir meinen eigenen Reim auf die Welt und die DDR machen und der war anders, als der meiner Altersgenossen, vor allem dadurch, dass mein Vater Russe war. Mein starker Bezug zum Osten, nicht zum deutschen Osten, sondern zum Osten aus den Erzählungen meiner Mutter, die in Polen aufgewachsen war, in Bromberg, und zu Russland, dem Land meines Vaters, hat mir die Identifikation nicht nur mit dem realen DDR-Leben ermöglicht, sondern auch mit dem, was diese DDR eigentlich sein wollte. Und das war eine DDR, wie sie sich mir in meinen besten und spannendsten Lehrern verkörperte, von denen viele aus der ABF-Generation stammten, die nicht den

ideologischen Holzhammer schwangen, um uns etwas einzubläuen, woran sie selbst nicht glaubten, sondern die sich selbst für dieses große Zukunftsprojekt DDR einsetzten. Das alles hat mich zur Philosophie gebracht.

Im Foyer unserer Universität stand der Satz von Marx: »Die Philosophen haben die Welt nur verschieden interpretiert, es kommt aber darauf an, sie zu verändern.« Hat dieser Satz dir etwas bedeutet?
Auf bestimmte Weise ist das für mich bis heute gültig, nicht im exegetischen Sinne, sondern als Frage. Was will man mit der Entscheidung für die Philosophie?
Für mich waren immer die Philosophen interessant, die fragten, was treibt die Menschen um und wie können wir das, was wir als Philosophie betreiben, mit diesen Menschen verbinden. Also, dieses auf den Markt Gehen mit seinen Ideen und seinem Denken. Dieser unplatonische, nichtaristotelische Zugang, der sich, manchmal überlagert und verdeckt, aber immer gegenwärtig durch die Philosophie zieht. Später ist mir klar geworden, dass dieses ganze gewaltige Marx'sche Werk, trotz seines erklärten Anspruchs, des Zugangs zur realen Wirklichkeit und dem, was die Menschen umtreibt, entbehrt.

Du warst Parteisekretär unseres Seminars und ich habe dich damals sehr bewundert, weil du so anders warst. Bist du mit dem Glauben an die Reformierbarkeit der Partei in die SED eingetreten oder aus Gründen der Übereinstimmung?
Ich bin mit der Überzeugung eingetreten, dass da etwas gemacht werden musste und konnte. Meine Mutter hat in Jena unter sehr schwierigen und harten Bedingungen in einer Fabrik gearbeitet und von daher hatte ich eine Menge Realitätserfahrungen, die zu einem heilen oder idealisierten DDR-Bild überhaupt nicht passten und mich lange auf Distanz hielten. Eine intensivere Identifikationserfahrung habe ich erst durch Menschen gemacht, die sich kritisch aber engagiert zu dieser DDR verhielten und immer auf Veränderung bestanden – wenn der Einzelne nichts tut, wird das Ganze nicht besser. Die Überzeu-

gung von der Verantwortlichkeit des Einzelnen, auch und besonders nach der Erfahrung von 1968 in der ČSSR, das war mein Punkt. Deshalb bin ich 1969 Kandidat der SED geworden. Ich konnte und wollte im ersten Studienjahr Philosophie diese Parteifunktion übernehmen, weil mich das genau in dem Punkt traf, den ich für entscheidend hielt, dem persönlichen Engagement. Ich hätte meine eigenen Überzeugungen verfehlt, hätte ich abgelehnt.

Hast du die besondere Atmosphäre in unserer Seminargruppe gleich zu Anfang bemerkt?
In den ersten beiden Studienjahren spürte ich eine Kluft in unserem Seminar sehr deutlich. Ich war ein Teil dieser Kluft und zugleich eine Brücke. Die Kluft hieß, dass vielleicht die Hälfte derer, die mit uns anfingen zu studieren, aus der Provinz kamen, aus ähnlichen Verhältnissen wie ich, die wenig Rüstzeug für das Philosophiestudium bereithielten. Unter den Berlinern waren sehr viele aus intellektuellen Familien und von daher in ganz anderen Bildungsverhältnissen aufgewachsen. Ich gehörte sozial und von meinen Vorerfahrungen her zu der ersten Gruppe, fühlte mich aber, auf Grund meiner intellektuellen Spannung und meines Ehrgeizes, sehr stark zu den Berliner Intellektuellen hingezogen.
Ich hatte enge Freunde bei den Provinzlern, lernte mehr und mehr die anderen kennen und hatte zudem durch meine Parteifunktion eine Art Brückenverantwortung. Diejenigen, die später dann die Gruppe bildeten, gehörten zu diesem intellektuell und parteigeprägten Teil unseres Seminars.

Kannst du dich an die Anfänge der Gruppenbildung erinnern?
Klaus gehörte für mich, in meiner ersten Wahrnehmung zumindest, zu diesen verrückten und in ihrer Ausstrahlung fast arroganten Vögeln, ich nannte sie damals die »Mocca-Milch-Eisbar-Truppe«. Das waren für mich diejenigen, die so bruchlos zum vorderen Teil der Karl-Marx-Allee passten. Dort war das Kino International, eben die neue Karl-Marx-Allee zwischen Straußberger Platz und Alex. Da war

ich ja auch öfter, guckte das Ganze aber mit einer riesigen Distanz an. Aber die, die gehörten förmlich dahin, sie lebten da mit ihren Familien, dort spielte sich ihre Freizeit ab, dort trafen sie ihre Freundinnen. Und so nahm ich Klaus wahr. Das mehr in ihm steckte, mehr als diese Attitüde vermuten ließ, das kriegte ich ziemlich schnell mit. Wir haben uns schnell aufeinander zubewegt, wir ergänzten uns, bei aller Unterschiedlichkeit.

Wolltest du gleich mitmachen in der Gruppe?
Die Gruppe entstand erst nach dem Studium, da lagen vier Jahre voller vergeblicher Versuche hinter uns, als Mitglieder dieser Partei Einfluss darauf zu nehmen, was an unserer Uni zu verändern notwendig gewesen wäre. Viele Enttäuschungen also. Die Frage für mich war, wie über diesen Tellerrand der Uni hinauszukommen wäre, ich suchte einen Raum für mich, wo ich zur Sache kommen konnte. Zur Sache kommen hieß, Dinge zu diskutieren, die jenseits des universitären Horizonts lagen. Und da kam Klaus genau im richtigen Augenblick.

Klaus hat gleich im ersten Gespräch mit dir über die Konsequenzen gesprochen, mit denen ihr möglicherweise zu rechnen hattet, wenn ihr in einem intellektuell selbstbestimmten Raum arbeiten wolltet.
An dieses erste Gespräch kann ich mich nicht mehr genau erinnern, nur an meine Neugier und an das Unbehagen an dem, was bisher passiert war. Das muss nach den Weltfestspielen 1973 begonnen haben. Diese Vorbereitungen auf die »Weltfestspiele der Jugend und Studenten«, das war eine ganz desillusionierende und ernüchternde Erfahrung. Von offizieller Seite wurde ein Öffnungsbemühen vorgegaukelt, eine ganz miserable Inszenierung, für die wir als Staffage vorgesehen waren. Es fiel mir wie Schuppen von den Augen: Die wollten so weitermachen wie bisher und denen, die kamen, Weltoffenheit vorspielen lassen.
Darauf hatte ich keine Lust und deshalb nahm ich das, was Klaus wollte, nicht nur hin, sondern wollte dabei sein.

Kannst du dich an die Situation erinnern, als Arnold Schölzel in die Gruppe kam?
Ich muss vorher noch einen Punkt benennen, der mich zu dieser Zeit heftig bewegte. Ich hatte in meiner Bindungsbereitschaft an diese Partei und in meiner Funktion als Parteigruppenorganisator des Seminars schon im ersten Studienjahr eine Begegnung mit zwei Herren, die sich als Mitarbeiter des MfS vorstellten und mich mit Argumenten »abholten« wie: »Wir können uns vorstellen, dass du über das, was wir vertreten, nicht nur positive Vorstellungen hast. Aber dir ist sicher klar, dass wir dazu, was die DDR und die Partei braucht, unseren Teil beitragen. Dich, als einen kritisch engagierten Genossen, brauchen wir.« Also keine Lockungen, keine Drohungen, kein Winken mit irgendwelchen Vorteilen, sondern: *Du* bist uns wichtig.
Und da hieß es wieder für mich, diesmal nur zugespitzter: beiseite stehen, zurücklehnen, weggehen oder mitgehen? Ich hatte die nun also am Hals – und das eben nicht mit einer abgeschwatzten oder erpressten Entscheidung, sondern mit der von mir selbst getroffenen Entscheidung, wirklich das zu tun, worauf ich letztlich hinauswollte. Ich ging auf diese Verbindung ein, ich hielt mich an die äußeren Spielregeln und verstand das Ganze als Verlängerung meiner Parteiarbeit. Das brachte mich in innere Konflikte, die ich mit niemandem aus der Seminargruppe besprechen konnte, und dann kommt Klaus und für mich setzt eine verrückte Doppelsituation ein. Ich sah in diesem Augenblick aber nicht die Möglichkeit, gleich mit ihm darüber zu reden.

Und wie kam dir Arnold Schölzel vor?
In Richtung Stasi habe ich bei Arnold nicht im Traum gedacht. Mein Fehlschluss war, einem, der aus dem Westen gekommen war, werden sie sich nicht genähert haben. Dass aber genau das deren Ansatzpunkt war, habe ich erst sehr viel später begriffen. Ich versuchte nur zu verstehen, weit vor der Gruppenbildung schon, was Arnold nach außen so hölzern, so durchbeherrscht, so ideologisch gestanzt erscheinen ließ, obwohl er so intelligent war, obwohl er im persönlichen Gespräch auch andere Züge zeigte. Warum setzte er sich so eine Maske auf? Ich

habe mir das letztlich aus seinem Lebensweg erklärt, dass er als Flüchtling aus dem Westen zum Beispiel nicht mal selbstbestimmt in die SED eintreten konnte. Ich hatte ja als Parteisekretär mit seinen Anträgen zu tun und mit den Stellungnahmen von oben. Da stand immer, dass er alle Voraussetzungen für eine Mitgliedschaft erfüllen würde, es aus diesem einen Grund aber doch nicht ginge. Welches Gefühl der Zurücksetzung und der Ausgrenzung muss das für ihn bedeutet haben, dachte ich damals, und das erschien mir ein nachvollziehbarer Grund für sein Verhalten.

Arnolds Verrat führte zu erheblichen Konsequenzen für die anderen Gruppenmitglieder, auch für deinen Lebensweg. Wie siehst du Arnold heute?
Hier geht es mir vielleicht anders, als den anderen aus der Gruppe. Ich habe irgendwann aufgehört, mir intensivere Gedanken um Arnold zu machen. Eigentlich bin ich erst jetzt und durch dich wieder mit ihm konfrontiert. Es gibt für mich durch diesen Verrat eine Trennung, die mitten durch Menschen hindurchgeht. Wer sich wie Arnold zu so einer Konsequenz entschlossen hat, das durchzuhalten und dann auch noch weiterzumachen …, da liegt für mich der entscheidende Punkt. Ein Arnold, der bis 1977 dringesteckt und es dann geschafft hätte, sich selbst und uns anders wahrzunehmen, mit diesem Arnold hätte ich mir ein anderes Verhältnis vorstellen können. Aber Arnold hatte sich selbst auf ein bestimmtes Gleis gesetzt und ist sich all die Jahre nach dieser ersten Verräterrolle immer weiter treu geblieben und damit gab und gibt es für mich keine Möglichkeit der Auseinandersetzung mehr mit ihm. Ich kann über ihn sprechen, ich habe eine Haltung zu dem, was er gemacht hat, aber eine Verständigung kann es nicht geben, weil mir zu dieser Art von Verblendung jeglicher Zugang fehlt.

Wie erinnerst du die Situation, als du der Gruppe deine Kontakte zum MfS offenbart hast?
Das war sicher einer der wichtigsten Augenblicke in meinem Leben. Ich war ja noch in diesem Status eines IM und wollte da unbedingt

raus. Irgendwie hätte ich mich schon herausstehlen können, aber es mit der Gruppe nicht auszutragen, das hätte es doch auch nicht gebracht. Zugleich war ich in dieser Zeit bis über beide Ohren mit einer schwierigen Familiensituation konfrontiert – einerseits ein Lösungsprozess und andererseits das Bemühen der ganzen Familie, mich in diesen Stasi-Bindungen zu halten. Da ist mir diese Situation, die in Arnolds Wohnung entstand, und die nicht geplant war, wie eine Erlösung erschienen. Da hatte ich plötzlich den Mut und das Gefühl, jetzt springst du.

Natürlich hatte ich Angst. Ich wusste, wenn sie mir nicht glauben – dafür gab es ja keine Garantie und das war eine irre und abenteuerliche Geschichte, die ich denen da erzählte –, dann ist der Boden unter meinen Füßen weg. Es war eine riesengroße Erleichterung, dass sie zwar fast umfielen, aber gleichzeitig so viel mit mir zu tun hatten und mich so gut kannten, dass sie sicher waren: Das ist wohl so. Die erste und entscheidende Frage war, was wissen die von uns? Und da konnte ich sagen: Nichts.

Aber das Spektakel ging los, als ich ihnen sagte, dass ich der Stasi die Brocken hinwerfen wolle, unbedingt und sofort. Die, die sich für besonnen hielten, sagten, um Gottes willen, wenn du das machst, fliegen wir sofort auf. So haben wir die halbe Nacht mit Überlegungen verbracht, wie ich mich rausziehen könnte, ohne einen Verdacht auf die Gruppe zu lenken. Man muss sich vorstellen, das war in einer Situation, wo die längst alles über uns wussten und die Stasi durch Arnold mit am Tisch saß, auch in dieser Nacht.

Arnold ist in dieser Nacht bestimmt nicht mehr ins Bett gekommen. Sein ausführlicher Bericht erreichte die Stasi schon am folgenden Tag und du wurdest vom IM Peter umgehend zum OPK Verräter. Welche Konsequenzen hatte das für dich?

Mit dieser Entscheidung, die ja auch für das, was in der Gruppe passierte, wichtig war, hat sich für mich eine Weiche gestellt, die mein ganzes weiteres Leben bestimmt hat. Ich war frei und mit den Antrieben und Ideen aus der Gruppe bin ich für ein Jahr als Forschungs-

student nach Polen gegangen. Dass ich trotz des Stasi-Verdikts »Verräter« nach Polen fahren konnte, war sicherlich der Trägheit des Apparats zu verdanken. Das, was ich in der Gruppe erlebt hatte, waren die ersten Schritte gewesen, die ich nun in eine ganz andere Richtung weiterging und die das Stasi-Prädikat »Verräter« wirklich einlösten. Denn der erste »Verrat«, die »vorsätzliche Dekonspiration«, war ja nicht der End-, sondern der Ausgangspunkt. Der tiefere »Verrat«, der dann die Wut und die Erbitterung der Stasi ins Absurde steigerte, war, dass ich von dieser »akademischen Kopfopposition«, wie ich sie später nannte, in den gesellschaftlichen Raum DDR ging, nach Menschen suchte, die auf andere Weise oppositionell waren, Leute, die im Kirchenraum standen, für die wir während unserer Studienzeit und auch danach als Gruppe, so gut wie keine Aufmerksamkeit hatten. Mit solchen Fragen wie: Wer ist vielleicht als Theologe nah an den politischen Nervensträngen der DDR dran? Wie kann man einen Bruchteil dessen, was ich in Polen wahrgenommen hatte, in der DDR zustande bringen?
Damit waren für mich die nächsten Jahre ausgefüllt.

Du hast im Zusammenhang mit deinen Stasikontakten über familiäre Probleme gesprochen. Was war passiert?
Das Familienleben, in das ich durch mein Zusammenleben mit einer Kommilitonin geriet, konnte von der Familie, aus der ich stammte, nicht verschiedener sein. Das waren zwei grundverschiedene Welten. Wir waren eine Flüchtlingsfamilie aus dem Osten, Mutter und Großmutter beide ohne Schulbildung, ohne qualifizierte Arbeitsmöglichkeiten in einer zutiefst bedrückenden Lebenssituation. Und ich war ein zwar zu förderndes Arbeiterkind, aber ganz am unteren Ende der sozialen Skala in der DDR. In der Familie meiner Frau erlebte ich auf einmal einen ganz anderen Horizont, die Geschichte einer jahrzehntelangen, hoch intellektuellen jüdisch-kommunistischen Prägung. Und wenn sich das in einer Familie verdichtet, kommen Konstellationen heraus, die ich als goldenen Käfig beschreiben würde. Das Familienoberhaupt, der Patriarch, stand als einer der bekanntesten DDR-

Intellektuellen in den fünfziger Jahren mehrfach vor der Einstufung als Renegat. Sein Name wurde in einem Atemzug mit Ernst Bloch und Georg Lukács genannt, mit tatsächlichen marxistischen Renegaten. Vor die Alternative gestellt, willst du in dieser Weise ausgeschlossen sein, oder willst du die Chance wahrnehmen, die wir dir bieten – jede Arbeitsmöglichkeit, jede Autorität, die du nur willst, hat er den goldenen Käfig gewählt. Es gab da eine riesige Bibliothek, keine Privilegien im westlichen Sinne, sondern Privilegien intellektueller Art, von denen andere nur träumen konnten: freien Zugang zu jeder Art von Literatur, ein eigenes Institut und die Möglichkeit, sich als Kritiker zu profilieren, der von sich sagte, mit den Genossen der Parteiführung streite ich oft, gern und heftig – mit der Partei nie. Eine Logik, die von außen gesehen absurd erscheint, die aber demjenigen, der auf der Innenseite intellektuellen Raum gewinnen will, verführerisch einleuchten kann. Das war eine gewisse Zeitlang auch meine Wunschvorstellung, bis ich merkte, der Preis dieser Einbindung, der Preis dieses Lebens im goldenen Käfig, war der Verzicht auf die unmittelbare Konsequenz des Handelns. Das hätte für mich bedeutet, den Bruch auszuschließen, den ich für notwendig hielt.
Nach meinem ersten Schritt, dem Bruch mit der Staatssicherheit, wäre die Reaktion dieser Familie gewesen: Du kannst alles tun oder lassen, unter der Voraussetzung, dass du nicht grundsätzlich brichst mit der Sache selbst. Der Bruch mit dieser Sache aber, wie er sich für mich bei meinem Aufenthalt in Polen immer deutlicher abzeichnete, auch dieses kritisch marxistische Gehäuse zu verlassen, das war gleichbedeutend damit, den Rubikon zu überschreiten und auch jene Familie und jede Bindung an ihren goldenen Käfig aufzugeben.

Als du nun das Stasi-Verdikt »Verräter« wirklich zu erfüllen begannst, gab es harsche Reaktionen von Seiten des MfS. Wie hast du diese Repressionen erlebt?
Das ist ein großer Zeitsprung ins Jahr 1986, das ereignete sich fast zehn Jahre später. Für mich waren das entscheidende Jahre. Die zweite Hälfte der siebziger Jahre war für mich noch durch den Kontakt zu

Leuten geprägt, die aus der Gruppe stammten, das waren Klaus und Wolfgang, die anderen nicht mehr. Aber meine neuen Erfahrungen waren so stark, dass ich zwar versuchte, sie an die alten Freunde weiterzugeben, aber doch merkte, hier passt etwas nicht zusammen. Ich war von den neuen Möglichkeiten fasziniert und trauerte der Gruppensituation mit ihrem links-oppositionell fixierten Hintergrund nicht nach, das hatte ich hinter mir gelassen. Ich verstand mich weiterhin als kritischer Marxist, aber meine Beobachtungen in Polen, wo der Schritt von der philosophischen Interpretation der Welt hin zur Veränderung der Welt schon gemacht wurde, das war mir so nah, dass ich in der DDR in kirchennahen Kreisen weitermachte. Mein Ungenügen an dieser kirchlich friedfertigen Opposition bedeutete für mich, orientiert an den polnischen Erfahrungen mit der Charta 77 und den Menschenrechtsfragen, die erneute Einbindung in eine andere Gruppensituation, diesmal mit offenem Visier.

Das war die Gründungsphase der *Initiative für Frieden und Menschenrechte*. Und nun, als sich diese Gruppe bildete, setzte ein, was im Stasi-Jargon »aktive Zersetzung« hieß, eine absurde, aber nicht minder heftige Kampagne.

Das bedeutete zum Beispiel, dass in meinem Namen Annoncen in möglichst populären Blättern der DDR aufgegeben wurden, in der *Wochenpost* und anderswo, in denen ich Kauf- und Verkaufsangebote en gros machte: »Templin« hatte alles, wollte alles, hatte ungeheure Geldmengen zur Verfügung, die er für attraktive Güter anbot, und hatte attraktive Güter, die er sehr billig zum Verkauf anbot. Das zog Heerscharen von Interessenten an, aus dem tiefsten Sachsen strömten sie bis vor meine Wohnungstür, um im Billigangebot einen Trabant zu kriegen, oder um einen Trabant zu verkaufen, für den Templin einen irrsinnig hohen Preis geboten hatte. Ebenso wurden Angebote über in meinem Namen und mit meiner gefälschten Unterschrift aufgegebene Postkarten in den Umlauf gebracht.

Als ich begriff, was da ablief, blieben mir nur zwei Möglichkeiten. Ich hätte kapitulieren können und einen offiziellen Anruf machen müssen, und sei es an den Rat des Stadtbezirks, die hätten schon den weiteren Weg gewusst. Dann wäre der Spuk zu Ende gewesen. Oder aber, die Nerven behalten und weitermachen.

Eine dritte Möglichkeit, die mir wohlmeinende Zeitgenossen aufzeigten, nämlich Anzeige zu erstatten, kam für mich nicht in Frage. Die Reaktion wäre doch Folgende gewesen: Aha, Herr Templin, um Sie herum spielen sich ja wirklich ungewöhnliche Dinge ab, das muss eine private Racheaktion sein. Sie haben Anzeige erstattet und der müssen wir jetzt nachgehen. Listen Sie mal Ihren Freundeskreis auf, da sind sicher Leute dabei, die Ihnen übel wollen. Dann hätten die, mit oder ohne Zutun meinerseits, die vorhandenen Daten meines Freundeskreises zusammengerafft und überall Hausdurchsuchungen veranstaltet. Ich kannte so einen Fall von einer Pastorin, die mit ekligen pornografischen »Geschenken« bedacht worden war. Sie hatte sich mit einer Anzeige wehren wollen und musste erleben, wie ihr gesamter Kirchenkreis umgekrempelt wurde.

Also eine Anzeige kam nicht in Frage und wir versuchten, uns so gut wie möglich zu Hause zu organisieren, so dass wir den Ansturm der Besucher abfangen konnten. Ich hatte irgendwann das Glück, dass mir einige Leute diese gefälschten Postkarten überließen. Und als ich den Leuten, die bei mir klingelten so ein halbes Dutzend dieser Karten präsentieren konnte, stutzten die und verschwanden in panischer Furcht, weil ihnen schwante, was für ein Typ ihnen da gegenüberstand. Es kam auch vor, dass mir einzelne Leute um den Hals fielen und sagten, halt bloß durch, wir haben ganz andere Sachen hinter uns.

Was stand denn auf diesen Postkarten?

Es stand zum Beispiel drauf: »Möchte Ihren Trabant 601 kaufen, biete 16 000 Mark.« Nachsatz: »Vorsicht! Bei mir wohnt mein geisteskranker Bruder, der mit irren Augen und wirrem Bart an der Tür steht. Bitte nicht beeindrucken lassen und nach mir fragen.«

»Templin« gab auch Dutzende Heiratsannoncen auf, die mich als kompletten Heiratsschwindler entlarvt hätten. Oder es stand auf einer Postkarte: »Bitte lange und anhaltend klopfen, bin bettlägerig.« Auch tauchten stämmige Männer bei mir auf, denen »Templin« geschrieben hatte, dass er ihre Schwiegermütter darüber informieren werde, wie sie ihre Ehefrauen betrogen. Die kamen natürlich, um mir eine reinzudrücken und ich bin dem Prügel manchmal nur knapp entgangen. Kurz gesagt, es war organisierter Psychoterror.

Noch einmal zurück in die Zeit der Gruppe. Mit welchen Gefühlen war diese Zeit verbunden. War es ein Glücksgefühl?
Es war das tolle Erlebnis, Fragen zu diskutieren, die mich umtrieben, neue Gedanken zu denken, sich austauschen zu können über Literatur – das Gefühl, endlich eine Gemeinschaft gefunden zu haben, die sich Regeln setzte und in der man die nächsten Schritte mit Sicherheit gehen konnte. Die nächsten Schritte hieß, über das Lesen und den Gedankenaustausch hinaus eine komplette Gegenwelt zu errichten, in der wir uns einen gewissen Moment lang toll fühlten. Wir haben hier eine neue Wahrheit, mit der wir die alten Wahrheiten und unsere alten, falschen Hoffnungen überprüfen können. Zugleich war das ein Horizont, der nicht alles, was vorher war, in Trümmern legte. Es war ein Verbleiben im marxistischen Gedankenkreis, damit zugleich die Verfügung über die schärfste Waffe gegen das ideologisch Schlechte.

Habt ihr die Revolution, den Umsturz geplant?
Im links-oppositionell marxistischen Sinne war das sehr schnell die Konsequenz. Der Westen spielte in unserem Denken eigentlich keine Rolle, die für unseren Antrieb entscheidend gewesen wäre. Vereinfacht gesagt, die korrupte, unfähige und zutiefst entartete – dies sind ja die trotzkistischen Vokabeln – Führungselite der DDR muss in einer notwendig revolutionären Erhebung derer, die am Sozialismus interessiert sind, also im Prozess einer antibürokratischen Revolution abgesetzt und aus ihren Machtpositionen entfernt werden. Diese Erhebung wird die halbe Veränderung zu einer ganzen machen, die Potentiale und perspektivisch die Attraktivität des Sozialismus stärken. Viele Hoffnungen richteten sich auch weiterhin auf die Sowjetunion. Wenn man Breschnew vor Augen hat, wird man fragen, wie das gehen

sollte, aber wir versuchten immer die anderen zu sehen, im Apparat anders Denkende wahrzunehmen. Leute wie Havemann interessierten uns nicht so sehr, weil er sich in unseren Augen schon viel zu weit entfernt hatte. Wir versuchten, ganz im Sinne Bahros, dieses überschüssige Bewusstsein im Inneren der Partei, der Apparate und eines Teils der Gesellschaft aufzuspüren. Wir kannten Bahro nicht, aber als ich ein paar Jahre später ihn selbst und seine Schriften kennen lernte, merkte ich, dass wir uns in dieselbe Richtung bewegt hatten.

Hatte Wolf Biermann eine Bedeutung für euch?
Als Biermann noch in der DDR war, hatte er natürlich eine Wirkung auch auf uns, im kulturellen Sinne. Politisch haben wir Biermann damals abgelehnt.
Biermann war für uns ein provokanter und deshalb wichtiger Sänger, aber eben auch jemand, der theoretisch zu ungenau, nicht konsequent links-oppositionell war. Also gerade das, was sich bei Biermann und Havemann positiv entwickelte, haben wir ihnen negativ angekreidet. Sie blieben eben nicht im orthodoxen links-oppositionellen Milieu.

Und die Ausbürgerung Biermanns, wie habt ihr die erlebt?
Darüber hat Klaus einen ganz wichtigen Beitrag geschrieben, da war ich allerdings schon in Polen. Er identifizierte sich nicht mit Biermanns Positionen. Er versuchte aber die Wirkung der Ausbürgerung, dieses Signal, als Umschlagsmoment für die DDR zu beschreiben, mit einer perspektivisch gesehen enormen Tiefenwirkung. Mit Biermanns Ausbürgerung war die relative »Erfolgsphase« Honeckers beendet. Was dann einsetzte, war Krisenmanagement und der Versuch, die zunehmend auseinanderdriftenden Kritikpotentiale, zu denen auch das gesamte Spektrum der Menschenrechts- und Friedensbewegung gehörte, unter Kontrolle zu halten. Hier hat Biermann unglaublich als Katalysator gewirkt, hat eine massive Ausreisewelle befördert, hat aber auch die Oppositionellen, die in der DDR blieben, in ihrer Eigenentwicklung bestärkt.

Gab es denn auch etwas, was euch damals positiv an der DDR erschienen war?
Es klingt von heute aus gesehen absurd, aber für uns war damals klar, dass diese DDR, so sehr wir ihre bürokratisch-politische Gestalt ablehnten, eine halbe historische Stufe weiter war als der Westen. Sie hatte die Grundvoraussetzung jeder kommenden Revolution im Bereich der Vergesellschaftung der Produktivkräfte, wie wir das nannten, mindestens in Angriff genommen. Dass diese Vergesellschaftung nicht produktiv wirken konnte und die DDR auch sozial-ökonomisch hinterherhinkte, führten wir darauf zurück, dass die Bürokratieherrschaft das vorhandene Potential der gesellschaftlichen Entwicklung blockierte und deren Entfaltung verhinderte. Der ganz mechanische Schluss war, die politische muss der ökonomischen Revolution nachfolgen, dann sind wir nicht nur eine halbe, sondern eine ganze historische Stufe weiter und dann können wir den Westen durch unsere Attraktivität auf unsere Seite ziehen.

Wie hast du die Maueröffnung im November 1989 erlebt?
Das beginnt für mich schon 1988, mit meiner Verhaftung und Ausweisung aus der DDR in der Folge der Luxemburg-Liebknecht-Demonstration. Da passierte so viel, dass mir klar wurde, das ist das Ende der alten DDR. Jetzt sind wir auf der Stufe, die wir immer erreichen wollten. Wir sind nicht mehr nur kleine Gruppen, denen die übergroße Mehrheit der DDR-Bevölkerung zweifelnd und ablehnend gegenübersteht, jetzt wirken wir in diese Gesellschaft hinein, und sei es durch unsere Verhaftung. Für mich spielte der Umstand, von da an in der BRD und nicht mehr in der DDR zu sein, zwar eine lebenswichtige Rolle, doch die Frage, die mich viel stärker beschäftigte, war, hat dieser Moment tatsächlich die Folgen, die ich erhoffte. Und so horchte ich mit allen Sinnen gespannt in die DDR hinein und hörte, es kracht im Eis.
Nicht weniger gespannt schaute ich auf die anderen Länder Osteuropas. Seit 1988 konnte ich wieder nach Polen fahren. Wenn Länder wie Polen ausscherten, wenn das Kriegsrecht die Solidarność nicht stop-

pen kann und die einen Kompromiss finden würden, der das Ende des dortigen Systems bedeutete, dann ist auch die DDR in ihrer Endphase angekommen. In dieser Stimmung habe ich den Herbst 1989 erlebt. Ausgesperrt, aber auf gepackten Koffern sitzend war uns klar, solange es die DDR noch gibt, gehen wir so schnell wie möglich zurück. So habe ich den 9. November nicht als den entscheidenden Punkt wahrgenommen, allerdings als einen entscheidenden Schritt auf einem langen Weg. Ich war überrascht und überhaupt nicht deprimiert, ich war ungeheuer erleichtert, ich konnte wieder von West nach Ost. Ich rannte mit meinem DDR-Pass in die Masse derjenigen hinein, die rausdrängten, ein Verrückter in deren Augen, der die Richtung verwechselt hatte. Ich freute mich über die Chance, am Freitag, dem 10. November mit meinen Freunden, mit alten und neuen Mitstreitern in der Gethsemane-Kirche zusammenzutreffen – und traf dort auf eine Menge ganz ratloser Leute.

Hast du im November 1989 noch geglaubt, dass es eine andere DDR geben könnte?

Für mich galt schon lange: Freiheit vor Einheit. Ich bin so stark von außerdeutschen, osteuropäischen Sichtweisen und Erfahrungen geprägt, dass für mich die entscheidende Frage anders stand: Welche Kraft und welche Entwicklung ermöglicht, dass diese von Europa abgeschnittenen und ausgesperrten Menschen den Eisernen Vorhang hochziehen, dass sie wieder dazugehören könnten – und da lag die DDR nur zufällig mittendrin.

Praktisch bin ich als Deutscher aufgewachsen, mit dieser Sprache und Kultur, aber ich bin im engeren Sinne nie ein Patriot gewesen. Also zwischen Freiheit und Einheit lag für mich die Priorität auf der Freiheit. Ich hatte schon lange nicht mehr an einen Reformwillen von oben glauben können, und im Zuge einer möglichen, glücklichen Befreiung von unten trat die Frage zurück, wie lange und in welcher Weise die DDR noch autonom blieb. Ich wollte eine DDR mit allen Freiheitsrechten und demokratischen Möglichkeiten, sozial ausgeglichen im Sinne eines Sozialstaates. Ob sich für diese Vorstellungen allerdings Mehrheiten finden würden, da wurde ich zunehmend skeptisch.

Hast du damals darüber nachgedacht, was mit den vielen Stasileuten passieren sollte, wenn es die DDR nicht mehr geben würde?
Wir mussten versuchen, soviel wie möglich von dieser dunklen Seite der DDR aufzudecken. In Ausschnitten kannten wir das aus unseren persönlichen Erlebnissen und ahnten das Ausmaß dessen, was da noch unter der Decke schwelte. Durch den glücklichen Umstand, dass die Stasi nicht mehr dazu gekommen war, ihre Hinterlassenschaft zu vernichten, hatten wir eine einmalige Chance. Die Auseinandersetzung um die Öffnung oder Nicht-Öffnung der Stasi-Akten war keine reine Ost-West Polarisierung. Hier standen Minderheiten in Ost und West, die die Öffnung der Akten aus Gründen demokratischer Verantwortung und der eigenen Konfrontation wollten, Mehrheiten auf beiden Seiten gegenüber, die aus Gründen sachlicher und emotionaler Überforderung einen Schlussstrich ziehen wollten. Das sich die Option durchgesetzt hat, es geht nicht ohne Öffnung, wenn wir ein Zusammenleben unserer Gesellschaften ermöglichen wollen, halte ich für richtig, für die Opfer wie für die Täter. Ein schmerzhafter Prozess, aber die Voraussetzung für Versöhnung.

Hast du auch heute noch den Traum von einer gerechteren Gesellschaft?
Diese Hoffnung hat mich nie verlassen. Irgendwann habe ich gemerkt, dass die Frage, wie soll man leben, welche Werte sind entscheidend, immer verbunden ist mit dieser Gerechtigkeitsfrage. Ich sehe jetzt so viele neue, politisch produzierte Ungerechtigkeiten – ich kann nicht anders, ich protestiere.

Wie würdest du reagieren, wenn du heute Arnold Schölzel begegnen würdest?
Ich würde Anlauf nehmen, so heftig ich kann, über ihn hinweg springen und weitergehen. Ohne einen Blick zurück.

Jan Lautenbach
Wissenschaftlicher Mitarbeiter für Bildungsberatung, Berlin

Jan, warum hast du in der DDR Philosophie studiert?
Die Vorstellung zu studieren, war für mich etwas völlig Normales. Meine ursprünglichen Überlegungen gingen in Richtung Naturwissenschaft, Chemie war so ein Wunschtraum. Während der Oberschulzeit hatte ich sehr offene, gesprächsbereite Lehrer und auch im Umfeld Leute, die beruflich mit Philosophie zu tun hatten. Die professionelle Auseinandersetzung mit sozialen Strukturen, das dem Leben Nach-Denken, das war für mich Philosophie, und die hat mich dann doch mehr interessiert als die Naturwissenschaften.

Aus welchem Elternhaus kommst du?
Es gab bei uns zu Hause einerseits sehr klare Verabredungen, nicht im Sinne von Vorschriften, andererseits aber auch sehr viel Spielraum für mich und meinen jüngeren Bruder. Meine Eltern hatten einen Altersunterschied von sechzehn Jahren, biografisch waren das zwei Sichten, die sich aber ergänzten: Mein Vater hatte eine ganz klare antifaschistische Prägung durch sein politisches Engagement vor und nach 1933, und meine Mutter ist mit dem Aufbruchswillen der Jahre nach 1945 groß geworden, da war sie zwanzig und der Neuanfang war für sie eine Chance.

Dein Vater war ein »Kämpfer gegen den Faschismus«, wie man in der DDR sagte. War die DDR für ihn das Land seiner Träume?
Wenn ich mich an Gespräche mit meinem Vater erinnere, dann unterlag das Wandlungen. In ihrer Gründungsphase war die DDR das, was er erwartet und gewollt hatte. Später hat er die Erfahrung machen müssen, dass sich die politischen Verhältnisse ihrer Struktur nach nicht so entwickelten, wie er sich das vorgestellt hatte. Das zeigte sich schon, als er 1951 unter falschen Anschuldigungen aus der SED ausgeschlossen wurde. Auch nach seiner späteren Rehabilitation blieb er

verletzt. Meiner Mutter war die Trennung von meinem Vater nahegelegt worden, um ihre berufliche Entwicklung zu sichern, was sie natürlich abgelehnt hat. Sie blieben dabei, sie wollten eine sozial gerechtere Gesellschaft, aber andererseits, und das haben sie mir auch mitgegeben, waren die gesellschaftlichen Verhältnisse in der DDR nicht das, was sie für erstrebenswert hielten. Rechtfertigungsversuche, die jene Lebensverhältnisse als die Folge von Zwängen in der Systemauseinandersetzung interpretierten, waren nicht akzeptabel für meine Eltern. Ich weiß noch, dass nach dem Wechsel von Ulbricht zu Honecker, Anfang der siebziger Jahre, mein Vater noch einmal Erwartungen hegte, dass sich einiges wenden könnte. Diese Hoffnung schlug bald in politische Resignation um.

Hast du an die Veränderbarkeit der DDR und der SED geglaubt?
Ich habe auf die Wandelbarkeit gesellschaftlicher Verhältnisse überhaupt gesetzt und in diesem Sinne auch auf Veränderungen in der DDR. Was die SED angeht, ist das schwieriger. Ich hatte persönlich immer Leute in meinem Umfeld und auch in der Partei, mit denen das Gespräch möglich war, nur in den seltensten Fällen gab es völlig bornierte Menschen. Das ist sicher deutlich anders, als andere es erlebt haben. Insofern war meine persönlich partielle Wahrnehmung dieser Partei vielleicht eine Idee besser, als ihr Erscheinungsbild als Ganzes und gegenüber der Bevölkerung der DDR. Meine Erfahrung mit der Partei war allerdings auch zwiespältig. Einerseits war ohne den Versuch, in dieser Partei Leute zu finden, die Ideen hatten und eine Perspektive suchten, nichts zu machen, andererseits hatte ich zunehmend das Gefühl, wirkliche Veränderungen sind nur gegen und nicht mit dieser Partei durchzusetzen.

Gab es für dich auch schon vor der Gründung der Gruppe ein Ungenügen an den politischen Verhältnissen in der DDR?
Das gab es und das waren die Ereignisse im August 1968. Da bin ich siebzehn gewesen. Meine Eltern hatten sehr enge Kontakte zu Prager Intellektuellen und dadurch waren wir öfter in Prag. Ich wusste also,

was da passierte, da war nichts fremd für mich. Als dann Anfang 1968 in den DDR-Medien eine inhaltsleere, verleumderische und gehässig eingefärbte Kampagne gegen die Entwicklungen in der ČSSR losgetreten wurde, bekam ich doch langsam Zweifel, ob innerhalb unserer Gesellschaft überhaupt Kritik an bestehenden Verhältnissen zugelassen würde. Der Einmarsch in Prag war dann ein Schock für mich. Ich habe den ganzen Tag vor dem Fernseher gesessen und da entwickelte sich emotional ein starker Impuls zur Kritik bei mir.
Ansonsten war es das Philosophiestudium, das den kritischen Blick auf die DDR-Verhältnisse erbrachte. Da legte sich über die Jahre Steinchen für Steinchen zu einem geistigen Mosaik zusammen, das mit dem realen Erscheinungsbild dieser DDR-Verhältnisse wenig gemein hatte. Es gab also keine Initialzündung, es war ein langer geistiger Prozess. Und irgendwann musste aus der theoretischen Erkenntnis der Drang zum praktischen Handeln entstehen.

Als ihr euch als Gruppe gefunden hattet, wie erschienen dir die anderen?
Bis auf Wolfgang Nitsche kannte ich ja alle aus dem Studium. Alle waren mir vertraut, dadurch habe ich mich zu keinem Zeitpunkt gefragt, mit wem ich da zusammensitze. Das waren meine Freunde, ich kannte sie seit Jahren aus den verschiedensten Diskussionen, also war es etwas ganz Natürliches, dass wir uns so zusammenfanden.

Du hattest eine besondere Beziehung zu Arnold Schölzel. Wie war die entstanden?
Das ist schwierig. Einerseits war die Beziehung zu Arnold durch die Lebensumstände intensiver als zu den anderen, und gleichzeitig ist mein Blick auf die Beziehung zu Arnold belastet, seit ich weiß, dass er uns verraten hat. Ich hatte ihn gleich zu Studienbeginn kennen gelernt, er fiel mir auf als jemand, der Witz und Humor hatte, der aufgeschlossen war, der schnell, klar und klug formulierte und der natürlich aus meiner DDR-Sicht durch seine Herkunft aus dem Westen einen interessanten biografischen Hintergrund hatte. Das ergab viel Gesprächsstoff.

Nach dem ersten Studienjahr kam ich in die glückliche Situation, eine kleine Wohnung im Prenzlauer Berg zu bekommen, zwei Zimmer. Ich fand, dass ich so viel Platz für mich allein nicht brauchte, und wusste, dass Arnold mit mehreren Mitstudenten in einem Zimmer im Studentenwohnheim wohnte. Da habe ich ihm angeboten, bei mir zu wohnen. Es ging mir nicht darum, die Miete zu teilen, die war lächerlich gering, außerdem bekam ich von meinen Eltern genügend Geld. Und da meine Freundin nicht in Berlin studierte und nur an den Wochenenden zu mir kam, und Arnold an den Wochenenden zu seiner Familie nach Leipzig fuhr, war die Wohnung effektiv ausgelastet. Wir haben unkompliziert und gut zusammengewohnt, jeder an seinem Schreibtisch, die Rücken gegeneinander. Es hat Spaß gemacht, Fragen auf Zuruf besprechen zu können, die sich aus dem gemeinsamen Studium ergaben. Das war eine gute Zeit, da war viel geistige Nähe und viel Spaß.

Du erinnerst dich an den Satz aus den Feuerbach-Thesen von Marx, der im Foyer unserer Universität mit goldenen Buchstaben an die Wand geschrieben ist: »Die Philosophen haben die Welt nur verschieden interpretiert, es kommt aber darauf an, sie zu verändern.«
Das hatte auffordernden Charakter. Ich habe den Satz immer in dem Sinne verstanden: Wenn du Philosoph sein willst, dann reicht es nicht, nur die Texte zu interpretieren, sondern du musst dir überlegen, was es zu verändern gilt. Ich habe mich später immer als ein politischer Philosoph verstanden, nicht als jemand, der nur auf kategorisches Denken abstellt. Wenn man mich damals gefragt hätte, ich glaube, ich hätte mich schon damals eher als Politikwissenschaftler bezeichnet, nicht als Philosophen im klassischen Sinn.

Was war eigentlich der Gegenstand eures Nachdenkens und der Diskussionen in der Gruppe?
Unser Thema war zunächst die Differenzbeschreibung zwischen dem, was wir vier Jahre lang an der Universität studiert hatten und verstehen sollten, und dem, was wir nach dem Studium an unseren Arbeits-

plätzen erlebten. Das war geistiger Entzug und reale Enttäuschung. Also dieses eklatante Auseinanderfallen von Theorie und Praxis war unser Gegenstand und dessen Aufhebung unser Antrieb. Das waren Schlüsselbegriffe wie: Demokratiedefizit, bürokratische Verkrustung, mangelnde politische und ökonomische Effizienz dieser Gesellschaft und fehlende Innovationskraft überall, ein schmerzhaft empfundenes Manko an Attraktivität des Sozialismus nach innen und außen. In der Anfangsphase waren das die Kernpunkte unserer Diskussionen, die Vergewisserung der zentralen Kritikpunkte an unserer Gesellschaft. Es war unser Bemühen, diese Defizite nicht nur aus der gefühlten Wahrnehmung heraus zu beschreiben, sondern ihre Ursachen wissenschaftlich belastbar zu untersuchen. Im Prinzip ging es, wie es bei Rudolf Bahro hieß, um eine Alternative für unser Land.

Ging das alternative Denken soweit, dass ihr an den Umsturz der politischen Verhältnisse gedacht habt?
Unser Ziel war, die geistigen und theoretischen Voraussetzungen wirklicher demokratischer Verhältnisse in der DDR zu schaffen. Gemessen an den real existierenden Machtverhältnissen des DDR-Sozialismus der siebziger Jahre, war das sicher umstürzlerisch. Wenn man mich aber damals gefragt hätte, ob ein revolutionärer Umsturz unsere Zielsetzung ist, würde ich mit Sicherheit »nein« gesagt haben. Es ging uns nicht um eine Umkehrung der Verhältnisse im Sinne einer Restauration, sondern darum, die Vitalität und Attraktivität dieser sozialistischen Gesellschaft zu stärken, durch die Weiterentwicklung und auch durch die Korrektur ihrer politischen, ökonomischen und sozialen Verhältnisse.
Insofern, das muss ich von heute aus gesehen sagen, waren wir bei aller radikalen Infragestellung der damaligen Verhältnisse doch auch befangen.

Wenn du versuchen solltest, den Sozialismus eurer Vorstellungen auf eine Kurzformel zu bringen, wie könnte die lauten?
Das zu beantworten, fällt mir schwer. Selbst ein so naheliegender

Begriff wie der vom demokratischen Sozialismus wäre zumindest missverständlich, weil er schon belegt war. Es ging uns um einen Sozialismus mit demokratischen Strukturen in allen Bereichen des gesellschaftlichen Lebens. Um eine Gesellschaft, die auf die Entwicklung von Individualität und Kreativität baut, grundsätzlich auf Basis gesellschaftlichen Eigentums an den Produktionsmitteln, aber einschließlich der Möglichkeit, private Initiative durch die Garantie bestimmter privater Eigentumsrechte zu fördern. Die Art der Beseitigung von privater Initiative, wie wir sie seit Beginn der siebziger Jahre mit der endgültigen Verstaatlichung von bisher halbstaatlichen Betrieben in der DDR erlebt hatten, war ein verhängnisvoller politisch-ökonomischer Rückschritt.

Unterschied sich Arnold eigentlich irgendwie von den anderen Gruppenmitgliedern?
Das war vom Thema der Diskussionen abhängig, da waren die Beiträge der einzelnen Gruppenmitglieder ja nicht gleichgewichtig, die individuellen Fähigkeiten waren verschieden. Es gab Lieblingsthemen und Schwerpunkte für jeden von uns, aber was die Beteiligung an den Diskussionen angeht, habe ich nicht das Gefühl gehabt, dass Arnold sich zurückgehalten hätte.
Woran ich mich zu erinnern glaube ist, dass er nicht als Apologet der politischen Verhältnisse in der DDR aufgetreten ist, damit hätte er sich schnell ausgegrenzt. Aber ich meine mich zu erinnern, dass er so etwas wie der Hauptbedenkenträger der Gruppe war. Er suchte häufig nach einem abmildernden, rechtfertigenden Argument für die Verhältnisse, die durch die Gruppe kritisch hinterfragt worden sind. Arnold war der lebende Versuch einer Balance zwischen Kritik und Rechtfertigung, aber seine Existenzberechtigung in der Gruppe habe ich damals nicht in Frage gestellt.

War dir bewusst, dass deine Mitarbeit in der Gruppe zur Gefahr werden konnte für dich, deinen Beruf, die Familie …
Ja, das war mir durchaus bewusst, aber ich habe keine persönlichen

Nachteile erlitten. Da ist es anderen von uns ganz anders ergangen und insofern würde ich es für mich ablehnen, ein Opfer dieses Systems gewesen zu sein. Und noch aus einem anderen Grund würde ich die Opferrolle entschieden ablehnen: Ich wusste, worauf ich mich eingelassen hatte. Ich wollte es, ich bin nicht zufällig und aus Versehen in die Gruppe geraten, es war mir bewusst, dass das, was ich da machte, Konsequenzen haben konnte. Es gab Mitte der siebziger Jahre eine Verschärfung im Strafgesetzbuch der DDR, die auf solche Tatbestände zielte, wie wir sie praktizierten. Und ich weiß noch genau, dass, als wir über unsere Konspiration sprachen, ich die Notwendigkeit anerkannte und gleichzeitig Bedenken hatte, dadurch die Beziehung zu meiner damaligen Freundin und späteren Frau zu belasten.

Welche Art von Belastungen meinst du?
Meine spätere Frau und ich waren damals schon seit mehreren Jahren zusammen und wir hatten ein enges Vertrauensverhältnis. Das war ein wichtiger Teil meines Lebens. Gleichzeitig und gleichstark gab es bei mir den Wunsch und den Willen, mich in einem Sinne zu engagieren, wie wir das in unserer Gruppe praktizierten.
Und zu dem, was wir da machten, gehörte konsequenterweise die absolute Verschwiegenheit über die Inhalte unserer Arbeit – als Schutz für die Gruppe, aber ebenso als Schutz für unsere Freundinnen und Ehepartnerinnen.
Da wir einen sehr engen und regelmäßigen Arbeitsrhythmus hatten, wir trafen uns in aller Regel zweimal pro Woche, entstand das Problem, dass ich an diesen Tagen regelmäßig am frühen Abend verschwand und nie vor Mitternacht wieder zu Hause war, stocknüchtern, aber innerlich aufgekratzt. Dass das nicht gerade Vertrauen fördernd wirkte, kann man sich wohl vorstellen. Das Vertrauen der Partnerin zu erhalten und andererseits die verabredeten konspirativen Regeln einzuhalten, das war etwas, was auf die Dauer nicht zusammenging. Da ist auch eine ganze Menge an Misstrauen und Unverständnis entstanden. Und da ich ein Mensch bin, der sehr Vieles mit sich selbst abmacht und nur wenig nach außen trägt, verstärkte sich

das Ganze noch und hat letztlich in meinem Leben auch Spuren hinterlassen.

Gab es bei dir das Gefühl der Angst?
Nein, Angst nicht. Eine gewisse Sorge und Unruhe, ja. Die Sorge, entdeckt zu werden und damit unseren Weg nicht weiterverfolgen zu können. Es war nicht genau zu bestimmen, ob das begründete Vermutungen waren oder ob sie Unsicherheits- und Vorsichtsgefühlen entsprangen, wie sie in der DDR-Gesellschaft virulent waren. In meinem Arbeitsumfeld hatte ich Kollegen, von denen ich wusste, dass sie Kontakte zum MfS haben. Insofern war auch davon auszugehen, dass in so einem intellektuellen Umfeld und bei solchen Themen, wie sie in unserer Gruppe diskutiert wurden, es Kanäle geben kann, wo Informationen abflossen. Aber Angst, nein, ich fühlte mich inhaltlich in der Gruppe sicher und getragen von gegenseitigem Vertrauen. Ich wollte diese Form der Auseinandersetzung, sie zielte auf die Veränderung unserer Gesellschaft und mir war klar, dass es da Risiken gab.

Welche Risiken waren das?
Das war der Verlust von Arbeitsmöglichkeiten, aber auch Haftstrafen hielt ich für völlig im Bereich des zu Erwartenden. Wie schon gesagt, das Strafgesetzbuch der DDR gab da einiges her. Nicht zuletzt war es die Sorge um den Verlust von persönlichen Bindungen. Ich war mir nicht im Klaren darüber, was es für die Beziehung zu meiner Freundin bedeuten könnte, wenn ich meine Arbeit verloren hätte und im Knast gelandet wäre.

Hattet ihr Vorsorge getroffen, dass es nicht soweit kommen würde?
Solche Art Zukunftsvisionen haben wir uns im Detail sicher nicht ausgemalt. Unausgesprochen existierte die Vorstellung bei uns, dass wir ein Bild dieser Gesellschaft zeichnen würden, das eine starke Anziehungskraft für andere hätte und dadurch die Kriminalisierung unserer Überlegungen und Vorschläge zu verhindern gewesen wäre. Die Verbannung war kein Ideal für uns.

Welche eurer konspirativen Maßnahmen sind dir noch in Erinnerung geblieben?
Die Wahl von Decknamen, die Vereinbarung, dass bestimmte Bildpostkarten mit einem beliebigen Text als Zeichen für den Termin einer nächsten Kontaktaufnahme galten. Und da wir mit Abhörmaßnahmen rechneten, galt der Grundsatz, dass die Weitergabe von Büchern und Manuskripten nonverbal geschehen sollte, also kommentarlos. Dann das zeitlich getrennte Kommen und Gehen zu unseren Treffen, mit Beobachtungs- und Vorsichtsmaßnahmen schon auf dem Weg.
Wir haben dann in einer Phase, als wir verstärkt das Gefühl hatten, beobachtet zu werden, die Vernichtung sämtlicher Notizen vereinbart, die eine Chronologie und zeitliche Zuordnung unserer Aktivitäten ermöglicht hätten. Ich habe zum Beispiel über mehrere Jahre keine Kalender mehr, weil ich sie damals in unserem Kachelofen verbrannt habe.

Das Gefühl der Beobachtung der Gruppe durch das MfS hatte ja einen realen Hintergrund, ihr konntet ihn nur nicht aufklären. Wie hast du diese Situation in Erinnerung?
Anlässe für solche Vermutungen gab es mehrere … Auf der Schönhauser Allee, in der Nähe von Wolfgangs Wohnung, standen immer solche Bauwagen. Wenn wir von unseren Treffen kamen und da vorbeigingen, konnten wir uns nicht verkneifen zu sagen: »So, wir sind jetzt fertig, ihr könnt Schluss machen.«
Bedrückender für mich aber war das Gefühl, dass unsere Beziehungen untereinander durch die konspirative Situation belastet wurden. Ich konnte mich des Eindrucks nicht erwehren, dass über mich bzw. mein familiäres Umfeld, Vermutungen entstanden waren, es gäbe möglicherweise Beziehungen zum MfS.
Das Vertrauen war ab einem bestimmten Punkt nicht mehr so uneingeschränkt wie vorher. Kurz gesagt, ich hatte das Gefühl, man misstraut mir.

Das war auch so, wobei man nicht dir misstraute, sondern vermutete, dass deine Freundin etwas wusste und es weitertragen könnte.
Wo hast du die undichte Stelle vermutet?
Ich habe Ewigkeiten darüber nachgedacht, immer wieder, weil ich durch das entstandene Misstrauen die Arbeitsfähigkeit der Gruppe beeinträchtigt und die Intensität meines Kontakts zur Gruppe gefährdet sah. Ich hatte das Gefühl, hier wird dir die geistige Nabelschnur durchtrennt. Das war für mich sowohl geistig und politisch wie auch persönlich etwas Existentielles. Ich habe ständig überlegt, wo die undichte Stelle sein könnte, ich habe die wildesten Theorien im Kopf herumgewälzt und sie dann restlos verworfen, weil ich bei niemandem Anlass für ein begründetes Misstrauen finden konnte.

Hast du bemerkt, dass die Gruppe versuchte, dich auszuschließen?
Die Ausgrenzung war spürbar, ja, aber erst in meinen Stasi-Akten habe ich lesen können, dass das eine Entscheidung war, die der Gruppe nicht leichtgefallen war, über die lange und detailliert diskutiert wurde. In dieser Dimension war das damals für mich nicht spürbar, das hat erst später wehgetan.

Arnold hast du damals nicht verdächtigt?
Auf ihn trifft zu, was ich zu allen gesagt habe. Ja, ich habe Arnolds persönliche Situation, seine Herkunft aus dem Westen mitbedacht. Seiner Darstellung nach war er zur Bundeswehr gegangen, um Geld zur Finanzierung eines Studiums zu verdienen. Er war aus politischen Gründen desertiert und in die DDR geflüchtet, aber dass er sich vielleicht gerade deshalb zur Zusammenarbeit mit dem MfS verpflichtet hatte, auf diesen Gedanken bin ich im Traum nicht gekommen.

Wie habt ihr auf die Biermann-Ausbürgerung reagiert?
Mein Verhältnis zu Biermann war damals ambivalent und ist es heute noch. Seine frühen Texte in *Die Drahtharfe* haben mich begeistert. Für wichtig und richtig hielt ich auch seinen Kontakt zu Robert Havemann, seine Bedeutung für die politische Opposition in der DDR

allerdings für überbewertet. Die Ausbürgerung selbst hatte dann doch eine politische Dimension für mich. Diese fatale Entscheidung provozierte eine massive Protestbewegung, erkennbar an den öffentlichen Protesten von Schriftstellern und Künstlern, die aber auch in breiteren Kreisen der DDR-Bevölkerung vorhanden war. Ich weiß das genau, weil ich in dieser Zeit parallel zu meiner Lehrtätigkeit eine dreimonatige Untersuchung im Berliner Werk für Fernsehelektronik machte. Da war interessant, dass die nächtliche Fernsehübertragung des Kölner Konzerts bei den Arbeitern und Angestellten zunächst überhaupt keine Rolle spielte, die kannten Biermann nicht. Aber die Ausbürgerung wurde von vielen so verstanden, dass hier einem Biermann etwas passierte, was als allgemeine Drohgebärde verstanden werden sollte. Diese Parallele hatte eine politische Dimension, die für mich wesentlich war.

Als die Gruppe im Sommer 1977 aufflog, warst du ja nicht mehr dabei. Trotzdem wurdest auch du von der Stasi zum Verhör geholt.
Ja, im Sommer 1977 war ich von den unmittelbaren Aktivitäten der Gruppe getrennt, aber ich wohnte noch mit meiner Frau in der Wohnung im Prenzlauer Berg, in der wir uns als Gruppe öfter getroffen hatten. Ich war erst im Dezember 1977 dran, Monate nach den Verhören der anderen Gruppenmitglieder.
An einem Freitagmorgen gegen sechs Uhr klingelte es bei uns. Vor der Tür standen zwei Männer in Zivil, wiesen sich aus und fragten, was ich heute vorhätte. Ich hatte an diesem Tag Lehrverpflichtungen an der Gewerkschaftsschule. Die Herren erklärten mir, ich sei zur Klärung eines Sachverhalts vorläufig verhaftet. Sie blieben in der offenen Wohnungstür stehen und beobachteten mich beim Rasieren und Ankleiden. Sie achteten darauf, dass ich zu meiner noch schlafenden Frau nichts sagen konnte. Dann sind sie mit mir in die Normannenstraße gefahren, in einen schallisolierten Raum ohne Tageslicht, da habe ich den ganzen Tag verbracht. Ein Staatsanwalt vom MfS, so stellte er sich vor, vernahm mich. Für mich war nicht erkennbar, worauf das Ganze abzielte. Es war zunächst kein Anlass benannt, aber

nach einigen Umwegen ging es doch um die Gruppe. Sehr präzise, sehr detaillierte Fragen nach Inhalten und Zielen der Gruppe. Ich habe das weitgehend abgeblockt, es sei um Ausarbeitungen, um den Austausch von Büchern gegangen usw., aber ich glaube, ich war nicht sehr überzeugend. Ich habe mich in keiner Phase des Verhörs verweigert, ich habe versucht, Erklärungen auf einem bewusst niedrigen Niveau abzugeben, wo nach meiner Ansicht keine Strafbarkeit gegeben war.

Das hat sich bis zur Mittagszeit hingezogen, alles blieb im Ungefähren, zielte nicht auf Personen, sondern auf Inhalte ab. Dann wurde ich gefragt, ob ich noch irgendwelche Manuskripte oder Unterlagen hätte, und mir schien es unglaubwürdig zu behaupten, es gäbe überhaupt nichts mehr. Ich flüchtete mich in ein vages »Es könnte sein«. Das hat den Vernehmer veranlasst zu sagen: »Na, dann fahren wir jetzt zu Ihnen nach Hause und Sie schauen mal nach.« Sie sind also mit mir in die Wohnung, haben allerdings keine Hausdurchsuchung vorgenommen, sie haben nichts angefasst, es erging nur die Aufforderung an mich, nachzuschauen, ob nicht noch etwas da war. Für mich stand fest, du findest nichts, obwohl durchaus noch einiges zu finden gewesen wäre. Andererseits dachte ich, dass es nicht unwahrscheinlich erschien, bei den Bücherbergen und Manuskripten, die sich in meiner Wohnung stapelten, irgendwas zu finden. Also, entweder die machten eine richtige Hausdurchsuchung, oder das Ganze geht ohne Ergebnis aus. Ich habe Papierberge von links nach rechts bewegt und von unten nach oben, mit dem Ergebnis, dass ich nichts fand. Also war meine Erinnerung offensichtlich falsch gewesen, es war nichts mehr zu finden. Nach etwa einer Stunde war die Sache beendet und ich wieder in der Normannenstraße. Durch einen Türspalt zum Nebenzimmer hörte ich die Stimme desjenigen, der diese Wohnungsbesichtigung bei mir geleitet hatte. Er sagte dem Staatsanwalt, dass die Wohnung zwar voller Manuskripte und Bücher gewesen wäre, aber Relevantes nicht gefunden worden sei.

Die folgenden Stunden wurden dann damit verbracht, das Protokoll meiner Aussagen zusammenzustellen. Ich habe alles unterschrieben

und bin gegen 22.00 Uhr mit der Maßgabe entlassen worden, mich für weitere Vernehmungen zur Verfügung zu halten und ansonsten strengstes Stillschweigen zu wahren. Ich bin nach Hause gefahren, den Kopf voll davon, ob ich mich richtig verhalten hatte und was in dem Zeitraum, als ich schon nicht mehr zur Gruppe gehörte, geschehen war. Ich weiß noch, dass ich mit meiner Frau an diesem Abend nicht über das Verhör gesprochen habe.
Während des Verhörs gab es ein Schlüsselerlebnis für mich, was fortan mein Verhältnis zu diesem Ministerium und zu diesem Staat geprägt hat. Der vernehmende Staatsanwalt war ganz offenbar unzufrieden mit den Ergebnissen des Verhörs und fühlte sich veranlasst, Druck auf mich auszuüben. Unvermittelt kam er auf meine Frau zu sprechen. Meine Frau war damals hochschwanger, unsere Tochter wurde im Februar 1978 geboren, aber im Dezember 1977 ging meine Frau noch arbeiten. Sie kam öfter abends spät aus ihrem Institut nach Hause. Der Vernehmer formulierte vielsagend in den Raum hinein: »Wir wissen ja, dass Ihre Frau lange arbeitet und spät noch unterwegs ist, in dieser unsicheren Gegend um den Treptower Park, wer weiß, was da alles passieren kann …« Diese Äußerung hatte keinen sachlichen Bezug zu meinem Verhör und mir war sofort klar, was sie bedeutete. Ich habe das als einen massiven Versuch von Drohung und Erpressung wahrgenommen. Und wenn ich vorher schon nichts sagen wollte, was irgendeinem aus der Gruppe zum Nachteil gereichen konnte, dann war mit dieser Drohung eine Grenze überschritten. Da habe ich mir gesagt, mit denen nicht, niemals und auf keiner Ebene. Das hat auch meine weitere Sicht auf die DDR sehr beeinflusst, weil ich mir sagte, dass, wenn ein Sicherheitsorgan dieses Landes es als angebracht erachtete, solche Druckmittel anzuwenden, sie auch zu anderem Druck noch fähig sind. Und das hat mit sozialistischer Rechtsstaatlichkeit nichts mehr zu tun. Da war Schluss für mich. Ich hatte diese Drohung als so massiv empfunden, dass ich erst nach der Wende mit meiner Frau darüber gesprochen habe. Seit jenem Dezember 1977 hatte ich mit niemandem über diesen Teil des Verhörs gesprochen.

Am Ende der Geschichte eurer Gruppe stand ein mildes Urteil der Stasi, obwohl alle Voraussetzungen einer strafrechtlichen Verfolgung vorlagen. Wie erklärst du dir das?
Ich habe mir das damals so erklärt, dass eine strafrechtliche Verfolgung uns alle mit einem Prozess hätte treffen müssen. Es war eine Zeit höchster gesellschaftlicher Unruhe und Sensibilisierung im Nachklang der Biermann-Ausbürgerung. Es gab das im *Spiegel* veröffentlichte Manifest einer SED-Opposition – und in dieser Unruhephase wollte man kein weiteres Zeichen der Unruhe setzen, an Märtyrern gab es keinen Bedarf. Wir hätten ja nicht spurlos verschwinden können, wir hatten durch unsere Tätigkeit an Hochschulen und Universitäten ein gewisses Maß an Öffentlichkeit. Auch die erkennbar beabsichtigte Differenzierung im Umgang mit uns, Parteiausschluss, Parteistrafe, oder keines von beiden, spürbare Konsequenzen am Arbeitsplatz oder Berufsverbot, oder keines von beiden, all das zielte darauf ab, Misstrauen zwischen uns zu säen. In meinen Stasi-Akten habe ich auch die Planspiele dokumentiert gefunden, die das MfS für den Fall unserer Verhaftung angestellt hatte. Ein Strafverfahren gegen uns hätte unweigerlich die Existenz einer marxistischen Opposition in der DDR an die Öffentlichkeit gebracht und das hätte ein schwer zu kalkulierendes Echo in der Gesellschaft hervorrufen können. Und nicht zu vergessen, was ich damals nicht wissen konnte, Arnold Schölzel hätte mit verurteilt werden müssen und damit wäre ein wichtiger Informant »verbrannt« worden, den man noch in anderen Zusammenhängen brauchte. Auch war unsicher, wie unsere Eltern reagiert hätten, da waren ja einige nicht ohne Einfluss in der DDR.

Wann hast du erfahren, dass Arnold der Verräter war?
Es gab Anfang 1992 einen Artikel in der *Berliner Zeitung*, da ging es eigentlich um Wölfchen Templin. In diesem Artikel wird ein Teil von Wölfchens Bespitzelung durch die Stasi beschrieben und da ist mit Klarnamen Arnold Schölzel benannt, der neben vielen anderen Leuten auch unsere Gruppe bespitzelt hatte.
So habe ich erfahren, dass er der Verräter war. Und da konnte ich

endlich einen Punkt für mich setzen. Da war dokumentiert für die anderen, dass ich an keiner Stelle etwas über unsere Gruppe verraten hatte.

Und wie erschien dir Arnold in diesem Moment?
Es war enttäuschend, dass unsere Ziele, die Werte, die wir verwirklichen wollten, auf so billige und dumme Weise verraten worden sind. Und es war besonders bitter deshalb, weil es einer aus den eigenen Reihen war, der uns das Heft des Handelns aus der Hand geschlagen hatte. Dass es jemand war, dem ich vertraut und mit dem ich meine Wohnung geteilt hatte, den ich bis zu diesem Zeitpunkt als meinen Freund bezeichnet habe. Das war mehr als schlimm, das war die Katastrophe.
Der Umstand, dass die Stasi mit Arnolds Hilfe gezielt einen Verdacht auf mich und mein familiäres Umfeld gelenkt hatte, um ihren wirklichen Spitzel zu decken, hat dazu geführt, dass Menschen, mit denen ich befreundet war und die ich auch heute noch als Freunde bezeichne, für einen langen Zeitraum mir quasi weggenommen wurden. Da war etwas zerstört worden und das hat mich die ganzen Jahre belastet.
Ich habe vorhin gesagt, dass ich mich nicht als Stasi-Opfer bezeichnen würde. Aber wenn ich die Frage nach den Verlusten aus dieser Zeit beantworten sollte, dann ist es der Verlust von Vertrauen und Bindungen an Freunde, durch gezielt geschürtes Misstrauen, in die Welt gesetzt von meinem damaligen Freund Arnold Schölzel. Das ist etwas, was bleibt.

Wenn du Arnold heute begegnen würdest, was würdest du tun?
Ich glaube, ich würde versuchen, ihn zu veranlassen stehen zu bleiben, mich anzuschauen und ihm die Frage stellen: »Warum, Arnold, hast du das getan?«
Seine Antwort aber interessierte mich schon nicht mehr. Als Mensch habe ich mit ihm abgeschlossen.

Wie hast du das Ende der DDR erlebt?
Da gab es zwei parallele Vorgänge in meiner Wahrnehmung. Das eine war die Wahrnehmung eines größeren Spielraums politischer Möglichkeiten. Plötzlich erschien machbar, was vorher undenkbar war, für mich jedenfalls. Es war ein Gefühl von Befreiung, ein ganz tiefes Glücksgefühl. Das Ende der alten DDR war unabwendbar, seit dem 9. November 1989. Aber der Aufruf »Deutschland, einig Vaterland« bedeutete auch das Ende bestimmter Handlungsmöglichkeiten, den Entzug der Grundlagen für eine Vision von einer anderen DDR. Das war das Ende einer ganzen Epoche. Es war aber auch ein Anfang.

Hast du auch in heutiger Zeit noch den Traum von einer gerechteren Gesellschaft?
Träume sind Zeugnisse des Unbewussten und dieses unbewusste, schwärmerische Streben hin zu einer gerechteren Gesellschaft, das steckt in sehr vielen Menschen. Jenseits der Träume beginnen die Unterschiede, wie diese Gerechtigkeit dann praktisch aussehen könnte. Insofern ist Gerechtigkeit für mich mehr als ein Traum, sie ist eine Zielvorstellung, etwas, was ich mir nicht nur wünschen, sondern wofür ich praktisch tätig sein will. Ja, diese Vision ist mir geblieben.

Arnold Schölzel
Chefredakteur der Tageszeitung *junge Welt*, Berlin

Arnold, du warst in unserem Studienjahr ein »Exot«, weil du aus dem Westen kamst. Warum hattest du dich für die DDR entschieden?
Das hatte mit der Erziehung im Elternhaus zu tun und konkret mit den Dingen, die 1967 passiert sind, als ich aus der Bundeswehr desertiert bin. Ich war ja freiwillig zur Bundeswehr gegangen, um zu lernen wie man mit einer Waffe umgeht und politisch daraus vielleicht Nutzen zu schlagen. Als die Wehrpflicht näher rückte, hatten wir damals in Schülerkreisen, die sich im Vorfeld der Studentenbewegung entwickelten, lange überlegt, wie man sich verhalten sollte. Einige von uns haben sich dafür entschieden, gleich zu verweigern, ich bin zunächst dabei geblieben, aber im Laufe des Jahres 1967 passierten einige Dinge, die mich veranlasst haben, die Geschichte ganz grundsätzlich zu überdenken. Konkret waren das der NATO-Militärputsch in Griechenland, der dazu führte, dass dort mit Unterstützung aus Brüssel ein halb faschistisches Regime errichtet wurde. Dann war es der Krieg Israels gegen die arabischen Länder, dessen Folgen die Welt bis heute beschäftigt und der in der Bundesrepublik eine Hysterie auslöste, von deren Ausmaß die wenigsten heute noch eine Vorstellung haben. Ich kann mich erinnern, damals Schlagzeilen gelesen zu haben wie »Die DDR, das sind unsere Araber«. Es geschah dann fast zeitgleich, am 2. Juni 1967, die Ermordung von Benno Ohnesorg, die von einigen meiner Vorgesetzten bei der Bundeswehr mit höchster Genugtuung aufgenommen und genüsslich kommentiert wurde. Und es war die Erfahrung mit den Leuten bei der Bundeswehr selbst. Wir hatten da Vorgesetzte im Offizierskorps, die nannte man allgemein die »Kongo-Müller«. Der Leiter meiner Unteroffiziersschule erzählte vor versammelter Mannschaft, dass er 1944 in Weißrussland auf Partisanenjagd gewesen wäre. Also, das waren alles Dinge, die bei mir sozusagen auf fruchtbaren Boden fielen, weil ich grundsätzliche Aversionen gegen die Militarisierung der Bundesrepublik hegte und die

Eskalation des Vietnamkrieges seit 1964 eine ganz große Rolle in meiner politischen Sozialisation gespielt hatte. Und dann kam auch noch 1966 die große Koalition von CDU und SPD, die bei mir im Grunde die Schotten dichtmachte, ich war damals Mitglied der SPD.
Einen Propagandachef, der bei Goebbels gedient hatte, zum Bundeskanzler zu machen, das ging mir über die Hutschnur. Willy Brandt saß mit Strauß zusammen in einem Kabinett und der Bundespräsident war ein KZ-Baumeister. Das reichte mir. Ich hab's dann, ich war gerade neunzehn Jahre alt, ein bisschen pathetisch gemacht und bin am 13. August 1967 getürmt, eine politische Demonstration sozusagen. Das war an einem Sonntag und sonntags arbeitete auch in der DDR kaum jemand, so dass es nach meinem Grenzübertritt stundenlang dauerte, bis sich jemand fand, der sich anhören wollte, was ich zu erzählen hatte. Man machte mir schließlich den Vorschlag, zurückzugehen und in der Bundesrepublik für die DDR zu arbeiten. Dazu war ich sofort bereit, aber als wir auf den Fahrplan schauten, fuhr kein Zug mehr in den Westen.
So begann meine Einbürgerung in die DDR. Es gab ein standardisiertes Verfahren, wie man mit entlaufenen Bundeswehrsoldaten umzugehen hatte. Das geschah streng nach der Haager-Konvention, das heißt, man unterstand noch eine Zeitlang der militärischen Disziplin, mit Befragungen usw.
Bevor ich ins zivile Leben der DDR entlassen wurde, hatte ich mit Vertretern des MfS und vielleicht auch mit sowjetischen Geheimdienstlern, das weiß ich nicht genau, eine Menge interessanter, auch politischer Gespräche.
Ich hatte ja eine völlig abstrakte Vorstellung von der DDR, ich hatte keine Verwandtschaft da und war auch nur einmal besuchsweise in Ostberlin gewesen. Und diese Leute haben mir gesagt: »Du musst wissen, der Sozialismus ist nicht so, wie er im Buche steht, er ist wesentlich anders; härter, vielleicht enttäuschend für dich. Und zweitens, was in der DDR in zwanzig Jahren sein wird, das wissen wir nicht.« Damit wurde ich entlassen.

Wann genau hat man dich für die Zusammenarbeit mit dem MfS angeworben?
Das war 1972, also noch während des Studiums. Allerdings nicht mit der Maßgabe, im Studium selbst wirksam zu werden, sondern außerhalb. Meiner Erinnerung nach hütete sich das MfS sehr davor, mich nach Dingen zu fragen, die mit dem Studium oder meiner späteren Tätigkeit an der Universität zu tun hatten.
Wenn ich von mir aus angefangen habe, darüber zu sprechen, gab es ziemlich harsche Reaktionen.

Warum hast du Philosophie studiert?
Ich hatte ursprünglich die Absicht Publizistik zu studieren, ich wollte Journalist werden. Das scheiterte in Leipzig sofort, die hoben bloß die Hände, du hast selbst schon »Exot« gesagt, ein entlaufener Bundeswehrsoldat … Aber da ich mich immer schon für Literatur und Philosophie interessiert habe und sich die Möglichkeit ergab, relativ unkompliziert an ein Philosophiestudium zu kommen – du weißt, Walter Ulbricht hatte die Vorstellung, die DDR durch die Ausbildung von Philosophen zu retten – habe ich 1970 das Philosophiestudium aufgenommen. Vorher allerdings musste ich das Abitur noch mal ablegen, mein Westabitur wurde in der DDR nicht anerkannt.

Kommen wir jetzt zu eurer Gruppe. Klaus hatte durchgesetzt, dass du mitmachen konntest.
War das für dich nicht eine zwiespältige Ehre?
Ja, durchaus, das kann man so sagen. Das war schon zur Beendigung des Studiums, etwa im Sommer 1975 und das war von Anfang an ein Problem für mich, das muss ich sagen. Und zwar deshalb, weil ich eigentlich diese Form des Rückzugs, der Abkapslung nicht wollte und auch den Grundthesen und politischen Haltungen der Gruppe sehr kritisch gegenüberstand. Allerdings war ich der Meinung, dass man über diese Grundthesen, die man im weitesten Sinne vielleicht als trotzkistisch bezeichnen konnte, diskutieren sollte.

Hast du gleich von eurem ersten Treffen an der Stasi berichtet?
Nach meiner Erinnerung war das so, ja. Dass ich zum ersten Treffen der Gruppe eingeladen wurde, war wohl mehr oder weniger ein Zufall, da spielten ungarische Freunde von Sebastian Kleinschmidt eine Rolle, die näheren Umstände erinnere ich nicht mehr. Nach diesem Treffen war klar, dass ich weiter mitmachen musste.

Aus den Akten könnte man herauslesen, dass du bei dieser Gruppenarbeit mit dem Herzen dabei warst. Stimmt dieser Eindruck, oder war es doch mehr der Stasi-Auftrag, der dich in der Gruppe hielt? Also eine schizophrene Situation für dich?
Eine zwiespältige Situation, schizophren gefällt mir nicht als Begriff. Möglicherweise ist das ein Problem für jedermann, der mit so einer Tätigkeit befasst ist, die man aber mit psychologischen Kategorien schlecht beschreiben kann. Es war schon so, meine Solidarität mit der DDR war sehr stark, sehr ausgeprägt, sehr groß und meine Bindung an das MfS geschah ja zunächst sehr allgemein, nicht bezogen auf ein bestimmtes Ziel. Die Basis dieser Beziehung war meine entschiedene Zustimmung zur DDR. Auf der anderen Seite waren es zwei Dinge. Erstens fand ich, man muss über die Thesen der Gruppe diskutieren können, es gab da richtige und wichtige Argumente, die ernst zu nehmen waren. Und zweitens, das kennt man inzwischen auch aus der Literatur über das MfS, waren die Gespräche mit den Führungsoffizieren zum großen Teil sehr kritisch. Das, was man in der Gruppe diskutierte, diese Form von Gesellschaftsanalyse und Kritik, das gab es beim MfS auch. Das habe ich in vielen Gesprächen bestätigt bekommen. Hauptproblem war für mich die Frage, warum dieser klandestine Rückzug der Gruppe in die Isolation.

Hast du damals Reformbedarf für die DDR gesehen?
Selbstverständlich.

Glaubtest du, die DDR vor den Ideen der Gruppe schützen zu müssen?
Nein, darum ging es nicht. Es gab doch dieses Nachdenken über den

Reformbedarf der DDR, sowohl innerhalb als außerhalb des MfS. In den Institutionen, in denen ich gearbeitet habe, an der Sektion Philosophie als auch im Forschungsbereich, wurde sehr offen diskutiert, auch über solche Reformfragen. Ich sage es noch mal, das Problem war der Rückzug der Gruppe aus der öffentlichen Diskussion, soweit sie in der DDR gegeben war. Und innerhalb des MfS war es möglich, bestimmte Fragen noch zugespitzter zu diskutieren.

In den Diskussionen der Gruppe wurden die Legitimationsgrundlagen der Partei- und Staatsführung der DDR in Frage gestellt. Die öffentliche Diskussion dieser Frage war doch unmöglich in der DDR.
Da bin ich mir nicht sicher. Wenn ich an einige Debatten an unserer Sektion denke, wären da auch solche Fragen zu diskutieren gewesen. Abgesehen davon, dass vieles von dem, was in den siebziger Jahren in der Gruppe intern diskutiert wurde, wenige Jahre später im Unterricht an der Universität offen behandelt worden ist.

Haben dich die Diskussionen in der Gruppe nicht auch mitgerissen, die Ideen und Gedanken, deinen Stasiauftrag manchmal sogar vergessen lassen?
Zweifellos, in der unmittelbaren Diskussion hat meine Verpflichtung dem MfS gegenüber keine Rolle gespielt. Da bin ich der Kraft des Arguments viel zu sehr verpflichtet, das interessierte mich doch auch und ich fand es wichtig. Genauso habe ich das dem MfS berichtet, wobei vieles von dem, was ich berichten konnte, für das MfS keine Überraschung war. Ich hatte bei meinen Gesprächen dort vielmehr den zwingenden Eindruck, es wird nicht nur in der Gruppe über politisch brisante Fragen diskutiert. Das Problem kam später, zumindest stellt sich das in meiner Erinnerung so dar, nämlich mit der Entstehung der Bürgerrechtsbewegung in den achtziger Jahren. Da habe ich mir immer gesagt, die einzig reale Alternative ist nun mal die Bundesrepublik – und die möchtest du nicht haben.
Die Perspektive einer fundamentalen und radikalen Kritik der DDR hieß, unter ihren realen politisch-ökonomischen Existenzbedingun-

gen, Bundesrepublik Deutschland. Und das war der Punkt, den man hätte immer und immer wieder neu diskutieren müssen.

Aber das Ziel der Gruppe war doch die Demokratisierung der DDR unter Beibehaltung des gesellschaftlichen Eigentums als ihrer wichtigsten Grundlage.
Richtig, aber das ist auch das Problem aller linker Debatten, seit Anbeginn. Die Erörterung der Alternativen zu dem, was ist, beschränkt sich darauf, was theoretisch zu diskutieren ist. Da sehe ich auch in der Rückschau keine Unterschiede zwischen den kommunistischen Linken. Und bezogen auf die Gruppe würde ich heute noch sagen, es handelte sich um eine kommunistische Linke, die da diskutierte.

Arnold, jetzt konkret zu deiner IM-Tätigkeit: Du hast mit einem Tonbandgerät eure Diskussionen aufgezeichnet, du hast nach einem Gruppentreffen in deiner Wohnung die Fingerabdrücke deiner Freunde für das MfS gesichert usw.
Ja, das ist richtig. Das war zu einem Zeitpunkt, als die Dinge sich immer mehr verfestigten, die Gruppe immer stärker nach konspirativen Regeln zu arbeiten begann und insbesondere die Kontakte nach außen nicht mehr offen liefen, sondern verdeckt und dann jemand aus Westberlin involviert war. Da muss ich sagen, war ich sehr bereit alles Mögliche zu machen.

An jenem Abend, als Wölfchen Templin der Gruppe seine IM-Tätigkeit offenbarte, warst du dabei. Wäre da nicht auch für dich die Gelegenheit gewesen, die Karten auf den Tisch zu legen? Oder war das weit weg?
Das war ganz weit weg, kein Gedanke daran.

Hattest du Angst, durch die Gruppe enttarnt zu werden?
Nein.

Hattest du nie ein schlechtes Gewissen?
Nein.

Du hast die Konspiration der Gruppe durch deine IM-Tätigkeit in jedem Augenblick aufgebrochen.
Das ist richtig.

Und dabei hattest du überhaupt kein Schuldgefühl?
Also meiner Erinnerung nach war es so, dass ich das immer als ein Politikum betrachtet habe. Und ich bin auch heute noch der Meinung, dass in politischen Dingen der Einzelne natürlich sofort mit sehr viel moralischen Fragen zu tun hat. Aber das trifft auf jede politische Arbeit in jeder Situation zu, es geht da um Entscheidungen, um Personen.
Es war schon eine ganz spezielle Situation, mit der ich da zu tun hatte. Aber aus meiner Sicht handelte es sich um die Frage einer politischen Auseinandersetzung, die auch politisch geführt werden musste.

Aber du hast sie ja nicht politisch geführt.
Das ist richtig. Wobei, die Politik bedient sich immer und überall geheimdienstlicher Mittel.

Die Gruppenmitglieder sahen in dir nicht nur einen Mitstreiter für ihre Ideen, du warst doch auch ein Freund unter Freunden …
Möglich, dass der eine oder andere das so empfunden hat, ich würde nicht von Freundschaft sprechen. Emotionale Bindungen haben da keine Rolle spielen können, sonst hätte ich eine solche Aufgabe, wie ich sie übernommen hatte, nicht erfüllen können.

War dir dein Führungsoffizier wichtiger als die Gruppe?
Wichtiger? Das ist die Frage … Die Gespräche mit ihm, dass war schon eine wichtige Angelegenheit. Und politisch stimmten wir überein, dass muss ich so sagen.

Wie würdest du die Mitglieder der Gruppe von heute aus gesehen charakterisieren?
Oh, das ist schwer zu sagen. Ich habe sie als politisch handelnde junge

Leute betrachtet, als das DDR-Echo der 68er Ereignisse sozusagen. Sie waren gefesselt von diesen Ereignissen und Ideen, die zu dieser Zeit so gut wie überhaupt nicht diskutiert wurden, auch nicht im wissenschaftlichen Leben der DDR, das muss ich sagen.
Trotzkismus kam bei uns im Studium nicht vor, schon gar nicht Ernest Mandel. Herrschaftsanalyse des realen Sozialismus fand nicht statt, bis zum Ende nicht, das muss ich leider sagen. Das heißt, die Gruppe kümmerte sich um sehr ernste, grundlegende Probleme dieser DDR-Gesellschaft. Zum Beispiel die Analyse Trotzkis über die Nomenklatur, das spielte eine ungeheure Rolle; und wenn sich irgendwas bestätigt hat, dann die – insbesondere was die sowjetische Nomenklatur angeht. Für die DDR erschien mir diese Analyse nur bedingt gültig, mit Einschränkungen. Denn ich habe die DDR nie als eine sich selbstständig und unabhängig entwickelnde Gesellschaft gesehen, sondern als ein Gebilde, was existentiell von der Sowjetunion abhing. Das war für mich der Punkt, wo ich mir gesagt habe, man kann doch nicht aus der DDR-Perspektive heraus eine weitreichende Konzeption für den Sozialismus entwickeln, wenn man sich nicht dem Problem der Abhängigkeit von der Sowjetunion stellt.

Die Linke, oder man könnte auch sagen die marxistische Opposition in der DDR, wollte doch den Sozialismus nicht abschaffen, sondern verbessern. Hast du geglaubt, dass das ohne die Stasi nicht zu machen war?
Ich habe geglaubt, dass es ohne Staat nicht zu machen war. An die Frage »Sozialismus und Staat« haben wir uns allerdings nie rangewagt, denn dann wäre es praktisch geworden.

Hat sich dein Blick auf die DDR nach 1989 verändert?
Das hat er, aber ich nehme für mich in Anspruch, am 9. November 1989 so ziemlich genau das vorausgesehen zu haben, was dann auch wirklich eintrat. Ich hatte da keine Illusionen.

Wie denkst du heute über deine Zeit in der Gruppe?
Ich habe viele Dinge kennen gelernt und Zusammenhänge verstan-

den, die mir im Studium verschlossen geblieben waren. Allein, was das faktische Wissen angeht, die vielfältigen linken Strömungen in der Geschichte der Arbeiterbewegung, wir haben ja nicht nur Trotzki diskutiert, sondern auch linke Arbeiteropposition, alles, was in die Richtung eines demokratisch-kommunistischen Rätesystems ging, das ganze Spektrum. Alles, was über die Geschichte der Arbeiterbewegung nicht in Ulbrichts acht Bänden »Geschichte der Arbeiterbewegung« stand. Das hat eine ganze Generation von linken Intellektuellen in Ost und West stark beschäftigt. Ein ganzer Strom von Wissen und Fragestellungen, die ich auch über das Ende der DDR hinaus heute noch für wichtig halte.

Da haben wir damals manches nicht zu Ende gedacht, das Verhältnis von Sozialismus und Staat, das Bürokratieproblem usw.

Daraus, wie du deine Stellung und dein Mitdenken in der Gruppe schilderst, könnte man schlussfolgern, dass du dich als Verbindungsmann zwischen Opposition und Staat verstanden hast?

Nein, das hat sich ergeben. Was ich zu sagen hatte, ist vom MfS aufmerksam registriert und ausgebaut worden. Ich hatte immer das Gefühl, dass ich nicht der Einzige war, von dem sie solche Informationen aus der Gesellschaft bekamen.

Klaus hat dich in einer bestimmten Situation zum »Sicherheitsbeauftragten« der Gruppe gemacht. Kannst du daran erinnern?

Nein.

Ich habe sämtliche noch erhaltenen Akten zum OV Kreis, also zu eurer Gruppe, gelesen. Du hast Hunderte, wenn nicht Tausende Seiten Gesprächsmitschriften an das MfS geliefert. War das nicht furchtbar anstrengend?

Ja, das war es. Aber ich empfand diese Anstrengung als meine Verpflichtung gegenüber meinem Staat, der DDR.

Glaubst du nicht, wenn sich der Staat damals solchen Gruppen und solchem intellektuellen Potential geöffnet hätte, dass manches womöglich anders gelaufen wäre?
Davon bin ich überzeugt.

Hättest du nicht die Möglichkeit gehabt, über das MfS dem Staat diese Öffnung zu empfehlen?
Ja, meiner Erinnerung nach ist genau das passiert – also diese Aufforderung zur Offenheit. Es wurde heftig diskutiert, dass prinzipiell etwas schiefläuft, wenn so kluge junge Leute, Sozialisten zu Methoden konspirativer Untergrundarbeit greifen müssen, um sich zu verständigen. Ich erinnere mich in diesem Zusammenhang auch an die Debatten nach der Ausbürgerung von Biermann. Die schlugen ja Wellen, weit über das studentische Milieu hinaus, im gesamten intellektuellen Bereich der DDR. Das haben wir beim MfS ernsthaft und auch kontrovers diskutiert. Die Genossen des MfS haben die Auffassung vertreten, dass es nötig wäre, hier andere Zugänge und Diskussionsmöglichkeiten zu schaffen und einen anderen Stil im Umgang mit Oppositionellen. Wobei, von »Oppositionellen« im Bezug auf die Gruppe sprach man damals nicht, das ist meiner Erinnerung nach ein Begriff aus den achtziger Jahren.

Hast du deine Tätigkeit für das MfS jemals bereut?
Nein, Reue, Sühne, Sünde, Verrat – das sind moralische Kategorien, die treffen alle im Einzelnen zu, aber ich war und bin der Meinung, dass man da auch Gegenrechnungen aufmachen könnte, das will ich nicht.
Moralische Kategorien sollten meiner Meinung nach für die Beurteilung solcher Tätigkeit keine Rolle spielen.

Würdest du den Begriff »Verrat« akzeptieren?
Selbstverständlich, das lässt sich gar nicht anders bezeichnen, das ist eine Begriffebene, die man verwenden kann oder verwenden muss, aber das ist nicht die einzige Ebene.

Warum hast du dir den Decknamen André Holzer gewählt?
Das ist eine ganz spontane Eingebung gewesen, als es darum ging, die Verpflichtungserklärung zu unterschreiben. Ein reiner Fantasiename, ich verwende ihn manchmal heute noch, wenn ich zum Beispiel einen Kommentar zu Herrn Knabe oder Frau Birthler schreibe, da mache ich das schon ganz gerne.

Nach dem November 1989 haben die Mitarbeiter des MfS versucht, die wichtigsten Akten zu vernichten, deine Verpflichtungserklärung zum Beispiel existiert nicht mehr. Bist du davon ausgegangen, dass auch deine IM-Berichte vernichtet worden sind?
Darüber habe ich mir keine Gedanken gemacht, damals nicht und heute auch nicht. Das überlasse ich ganz dieser irrsinnigen Einrichtung, die das Ganze verwaltet. Sie dient dazu, aus der DDR etwas wesentlich Gefährlicheres zu machen, als es der Faschismus war. Diesen Auftrag erfüllt diese Behörde gern und mit Eifer. Deswegen denke ich, ist »irrsinnig« adäquat.

Wie hätte man denn deiner Meinung nach mit den Stasi-Akten umgehen sollen?
Ja, entweder sie liegen lassen oder vernichten. Ich glaube, Herr Schäuble hatte das damals vorgeschlagen. Es gibt aber genug Leute, die aus der Auswertung der Akten einen Broterwerb gemacht haben und sie politisch verwenden. Ein Staat, der es nicht geschafft hat, auch nur einen einzigen Richter des faschistischen Volksgerichtshofs zu verurteilen, der kann keinen DDR-Bürger laufen lassen.

Warum hast du nie Kontakt gesucht zu deinen ehemaligen Mitstreitern?
Weil ich nach 1977 nicht das Empfinden hatte, dass wir uns noch viel zu sagen gehabt hätten.

Tat es dir nicht leid, dass Klaus zum Beispiel seine Arbeit verloren hat und aus der Partei ausgeschlossen wurde.
Ja, das tat mir leid.

Hast du nie eine schlaflose Nacht gehabt?
Nein.

Eigentlich warst du ja ein sehr begabter Schauspieler …
Das müssen andere beurteilen. Ich bin immer noch der Meinung, dass ich aus meinem Herzen keine Mördergrube gemacht habe, bis auf den einen Punkt, das ist richtig. Aber ob der eine besondere schauspielerische Leistung erforderte, das wage ich zu bezweifeln. Ansonsten wusste jeder, woher ich komme, warum ich gekommen bin, was ich von der DDR halte und was ich über eine praktische Alternative zur DDR dachte.

Als die Gruppe auf Grund deiner Informationen an die Stasi aufflog, hat man aus Gründen der Tarnung auch dich »vernommen«. War das nicht eine komische Situation?
Komisch war das schon, aber was soll ich da weiter sagen, Polizeimaßnahmen sind immer grotesk und geheimdienstliche schon gar.

Aber du warst ein Täter mit doppeltem Boden. Du bist doch nur verhaftet worden, damit deine Freunde nichts merkten.
Ja, natürlich.

Es ging doch der Gruppe darum, einen Sozialismus zu schaffen, der diesen Namen wirklich verdiente.
Ja, aber das ist eine Form von Romantik, die teile ich nicht. Dass es in der DDR grundlegende und ernste Probleme gab, keine Frage, dass es Veränderungsbedarf gab, auch keine Frage. Aber das Ganze, da beißt die Maus keinen Faden ab, unter der Voraussetzung, dass die DDR als Staat nicht zur Disposition gestellt werden durfte. Und da waren wir dann sehr bald unterschiedlicher Meinung.

Ist es nicht merkwürdig, dass dich 1990 das eingeholt hat, was du 1967 für immer hinter dir lassen wolltest?
Ja, ich bin damals nicht weit genug abgehauen. Ein bisschen Schuld

habe ich aber auch denen gegeben, die die DDR zu Grunde gerichtet haben und damit meine ich nicht nur die Regierenden.

Sondern?
Sondern auch solche Leute, die ein geistiges Netzwerk geschaffen haben, das die DDR gründlicher zerstört hat als bestimmte politische Entscheidungen. Ich meine damit politische Romantik.

Und damit meinst du die Gruppe?
Ja.

Du bist also der Meinung, die Gruppe hätte dazu beigetragen, die DDR zu zerstören?
Letztlich ja. Davon bin ich überzeugt.

Hast du jemals den Versuch unternommen, die Gruppe im Sinne deiner wirklichen Überzeugungen zu beeinflussen?
Nein. Aber ich habe immer gesagt, dass ich meine Meinung nicht habe, weil ich hier bin, sondern dass ich hier, in dieser DDR bin, weil ich eine bestimmte Meinung habe. Aus diesem Zusammenhang theoretischer Überzeugungen war für mich eine starke innere Bindung an diese reale DDR-Staatlichkeit entstanden. Diesen Standpunkt habe ich immer ganz offen in unsere Diskussionen eingebracht – bis auf diesen einen Punkt, dass ich eine Verpflichtung dem MfS gegenüber hatte.

Es ist eine zugegeben hypothetische Frage, aber würdest du, ins Jahr 1967 zurückversetzt, nochmals die Entscheidung für die DDR treffen?
Ja, das würde ich. Ich fühle mich auch durch alles, was seit 1989 passiert ist, darin bestätigt. Die Bundesrepublik ist kein Land für Kunst und Philosophie.

War die DDR ein solches Land für dich?
Ja, und die Existenz der Gruppe ist ein Ausdruck dessen. Ein solch hohes Niveau der geistigen Auseinandersetzung auf philosophischem

Hintergrund, die Schärfe der Argumente – ich kann mir nicht vorstellen, dass so etwas in der BRD überhaupt stattfand, das war nur in der DDR möglich.

Glaubtest du, auch nach den Eindrücken, die du über die Gespräche im MfS geschildert hast, dass die SED von innen heraus reformierbar gewesen wäre?
Nein. Die DDR wurde – ich will es mit den Worten des ehemaligen Politbüro-Mitglieds Häber sagen, der ja noch zu DDR-Zeiten in die Psychiatrie eingeliefert worden war – von Anfang an von der Sowjetunion als Beute betrachtet und das ist sie bis zum Schluss geblieben. Und da war es erstaunlich, was die SED unter diesen Bedingungen zustande gebracht hat.

Kannst du beschreiben, was diese zweiundzwanzig Jahre DDR für dich gewesen sind?
Eine ungeheure Möglichkeit etwas zu studieren, was ich vorher nicht konnte und auch nachher nicht.

Wer in der Gruppe stand dir am nächsten?
Klaus.

Kannst du dir vorstellen jetzt noch mal mit Klaus zu sprechen?
Ja.

Würdest du das wollen?
Schwer zu sagen, weil ich so wenig von Klaus weiß, aus den letzten dreißig Jahren. Ich habe eine bestimmte politische Entwicklung genommen, ich weiß nicht, wo er steht. Aber Anfang der neunziger Jahre, als er Chefredakteur der *anderen* war, da hätte ich kein Wort mit ihm geredet. Wer so was macht wie er, mit der Veröffentlichung der Liste der wichtigsten MfS-Leute, mir wurde gesagt, ich tauche da als einer der wichtigsten IM der DDR auf, über solche Absurditäten muss man sich nicht unterhalten.

Weil du die andere *erwähnst; ich habe ja auch in der Redaktion gearbeitet. Anfang der neunziger Jahre bist du in der Redaktion erschienen und hast mir einen Brief für Klaus gegeben, er war gerade nicht im Haus. Ich habe ihm den Brief am Telefon vorgelesen und darin stand, dass du ihm versicherst, nicht für das MfS gearbeitet zu haben. Warum hast du das gemacht?*
Weil ich der Meinung war, bei dem, was sich damals abspielte, angefeuert durch die Veröffentlichung in *die andere*, muss ich versuchen, solange wie möglich an der Uni zu bleiben.

War dir klar, dass du nicht mehr lange da bleiben würdest?
Ja, ich kannte ja die DDR-Intellektuellen zur Genüge und wusste auch, mit welchem moralischen Gerüst sie den Versuchungen gegenüberstanden, die ihnen da in Gestalt von Posten und anderen Dingen winkten. Ich habe nicht damit gerechnet, dass es für mich ein strafrechtliches Verfahren geben würde. Ich habe es in dieser Situation für völlig legitim gehalten, nichts zu sagen, oder wie in dem Brief an Klaus, das Gegenteil von dem, was richtig war. Ich empfand es als eine unglaubliche Unverschämtheit, wie, nicht ich persönlich, aber die DDR-Institutionen mit dem Stasi-Prügel, dem Sozialismus-Prügel, dem Stalinismus-Prügel kurz und klein geschlagen wurden. Und das Ganze auch noch unter der Überschrift: Wir wollen eine andere DDR.

Deshalb hieltest du es für legitim zu lügen?
Richtig.

Wäre es nicht besser gewesen, offen darüber zu sprechen, was gewesen war?
Nein. Angesichts dessen, was damals ablief, war das nicht möglich. Das war in meinen Augen die glatte Konterrevolution, man kann es auch Restauration nennen. Es ging um die Wiederaneignung einer großen Immobilie namens DDR, bei der die darin lebende Bevölkerung störte. Und diesen Leuten wollte ich nicht noch ein Stück Rechtfertigung liefern für das, was sie da veranstalteten.

Wenn dich deine Freunde von damals heute fragen würden: »Arnold, warum hast du uns verraten?« Was würdest du antworten?
Ihr habt siebzehn Millionen verraten!

Nachsatz Inga Wolfram:

Arnold, jetzt, wo Kamera und Mikrofon ausgeschaltet sind, muss ich dir sagen, was ich während unseres Gesprächs nicht sagen konnte, weil mir buchstäblich die Worte fehlten. Bei allem Respekt, dass du dich diesem Gespräch gestellt hast: Du hast Freundschaft geheuchelt und Vertrauen missbraucht. Du hast Lebenswege verbaut und berufliche Karrieren zerstört. Du hast Schuld auf dich geladen und das Gefühl der Reue kennst du nicht. Du nimmst dir siebzehn Millionen DDR-Bürger als Geiseln für eine Tat, die du ganz allein zu verantworten hast. Und auch wenn das jetzt eine moralische Kategorie ist, die du für die Beurteilung deines Verrats ablehnst – Arnold, ich verachte dich.

Danksagung

Ich danke Helge für die Liebe und seine Geduld. Ohne ihn wäre ich auf meiner Reise in die Vergangenheit im Wirrwarr der Akten versunken.
Dank an Karin Kopka und Sylvia Stechel für ihre unermüdliche Unterstützung meiner Arbeit in der Behörde der Bundesbeauftragten für die Unterlagen des Staatssicherheitsdienstes der ehemaligen DDR.
Dank auch an Dr. Heribert Schwan, der unsere Geschichte wichtig fand und mir den Mut gab, in anderen Zeiten andere Kämpfe zu bestehen. Dank an Maria Koettnitz, meine kluge Beraterin, Lektorin und Freundin.
Und Dank an Christian Brückner – er schenkte mir die Stille für den Anfang.

Abkürzungsverzeichnis

BEWAG	Berliner Städtische Elektrizitätswerke Aktiengesellschaft
BND	Bundesnachrichtendienst
BStU	Bundesbeauftragte für die Unterlagen des Staatssicherheitsdienstes der ehemaligen Deutschen Demokratischen Republik
ČSSR	Tschechoslowakische Sozialistische Republik, kurz: Tschechoslowakei
DEFA	Deutsche Film AG
FDGB	Freier Deutscher Gewerkschaftsbund
FDJ	Freie Deutsche Jugend
GIM	Gruppe Internationaler Marxisten
HA	Hauptabteilung des Ministeriums für Staatssicherheit
HVA	Hauptverwaltung für Aufklärung des Ministeriums für Staatssicherheit
IM	inoffizieller Mitarbeiter
IME	inoffizieller Mitarbeiter im besonderen Einsatz
IMF	inoffizieller Mitarbeiter der Abwehr mit Feindverbindungen zum Operationsgebiet
IMV	inoffizieller Mitarbeiter mit vertraulichen Beziehungen zur bearbeitenden Person
IPW	Institut für Politik und Wirtschaft (der DDR)
KGB	Komitee für Staatssicherheit der Sowjetunion
KP	kommunistische Partei
KPD	Kommunistische Partei Deutschlands
KPdSU	Kommunistische Partei der Sowjetunion
KSZE	Konferenz über Sicherheit und Zusammenarbeit in Europa
MfS	Ministerium für Staatssicherheit
NKWD	Volkskommissariat für Innere Angelegenheiten der Sowjetunion
NVA	Nationale Volksarmee
OPK	operative Personenkontrolle
OV	operativer Vorgang
OVIR	Office of Visas and Registration
SED	Sozialistische Einheitspartei Deutschlands
UdSSR	Union der Sozialistischen Sowjetrepubliken, kurz: Sowjetunion
VdN	Verfolgte(r) des Naziregimes
VP	Volkspolizei
VPKA	Volkspolizeikreisamt
WB	Westberlin
ZK	Zentralkomitee

Quellennachweis

35 Anna Achmatowa, *Einundzwanzigster.*
In: Anna Achmatowa, *Ich lebe aus dem Mond, du aus der Sonne.*

139 Wolf Biermann, *Das macht mich populär* (Auszug).